トピックからはじめる法学

「トピックからはじめる法学」
編集委員会［編］

成文堂

はしがき

　法学教育の現場では、「法の学習」に関連してニーズの異なる様々な質問を受けます。近時の大学入試の多様化に伴い、早期に進学先が決定した学生を担当する高校の先生からは、「入学までに何をやっておくとよいか」との問い合わせがありますし、オープンキャンパスに来た受験生からは、「法学部ではどんな勉強をするのかイメージが掴めない」と学部選びに関するアドバイスが求められます。他方で、入学後の学生からは、「学習意欲が湧かない」との相談を受けることも少なくありません。いずれの疑問や悩みに対しても適切に対処したいと思うのですが、法律系科目を担当している教員は、「何が必要で、何をすべきか」を試行錯誤しているのが実情です。

　ゼミの勉強に熱心に取り組んでいる3・4年生の学生に「なぜ、法学部に入ったのか」と聞いてみると、「学部の中で一番偏差値が高かったから」とか「潰しが効くと言われたから」などが理由であり、明確な目的意識をもって法学部に入った学生は少ない印象を受けます。続いて「今はどう？」と聞いてみると、「○法は面白い」「△法はつまらない」などの答えが返ってきます。○に入る法の名前は共通し、△はバラバラです。どういうことでしょうか。ここから読み取れることは、法学部生であることをエンジョイしている学生は、たった1つであったとしても、自分が打ち込める○と出会えたために、それを中心に学習するゼミに力を注ぐことができ、結果的に充実した学生生活を送れているということではないでしょうか。「出会い＝きっかけ」さえあれば、学生は打ち込むパワーをもっていると気づかされるのです。

　また、受験生の「法学部ではどんな勉強をするのかイメージが掴めない」という悩みに対しては、これまで「法」を意識する場面はほとんどなかったでしょうから、身近な話題(トピック)を用いることで、「法学」のイメージが伝わり、学部選びをサポートできるように思われます。同様に、「入学までに何をやっておくとよいか」との高校の先生からの問い合わせに対しても、法学は誰しも初めて勉強するわけですから、大学としては意欲を持って入学してきて

くれればよいわけですが，学習へのモチベーションをもって学生生活をスタートさせるためには，入学決定者が学んでみたいテーマに出会う機会を受け入れ側が早期に提供できれば，よい準備運動になるとともに，事前教育としての効果も期待できるでしょう。

　さらに，近時では，法科大学院の新設や裁判員制度の導入などによって法が身近な存在となりつつあることに起因してか，法に関心がある一般・社会人の方が以前よりも増えているように感じます。どこの公開講座も活気に溢れているようですし，さらなる勉強のきっかけや機会が求められましょう。

　こうした状況に適切に対応する1つの糸口として，「興味のもてる話題（トピック）をアカデミックに提供する」ことがあるように思われます。そこで，本書は，抽象的に法学をはじめるのではなく，可能なかぎり学び手に身近な話題（トピック）から法学へアプローチするという発想の転換から企画されました。具体的には，法学上のカテゴリーを前提とせず，読者の皆さんと社会との関わりを中心に，「法学の世界へ」「大人になるということ」「社会との接点」「グローバル社会へ」という4つのパートの中に37の話題（トピック）を用意しています。いずれも学習に対するメッセージ「この法分野を学びたい」が末尾に載せてありますので，きっと興味をもつことができるテーマが見つかるでしょう。

　執筆者全員が同様の問題意識のもと，本書が①学部を模索している受験生，②法律系学部への入学決定者，③法律系学部への入学当初の学生，④法の世界に触れたい一般・社会人の方々のサポートになることを願っています。

　本書の刊行にあたっては，これまでの「法学導入書」とは編纂方法や対象読者に転換を図ったものであるにもかかわらず刊行をご快諾いただいた阿部耕一社長，企画の初期段階から意図を理解し，発行に至るまでご協力をいただいた土子三男取締役，そして，すべての段階において細部にまで配慮し，執筆者の意図を最大化すべくご尽力をいただいた編集部の篠崎雄彦さんには大変お世話になりました。この場をお借りして厚くお礼を申し上げます。

　2010年4月

執筆者一同

目　次

はしがき ……………………………………………………………………i
分野別目次 …………………………………………………………………vi

Part 1　法学の世界へ

§1　社会のあるところに法あり，法のあるところに社会あり ……………3
§2　法に「できること」と「できないこと」……………………………11
§3　法律なければ犯罪なし，法律なければ刑罰なし ……………………19

Part 2　大人になるということ

§1　子どもの犯罪はあまく・軽く扱われるのか？ ………………………31
§2　あなたの治療について決めるのは誰？ ………………………………41
§3　大人と子どもの境界線 …………………………………………………49
§4　主権者(プレイヤー)が政治(ゲーム)をつくる …………………………………………56
§5　責任なければ無罪っていうのはなぜだろう …………………………64

Part 3　社会との接点

1　暮らしと法
§1　私たちの生活と行政 ……………………………………………………75
§2　お小遣いをもらったら… ………………………………………………83
§3　著作権はもはや生活の一部です ………………………………………91
§4　親の離婚で子どもと親の関係は？ ……………………………………101

2　トラブルと法
§1　もしもクリーニング事故にあったら？ ………………………………113

§2 気をつけよう！少額訴訟制度を悪用した架空請求！ ……………… *121*
§3 アルバイト中のケガも労働災害 ……………………………………… *128*
§4 もしかして…振り込め詐欺？ ………………………………………… *138*
§5 犯罪の被害を受けてしまったら？ …………………………………… *147*

3　社会問題と法

§1 生命(いのち)は自分のものか，みんなのものか？―臓器移植― ……………… *159*
§2 薬の安全を守る仕組みと行政の賠償責任 …………………………… *169*
§3 医療過誤における被害者の救済 ……………………………………… *177*
§4 私はやってない！―なぜ冤罪(えんざい)がうまれるのか？― ………………… *185*
§5 ドメスティック・バイオレンス（DV）をなくすために ………… *195*

4　裁判と法

§1 皆さんは未来の裁判官 ………………………………………………… *207*
§2 有罪 or 無罪だけが裁判じゃない！ ………………………………… *217*
§3 「訴訟小国」日本と「訴訟大国」アメリカ ………………………… *225*

5　仕事と法

§1 働きながら子育てをするには ………………………………………… *237*
§2 突然，解雇されたら？―正社員と派遣労働者の場合― …………… *245*
§3 うちの会社が乗っ取られる？ ………………………………………… *254*
§4 企業の競争がなくなったら？―ルールに則った経済活動― ……… *263*
§5 それは違法ではありませんか？会社は大丈夫ですか？ …………… *272*
§6 倒産手続はなぜ必要なの？ …………………………………………… *281*

Part 4　グローバル社会へ

§1 なぜ「戦争」にはルールが必要なのか ……………………………… *291*
§2 海洋油濁汚染と賠償・補償制度 ……………………………………… *301*
§3 国際貿易のルールを知ろう …………………………………………… *309*

§4	外国の法律が日本の裁判所で適用されるって？ ……………………319
§5	世界をひとつにまとめる方法 …………………………………………329
§6	人間の未来につながる宇宙法 …………………………………………338

分野別目次
（　）内は該当頁

憲　法 ……………………Part2 §4（*56*）
行政法 …Part3-1 §1（*75*），Part3-3 §2（*169*）
租税法 ……………………Part3-1 §2（*83*）
刑　法 …Part1 §3（*19*），Part2 §5（*64*），Part3-2 §4（*138*）
少年法 ……………………Part2 §1（*31*）
被害者学 …………………Part3-2 §5（*147*）
民法（財産法）…Part2 §3（*49*），Part3-2 §1（*113*），Part3-3 §3（*177*）
民法（家族法） …………Part3-1 §4（*101*）
医事法………Part2 §2（*41*），Part3-3 §1（*159*）
環境法 ……………………Part4 §2（*301*）
商　法…Part3-5 §3（*254*），Part3-5 §5（*272*）
経済法 ……………………Part3-5 §4（*263*）
国際経済法 ………………Part4 §3（*309*）
知的財産法………………Part3-1 §3（*91*）
労働法 ……………………Part3-5 §2（*245*）
社会保障法………………Part3-2 §3（*128*），Part3-5 §1（*237*）
民事訴訟法………………Part3-2 §2（*121*），Part3-4 §2（*217*）
倒産法 ……………………Part3-5 §6（*281*）
刑事訴訟法………………Part3-3 §4（*185*），Part3-4 §1（*207*）
国際法 ……………………Part4 §1（*291*），Part4 §5（*329*），Part4 §6（*338*）
国際私法 …………………Part4 §4（*319*）
法社会学 …………………Part1 §1（*3*）
法哲学 ……………………Part1 §2（*11*）
比較法 ……………………Part3-4 §3（*225*）
ジェンダー法 ……………Part3-3 §5（*195*）

Part 1

法学の世界へ

§1 社会のあるところに法あり，法のあるところに社会あり
§2 法に「できること」と「できないこと」
§3 法律なければ犯罪なし，法律なければ刑罰なし

Part 1　法学の世界へ

§1　社会のあるところに法あり，法のあるところに社会あり

はじめに

「郷に入っては郷に従え」，あるいは英語で"When in Rome, do as the Romans do（ローマではローマ人と同じように振る舞え）"。その土地（国）に住むにはそこの風俗や習慣に従うのが処世の術である，ということわざを1度は聞いたことがあるでしょう。それぞれの土地や国には，それぞれ独自の「ルール」があります。ここでいう「ルール」には，○○法といった文章化された法律（成文法），古くからの言い伝えや慣習など，あらゆる約束ごと・決まりごとがすべて含まれます。

世の中には，大小さまざまな「社会」があり，皆さんもいくつかの社会に属して生活しています。たとえば「家族」という最小単位の社会に生まれ，町内・村・町という地域社会（コミュニティ）に育ち，小学校から高等学校まで学校という社会で学び，これらの社会全体を包む日本国家という社会の一員（国民）となっています。それぞれの社会にはそれぞれのルールがあります。家族の中においてはその家庭のルールが，学校には校則があるように。つまり，Aという社会にはそこに所属する人々のためのA法があり，

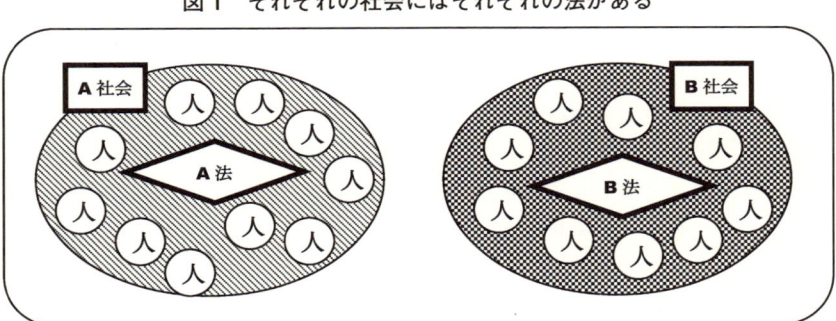

図1　それぞれの社会にはそれぞれの法がある

Bという社会にもまたそこに所属する人々のためのB法があります。

　国家が定めた法律がある一方で，それとは別にその社会に住む人々によって実際に用いられている（必ずしも文章化されていない）ルールが存在しています。このようなルール（掟などと言われることもあります）こそがその社会の人々にとって「生きた法」であり，社会がスムーズに機能するために必要なものとなっているのです。この「生きた法」は，社会に広く適用される法律と必ずしも一致しない場合があります。それでも，何らかの意味や理由がありその社会にとって必要なルールとなっています。

　「郷に入っては……」と聞いて，皆さんは自分の住んでいる地域や学校などで，他とは異なる何か特有のルールを思いつきますか？　またそのルールは，ずっと変わらずに皆さんの地域社会で共有されてきたものでしょうか？

エスカレーターの「正しい」乗り方？

　皆さんは普段どのように駅やデパートのエスカレーターに乗っていますか？　エスカレーターの真ん中に立つというより，右側もしくは左側に寄って乗るという人が多いのではないでしょうか。この，エスカレーターの片側に寄って乗るという作法は，先を急ぐ人たちに道を譲るためです。そもそもエスカレーターは，じっとしていても上下の階へ私たちを運んでくれる道具・装置です。先を急ぐ人たちは，エスカレーターのペースを超えて，自分に都合のよい速度でエスカレーターを歩いたり駆け下りたりします。こうした人たちの行く手を阻まないように，急がない人たちは右側もしくは左側に寄ってエスカレーターに乗るのです。それがエスカレーターに乗るときの「ルール」であると思っていませんか？

　いまではごく当たり前になっているこの「ルール」ですが，いつ・どのように・誰が決めたのでしょうか？　また，地域によって右側を空けるか左側を空けるかが異なり，東京を中心とした東日本では右側を空けることが多く，大阪を中心とした西日本は左側を空けることが多いようです（イギリスも同じで，はっきりと「右に立て」と書いてある地下鉄の駅もあります）。ただ，大阪と同じパターンであったはずの京都で，東京と同じ方式で右側を空けて乗る光景を

見たことがあります。いつからどうしてそのように変わったのだろうかとよく観察してみると，どうやらそのエスカレーターの最先端の人がどちら側に立ったかによって，その後ろに続く人たちも同様に寄って乗っているようなのです。つまり最初の人に従って乗るという「ルール」がその時だけできたようでした。

しかしエスカレーターのこうした「ルール」は，エスカレーターを使う人たちが「勝手に作り上げた」ものです。なぜなら，エスカレーターの機能や構造面からみて，エスカレーターを設計・運営している側は「エスカレーターを歩いたり走ったりするのは大変危険」とみているからです。つまり，片側を空けることなく真ん中に立っていても，エスカレーターの乗り方としては安全性という観点に立てば正しく，必ずしも「ルール違反」とはいえないことになります。

このように日常生活を取り巻くさまざまな現象から，ルールは多様であること，ルールは作られること，そして，ルールと見えても本来許されないものもあることがわかります。

社会が法を変える？

自分では当たり前と思っていることでも，同じことがらに関するルールが地域によって異なっていたり，同じ地域でも時代によってルールが変化したりということがよくあります。以下に交通ルールの中で一例を挙げてみましょう。

自転車（軽車両）の2人乗りが道路交通法で禁止されていることは知っていますよね？ただし，同法57条の2で「公安委員会は，道路における危険を防止し，その他交通の安全を図るため必要があると認めるときは，軽車両の乗車人員又は積載重量等の制限について定めることができる」と定められていて，例外的に2人乗りが認められています。公安委員会というのは各都道府県にあるので，自転車の乗り方については都道府県ごとに道路交通規則で規定されています。

2人乗りの例外規定を設けている県では，大人が幼児を幼児用座席に乗せ

て運転することが認められています。親がいわゆるママチャリ自転車の前に幼児を乗せているのを見かけたことがあるでしょう。では、自転車の前後に幼児2人を乗せたらどうでしょうか。決して珍しくはないこの「3人乗り」は、バランスを崩して横転しやすいから大変危険であると問題になりました。3人乗りOKの例外規定はないまま「見て見ぬ振り」で対応していた地域もありましたが、自転車事故増加の事態をうけて、警察庁は2008年に自転車3人乗りを規制する方針を打ち出しました。これは、世の親（特に若い母親たち）の猛反発を招きました。自動車免許や自動車を所有しない、幼児を2人抱えているような親にとって、幼稚園の送り迎えや買い物に行くために、毎日必要な交通手段を奪われることになるからです。

その結果、警察庁はすぐに方針転換し、さらなる例外規定を設けるようにしたのです。つまり、「3人乗りでも大丈夫な自転車」であれば許されるということです。この「3人乗りでも大丈夫な自転車」は早速各メーカーで開発されましたが、安全・丈夫でも非常に高価であるという点で共通しており、それを必要とする親にはなかなか手が出せないという実態があるようです。そのため、2009年後半になってから、さまざまな地方自治体で高価な「3人乗りでも大丈夫な自転車」を購入するための補助金を出したり懸賞としたりして、普及に努める動きが出てきました。

このように、最初にあったルールがそのルールを活用する人々の求める内容やかたち（ニーズ）に応じて修正されていくことがあるので、なぜルールがなくなったり変わったりするのか、その理由や原因を調べるには、その社会で起きている現象や人々のニーズを見ていく必要があります。

法を知るには社会をこの目で確かめよう

東日本・西日本の地域によってエスカレーターの乗り方が異なることについて、「どうも名古屋のあたりで分かれるようだ」という情報がありますが、実際に各地域でどのようになっているか、現地に赴いて調査をしてみなくてはわかりません。まずは実態がどうなっているのかを知らないことには、なぜ違いが生じているのかを考えることができないからです。

上述の「3人乗り禁止」を掲げている地域でも，幼児2人を乗せた親が全員とがめられたり罰則の適用を受けたりするわけではありません。つまり，ルール違反に対して処罰する法があっても必ずしもすべてのケースに適用されるとは限らないのです。このように法が用いられる場合と用いられない場合とがあり，そのような場合分けの根拠となるもの（要因）が何であるかを知るには，いろいろなケースの詳細について調べていく必要があります。

「社会あるところ法あり（Ubi societas, ibi ius）」とは古くからの法的格言ですが，法のあるところにはその法を支持する人々の社会があります。「郷に入ったら」の郷，「ローマでは」のローマという社会にはそれぞれの法があります。社会が変われば法も変わる，法が変わるのならその原因はその社会になんらかの変化があって新たな法が求められたからです。逆に，新しい法ができたことによって，以前とは異なる社会現象が見られることがあります。配偶者からの暴力の防止及び被害者の保護に関する法律（いわゆるDV法）を例に見てみましょう。

DV法は2001年に制定され，その後2004年，2007年と改正されました。かつては夫婦間における暴力があっても「夫から妻に対するしつけ」などとされたり，実際に「少しぐらい父ちゃんに殴られてもそんなものだから」と言う妻がいたり，処罰の対象として表立って取り上げられることはありませんでした。しかし，配偶者からの暴力で命を落とす人や深刻な暴力に悩む人が多い実態が次第に明らかになってきました。また，DV被害者が夫であるケースのあることもわかってきました。暴力を振るう配偶者から被害者を救済するためにこの法律ができましたが，その「暴力」の内容は身体的なもの（手を出して怪我を負わせるなど）から精神的なもの（暴言を吐いたり無視したりするなど）まで多様であることから，DV法の適用となる暴力の定義を広げたり（2004年改正），被害者の救済手段・方法をより実態に即した形にするため各市町村に配偶者暴力相談支援センターを設けるようにしたり（2007年改正）と発展してきています。

他方で，DV法ができたことによって，暴力に関する相談件数・警察の対応件数がぐんと増えたと考えられるような統計データがあります（グラフ1，2参照）。法律がなかった時より，DVそのものもDV法による救済について

グラフ1　配偶者暴力相談支援センターにおける相談件数（内閣府調べ）

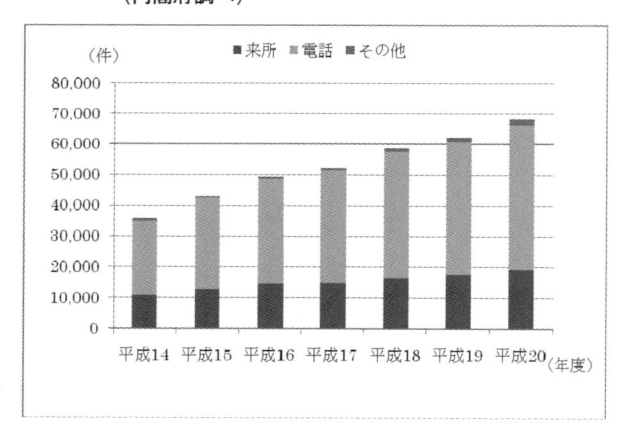

グラフ2　警察における暴力相談等の対応件数（警察庁調べ）

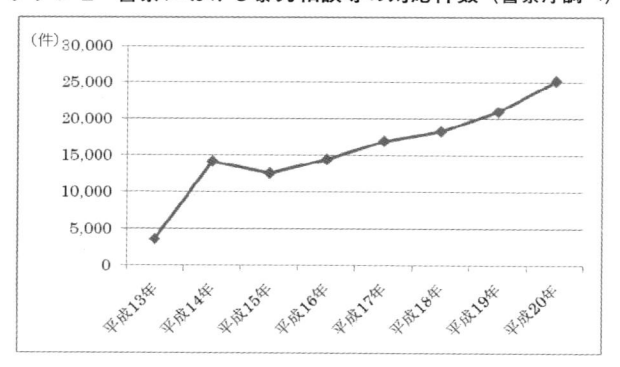

も社会的な認識が進んだ結果，こうした相談や対応の件数が増えたのかもしれません。このように数値の変化を見ていくことで，社会状況の推移を把握し分析することができます。

おわりに

　法は「なまもの」で生きています。それは，「誰」がどのような「材料」

図2 社会と法の相互作用

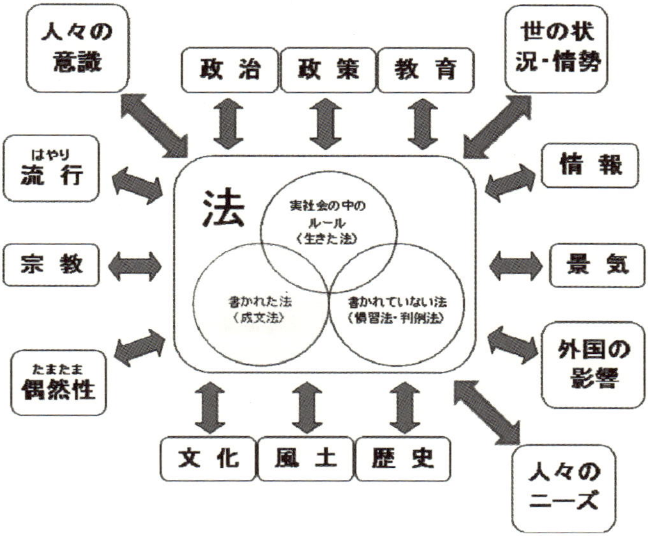

図の中の要素：
- 中央：法（実社会の中のルール〈生きた法〉／書かれた法〈成文法〉／書かれていない法〈慣習法・判例法〉）
- 周囲：人々の意識、政治、政策、教育、世の状況・情勢、はやり流行、情報、宗教、景気、偶然性（たまたま）、外国の影響、文化、風土、歴史、人々のニーズ

でどのように「調理」し消費するかによって異なります。社会が異なれば法も異なるというのは、その社会が持っている歴史・文化・ニーズといった「材料」を、その社会を構成している人々（「誰」）が、どのようなかたち・内容・手続きでルール化するか（「調理」）、さまざまであるということを意味しています。

　社会で起きていることと法との結びつきを探るため、たとえばあるルールをめぐって何がどのように違うのか・同じであるのか、またどうしてそうなのかということを明らかにするためには、上述したような現地での実態調査、社会調査や統計などの客観的なデータを用いる方法があります。それは、法と社会が互いに影響を及ぼしあっている様子を、「こう思うから」「こんな感じだから」と個人の主観的・直感的な印象で語るのではなく、また「こうあるべきだから」という価値判断を入れることもなく、人々が五感を使って経験してきた「事実（こうであるから）」で客観的に読み解いていくためです。自分ひとりの経験だけで社会全体について何かを断定することは、社会科学を学ぶ姿勢とは言えません。

社会に生きる人々の経験を集め，それをじっくり観察することによって，どのような法にしたがって人々が行動をしているのか，なぜこの法（ルール）がその社会に必要とされているのか，どのような社会が固有の法を作り出しているのかが見えてきます。

◇この法分野をもっと学びたい！◇

　本講では，日常生活のさまざまな場面において法と社会は互いに密接にかかわり合っていること，そのかかわり合いがどのようなものであるかを客観的に調べていくのが法社会学であることを説明してきました。法社会学のテーマとなりうるトピックはとても広く，たとえば，「なぜ人はルールを守るのか（順法精神）」，「法に対する人々の心のはたらき（法意識）」，「法の担い手（裁判官・検察官・弁護士など）の人数とその役割」，「日常生活におけるさまざまなモメゴトをどのように解決するか（紛争処理の方法や実態）」など，法や社会に関するいろいろな現象の数だけ自分の関心を広げることができます。

　また，グラフや数字，あるいは書かれた文章の蓄積などさまざまな資料・データから，社会のどの部分がどのように変化しているか・いないかといった傾向を読み解く作業は，法社会学の要であり，推理やパズルが好きな人にもおすすめの学問分野であると思います。

【参考文献】
- 村山眞維＝濱野亮『法社会学』（有斐閣アルマ，2003）
- 和田仁孝＝太田勝造＝阿部昌樹『法と社会へのアプローチ』（日本評論社，2004）
- 矢野達雄＝楜澤能生編『法社会学への誘い』（法律文化社，2002）
- 川島武宜『日本人の法意識』（岩波新書，1967）
- 河合隼雄＝加藤雅信『人間の心と法』（有斐閣，2003）
- 祖父江孝男『県民性の人間学』（新潮OH!文庫，2000）
- 河合幹雄『日本の殺人』（ちくま新書，2009）

田巻　帝子（たまき　ていこ）

Part 1 法学の世界へ

§2 法に「できること」と「できないこと」

はじめに

　あなたが，デパートのトイレでハンドバックを見つけたとします。このハンドバックの蓋は開いていて，中には財布や手帳が入っているのが見えます。そのトイレには，あなた以外の人は誰もいません。このようなときに，あなたなら，どうするでしょうか？

　誰かがバックをなくして困っているだろうから，デパートの遺失物係にバックを届けてあげようと思うかもしれません。もし，予定があって遺失物係に届けにいく時間がなかったら，そのままにして立ち去ってしまうこともあるでしょう。場合によっては，ハンドバックの中に身元を確認できるものが入っているだろうから，バックをトイレに置いたままにしておくと，誰かが持っていってしまうかもしれない。今は，時間がないけど，後で直接に連絡をしてあげよう，と考え，とりあえずハンドバックをトイレから持ち去ることもあるかもしれません。でも，読者の中には，ハンドバックを自分のものにしてしまおうと思う人はいないですよね。

　では，あなたが，このハンドバックを自分のものにしてしまおうと思わなかったのは，何故かを考えてみましょう。いろんな理由が考えられますね。なくした人はバックが返ってこないと困るから，置き忘れられた他人のものを自分のものにしてしまうことは正しくないことだから。また，そのようなことをすると処罰されるからということが，頭に浮かぶ人もいるかもしれません。ただし，法によって処罰されるから盗んではいけないと考える人は，決して発覚しない状況ならば物を盗むかもしれません。ちなみに，置き忘れられたハンドバックを自分のものにしてしまう行為は，窃盗罪あるいは占有離脱物横領罪という罪になります。

　他人のものを盗むことは正しくないことであり，もし，あなたがハンドバ

ックを盗んだと評価されるならば，刑法の窃盗罪という罪を犯したとことになり，処罰されてしまいます。法は，不正なことを正すための重要なルールです。そして，重い罪を犯せば強制的に刑務所に入れられてしまいますから，国家の定める法は，ルールの中でも，最も強い力があるわけです。

しかし，国家の定める法が，すべて正しいというわけではありません。政府を批判した者を処罰したりする法や人種を差別する法は，たとえ法という形をとっていても，正しいわけではありません。こうした法は，むしろ積極的に直していかなければなりません。

これから，わたしたちの生活の中に，法がどのように関わっていくべきなのかということについて，少し掘り下げて見ていくことにします。法は万能ではないけれども，私たちにとって身近で重要なものであることを理解してもらえればと思います。

法はコミュニティに入れない？

私たちのまわりには，法以外にも，いろいろな種類のルールがあります。あるコミュニティ（共同体）の中で使われるルールは，法とは違って，コミュニティの外部の人には原則的には無関係です。たとえば，校則は，学校の内部でだけ通用するルールですね。

わたしたちは，国家という秩序だけではなく，共同体という秩序にも深く関わって生活しているわけです。また，次で扱う市場秩序も，わたしたちの生活に大きな影響を与えています。つまり，私たちは，次のように，国家，市場，共同体という3つの秩序に囲まれて，生活しているといえるでしょう。

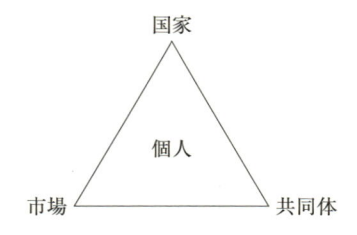

さて、校則の内容ですが、法と重なっているものもありますが、法によって定められていないことを決めていることも多くあります。たとえば、自分以外の人に代わって出席の返事をしてもらうということは、大学でも高校でも許されていません。学校は教育の場ですから、授業や講義に出席をするということは重要な意味をもちます。このため、このような出席に関する不正行為に対し戒告であるとか停学であるとかの処分を校則の中で規定している学校も少なくありません。しかし、出席に関する不正行為を罪として処罰している法は見かけません。生活の細かなことまで法が決めることは、あまり望ましくないとされています。また、処分を受けた学生さんが、自分は不正に処罰を受けたとして、法によって救済してくれと訴えていっても、裁判所は取り上げないことが一般的です。学校のような、緊密な関係で結びついたコミュニティにおいては、自分たちのことは自分たちで解決してくれという自治が尊重されているからです。そうなると、法は、コミュニティの中に入っていけないことになりそうです。

　しかし、コミュニティのメンバーは、どのような場面でも、法に頼れないのでしょうか。たとえば、校則では帽子着用禁止というルールが決まっていますが、Aさんは、宗教上の理由により、帽子を脱ぐことができず、学校側の再度の要請を断ったため、退学になってしまいました。Aさんは学校をやめるしかないのでしょうか？　Bさんは、父親から虐待を受けています。家族は、最も緊密な人間関係が築かれているコミュニティですから、法は、家族の中に入っていけないのでしょうか？

　この点については、いろいろな議論がありますが、法は、コミュニティ内部で著しい不利益を受けている者がいる場合や、コミュニティが破綻してしまった場合には、その人の権利を守るために、コミュニティの中に積極的に入っていくべきであるということを主張する立場もあります。いわば、この立場は、法は、被害を受けた人にとっての最後の砦になると考えているわけです。

　上のような立場に対して反対意見もあります。とくに強力な反対意見は、コミュニティつまり共同体は人の人格を形成するのに欠くことができない重要なものであるから、法が軽々に入り込むべきではないという立場からの反

対意見です。共同体の意義を重視する立場は，法が入り込む場面をできるだけ少なくしようと提唱していますが，これは，法が入ってくることで共同体の基盤が崩されてしまうと考えるからです。

法は格差を解消できるか？

　世の中には，豊かな人と貧しい人がいます。貧富の差は，1つの国家の中でもありますし，世界に目を向ければ，貧富の差は，ますます著しくなるでしょう。豊かになったり貧しくなったりする原因は何でしょうか。親の財産がたくさん受け継いだおかげで豊かな人もいるかもしれません。誰かから大金を贈与してもらって豊かになった人もいるでしょう。しかし，現代においては，多くの富は，市場つまりマーケットの中で生まれてきています。高い収入を得られる職業についたり，多くの利益を生み出す企業を経営に参加したりする人は，豊かになることができます。一方で，病気や年齢等が原因で収入が得られなかったり，会社の経営が不振で職業を失ってしまったりすれば，貧しくなってしまうかもしれません。こうした状況は，「不平等」だと感じる人もいるでしょう。では，こうした貧富の差を解消するために，国家や法にできることがあるでしょうか？

　社会の中では，マーケットの中で富が分配されていく仕組みは欠くことができません。そうなると完全な平等を実現することは難しく，相対的な形で貧富の格差を解消するという方法を考えることになります。たとえば，多くの収入を得ている人から少ない収入を得ている人に国家の手によって一定の財産を移動するという方法です。とはいっても，豊かな人が，貧しい人に，直接お金をあげるという形で実現されることは稀でしょう。こうした方法には様々なものがあり，マーケット自体に国家が直接介入していく方法もありますが，現実には税金という形式で実現されることが多いです。

　典型例として挙げることができるのは，累進課税という制度です。累進課税制度とは，所得に応じて税率が変化するという仕組みであり，多くの所得を得ている人は多くの税金を払いますし，一定額より少ない所得あるいは収入のない人は所得についての税金を払う必要はありません。したがって，収

入の多寡に応じて税金を徴収し，これを財源として，生活保護，保険，年金や失業手当などの制度を実行することで，豊かな人から貧しい人への財産の移動が実現することができます。このような仕組みを有する国家を総称して福祉国家といいます。20世紀以降，日本を含めて多くの国家は，国民への福祉を国家の役割とする福祉国家です。19世紀までは，国家ではなく，親族や地域社会や慈善事業等の共同体がこうした弱者への援助の役割を果たしていました。社会福祉国家となり，弱者への救済が国家の役割とされたことで，法にできることも飛躍的に拡がったというわけです。

　では，何故，豊かな人は貧しい人に対し自分の持っている財産を分け与えなければならないのでしょうか？　税金を強制的に徴収する国家は，泥棒と同じではないかと思う人たちもいるでしょう。同じ国家に属する国民なのだから分けるのが正しい，当たり前であるというだけでは，多額の税金を徴収される側の人たちは，納得できないかもしれませんね。正しい法として国民に受け入れられるためには，利益を受ける側の人ではなく不利益を受ける側の人も納得できるような理由が必要になるでしょう。いろいろな正当化が考えられます。まず，人である以上，最低限の生活等を営む権利を確保されるように配慮を求める権利を誰もが等しく持っていて，国家がこの権利を保障するために，豊かな人から多くの税金をとったり，マーケットに介入したりするのは正しいことであるという考え方もあります。また，そもそも，多く稼ぐ人であっても，その人はそうした才能や能力を偶然得ただけであるから，その能力から得た財産について自分に属すると当然のように主張できないという考え方もあります。

　こうした福祉国家の基礎づける立場に対しては，反論もあります。ある立場は，自分の体は自分のものであるから，自分の能力を使って得た財産の権利は自分のものであるということを，議論の出発点にします。自分が稼いだものは自分のものだから，平等を実現するという理由で，国家が強制的に財産を取り上げて，財産を分け与えることは，不正なことであると考えるわけです。また，この考え方は，平等というのは，全ての人に同じ機会を与えることなのだと主張します。したがって，ある人にある職業に就くことは認めるがある人には認めないということは不平等な取り扱いだが，才能や能力の

違いから貧富の差が生まれても平等という理念は害されていないとします。この立場は，貧困問題について，格差のあることが不平等であって，これを是正するべきだという考え方をとりません。ただし，貧困の問題を放置しているわけでもありません。不平等が問題なのではなく貧困こそが問題なのだとして，人道主義などから，貧困の問題の解決に取り組もうとしています。

法は善い行いをさせられるか？

　社会の中には，善いと賞賛される行為と悪いと非難される行為があります。他人を殺したり，他人の物を盗んだりすることは，悪いことです。殺人や窃盗は，法によっても処罰されています。法が，道徳の一部，いわば最低限の道徳と呼ばれるものと一致していることは間違いありません。しかし，すべての道徳と一致しているわけでないことも，当然です。道徳は，非常に高いレベルの行いを求めるものもあるので，すべての不道徳な行為を法によって処罰したり規制したりすることはできません。たとえば，財布が落ちていたらそのまま放置せず届けるというのが善い行為でしょうが，放置してしまっても，法によって処罰されるわけではありませんでしたね。
　むしろ，道徳的に悪いということについて，法が関わってくるのは慎重であるべきではないでしょうか？　とりわけ，他人に害を加えたりするわけではなく，不道徳な行為をした本人を守るために法が用いられることは，できるだけ避けられなければならないでしょう。いくら本人のためといっても，本人が真摯にそれを望んでいるならば，本人の自律的な判断は尊重されるべきといえるのではないでしょうか。
　たとえば，自殺という行為は，どうでしょうか。自殺という行為は，自分の命を自分で縮める行為ですから，善い行為とはいえません。日本では，自殺が法によって処罰されたという歴史はないですが，外国では，宗教上の理由などから自殺は法的に処罰されるとしていた例もあります。一国の自殺者が著しく増加しつつあるということは，ひいては国家の荒廃を招くわけですから，自殺者の増加に対し，政府が何らかの対策をすべきということになるかもしれません。しかし，自殺をしようとした者を法によって処罰するとい

う対策を採用すべきでしょうか？

　社会の根幹を揺るがすような不道徳な行為については法によって解決すべきであるという考え方は，**リーガル・モラリズム**と呼ばれています。また，他者に危害を加える場合でなくても本人を物理的あるいは精神的に守り善い生き方を実現させるために介入すべきであるという考え方は，パターナリズムと呼ばれています。個人の自由を重視するリベラリズムと呼ばれる立場からは，リーガル・モラリズムやパターナリズムに対し個人の自律や自己決定を脅かすのではないかという批判がなされています。

　やはり法によって強制できる道徳は，他人に危害を加えるなという道徳に，基本的に限られるべきでしょう。法は，個人に保障されている**自由な空間**を侵害しないように十分に注意をしなければなりません。

　こうした個人の自由を尊重する立場に対しても，反論はあります。ある考え方は，個人の人格にとって**共同体**は重要な意義を有しているから，共同体のメンバーに承認されている道徳は，個人の選択の自由より優越するという立場をとります。この立場では，自殺が罪であるという伝統を有している共同体のメンバーが多くいる国家では，自殺を法で処罰することは，正しいということになります。

おわりに

　国家が定めた法は，社会をコントロールする，とても強力な手段です。このため，すべての生活関係に法が入り込んできてしまっては，大変窮屈で様々な問題がおこるでしょう。しかし，法は，私たちの権利を保護する最後の砦にもなります。法は，家族や仲間のような情緒的な絆で結びついている集団をより強く結びつけることはできませんが，そうした集団が破綻してしまったり，集団の中で一部が迫害されたりしている場合には，法は欠くことができない盾になるのです。

　法に，どのようなことができ，どのようなことができないのかは，言い換えれば，法は，どのようなことをすべきであり，どのようなことをすべきではないかということです。したがって，この問いに答えるためには，現実に

存在している法から一歩離れて考えてみなくてはいけません。現実にある法をそのまま受け入れるのではなく，少し距離をおいた視点で，法制度を分析したり検討したりしていくこと，このことこそが，法に向き合う態度として重要なことです。

◇この法分野を学びたい！◇

本講では，私たちの生活にとって，法がどのように関わるべきなのかという問題を，いくつかの角度からみてきました。その内容は，特定の法分野で法がどのように用いられているかということよりも，法は，そもそもどのようにあるべきなのかという，より根本的な話を扱っています。こうした内容は，本書の他の殆どのところとは，随分違っているなというイメージを持たれる方も多かったと思います。他の講では，ある特定の問題について，現在，法律がどうなっているのかということが解説されているからです。いわば，他の大部分の講は，法をいかに用いるか，つまり"how to"を扱っているとしたら，本講は，そもそも法とは何か，"What is"を扱っているからです。問いを立て，議論をし，考え方を吟味し，反論を予想して，これに対する説得を試みる，本講は，そうした手法で構成されています。今まで自明とされていたことを疑い，物事の原理にまで遡っていく，こうしたアプローチの仕方に関心を有する人は，「法哲学」の受講をお勧めします。

法哲学のような基礎法科目は，直ぐに皆さんの役に立つ知識を提供することを必ずしも目的としていません。しかし，法学部で法律を学んでいく中で生まれてくる素朴な問いや他の科目では深く扱わず通り過ぎてしまうような問い，こうした問いを丹念に検討していくことにより，法律の世界をもっと深く理解できるようになることは間違いありません。

【参考文献】
・井上達夫『自由論』（岩波書店，2008）
・中山竜一『法学』（岩波書店，2009）
・J.S.ミル『自由論』（岩波文庫，1971）

山田 八千子（やまだ やちこ）

Part 1　法学の世界へ

§3　法律なければ犯罪なし，法律なければ刑罰なし

はじめに

　刑法とは，どのような行為が犯罪にあたるか，また，その行為に対してどのような刑罰を科すかについて定めた法律です。刑法は，一定の行為を禁止するものである点で「私たちの自由を奪っている」とか，場合によっては「死刑」というかたちで人の命をも奪うものである点で「怖い」というイメージをもたれていて，「刑法なんてない方がいい！」と思われている方も，みなさんの中にはいるかもしれませんね。

　しかし，どのような行為が犯罪にあたるか，また，その行為に対してどのような刑罰が科されるかが前もって決められていなかったとしたらどうなるでしょう。電車内でケータイでしゃべっていたら突然逮捕されてしまうなど，「こんなことが！?」と思うようなことが犯罪とされたり，万引きをして捕まったら死刑を言い渡されるなど，「この程度のことでそんなに！?」と思うような些細なことに重い刑罰が科されたり，なんてことにもなりかねません。もしそうなったら，私たちは何をするにも，「これをしても捕まらないかなぁ……？」とか，「もし捕まって有罪とされたらどんな目にあうんだろう……？」と，常にビクビクしながら生活を送らなければならなくなってしまいます。そのような世の中を，「自由な社会」とよぶことはできないでしょう。しかし，事前に犯罪にあたる行為が何かわかっていれば，そのことさえしなければよいことになり，ビクビクしながら生活を送る必要はなくなるわけです。

　その意味で，刑法は，「こういうことをした場合にはこの限度で処罰しますよ」ということを，さらにいえば，「こういうことをしない限りは処罰されませんよ」ということを，私たちに前もって示すことで，むしろ，それ以外の行動の自由を保障してくれているということができるのです。

「罪刑法定主義」とは

このように，私たちが安心して自由に生活を送れるようにするためには，「どのような行為が犯罪にあたるか」，また，「その行為に対してどのような刑罰が科されるか」についてのルールが，前もって決められていることが必要となります。この「犯罪と刑罰は，法律によって前もって定められていなければならない」という原則のことを，**罪刑法定主義**といい，このことは，標語的に「**法律なければ犯罪なし，法律なければ刑罰なし**」といわれます。

罪刑法定主義は，近代刑法の大原則とされています。しかし，中世の封建主義国家や，近世の絶対主義国家では，国王などが思いのままに，ある行為を犯罪としたり，刑罰を科したりしていたのです。これを**罪刑専断主義**といいます。この罪刑専断主義に対抗するかたちで，市民の権利と自由を守るために，罪刑法定主義という原則が近代啓蒙思想の中で生まれ，その精神が現代にまで受け継がれてきているのです。

では，罪刑法定主義の具体的な内容とは，いったいどのようなものなのでしょうか。

法律主義

「罪刑法定主義」という名の示す通り，どのような行為が「犯罪」にあたるか，また，それに対していかなる「刑罰」が科されるかは，「**法律**」によって「定められて」いなければなりません（憲法 31 条）。わが国では，国民の代表機関である国会のみが，法律を制定できることになっています（憲法 41 条）。この法律主義の実質的な根拠は，民主主義の原理にあります。すなわち，どのような行為が犯罪であり，それに対してどのような刑罰を科すべきかは，私たちに直接関係のある重大なことですから，私たち自身が（代表者を通じて）決めていかなければならないのです。

この法律主義の要請から，たとえば，地域ごとの長年の慣習に基づくルールなどの，**慣習法**によって刑罰を科すことは，それが法律というかたちできちんと定められていないことから，認められないことになります（**慣習刑法**

の禁止）。

　もっとも，罪刑法定主義には3つの例外があります。第1に，法律による特別な委任がある場合には，内閣が制定する政令において罰則を設けることが認められています（憲法73条6号但書）。第2に，普通地方公共団体が制定する条例にも，一定の範囲内で罰則を設けることが認められています（地方自治法14条3項）。これらは，国会の制定する「法律」ではなく，それぞれ，内閣，地方公共団体が制定するものなので，罪刑「法定」主義に反するようにみえます。しかし，前者の政令については，法律による特別な委任があることを前提に，憲法が罰則を設けることを認めていることから，また，後者の条例については，それが地方公共団体の議会によって制定されるものであり，民主主義的な基礎をもつものであることから，このような例外が認められているのです。そして，第3に，犯罪の成立要件の全部または一部についての規定を，命令や規則といった，法律よりも順位の低いルールに委任する，白地刑罰法規があります。たとえば，国家公務員法102条1項は，国家公務員に対して「人事院規則で定める政治的行為」を禁止しており，同110条1項19号は，それに違反したら「3年以下の懲役又は100万円以下の罰金」としていますが，ここにいう「政治的行為」とは具体的にはどのような行為のことなのか，この規定からだけではわかりません。その意味で，このような白地刑罰法規も，罪刑「法定」主義に反するようにみえます。しかし，その内容の特定が「人事院規則」に委任されており，また，法律自体が処罰されるべき行為の外枠を一応示していることから，このような例外が認められているのです。もっとも，その委任の仕方があまりに特定性を欠いている場合には，憲法違反の疑いが生じます。

事後法の禁止

　行為時には犯罪ではなかった行為を，あとから作った法律（事後法）によって犯罪としたり，あるいは，行為時にも犯罪ではあったけれども軽く処罰されていた行為を，事後法によって重く処罰したりすることは，私たちの行動の予測可能性を害し，結局，行動の自由を奪うことになるため，許されま

せん（憲法39条）。いわば「あと出しじゃんけんの禁止」です。

　たとえば，今日，つきまとい等のいわゆるストーカー行為は，一般的にも「犯罪」として知られています。しかし，それは最初から犯罪とされていたわけではありません。それがもし暴行や脅迫などにまで及べば刑法による処罰も可能となりますが（刑法208条，222条），単なるつきまとい等を処罰する規定はなかったからです。この問題を解決するために，「ストーカー行為等の規制等に関する法律」（以下では「ストーカー規制法」といいます。）が2000年（平成12年）に制定されました。ここではじめて，「ストーカー行為をした者は，6月以下の懲役又は50万円以下の罰金に処する。」と規定され（同法13条），つきまとい等のストーカー行為が犯罪とされることになったのです。それゆえ，たとえば，1999年（平成11年）に行われたストーカー行為については，このストーカー規制法を適用することはできないことになるのです。

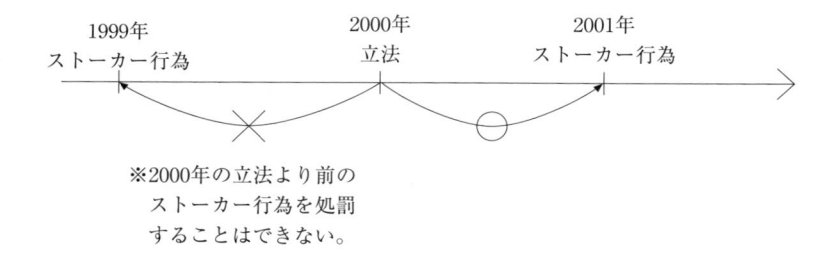

```
 1999年           2000年          2001年
ストーカー行為      立法         ストーカー行為
─────┼──────────┼──────────┼─────→
       ×                          ○
```
※2000年の立法より前の
　ストーカー行為を処罰
　することはできない。

　同じように，傷害罪（刑法204条）に対する刑罰は，2004年（平成16年）に「15年以下の懲役又は50万円以下の罰金」と改正されましたが，それまでは「10年以下の懲役又は30万円以下の罰金若しくは科料」とされていました。ここでは，たとえば，2003年（平成15年）に行われた傷害行為について，これに対する判決の言い渡しが2005年（平成17年）になされたとしても，15年の懲役刑を言い渡すことはできないことになります。

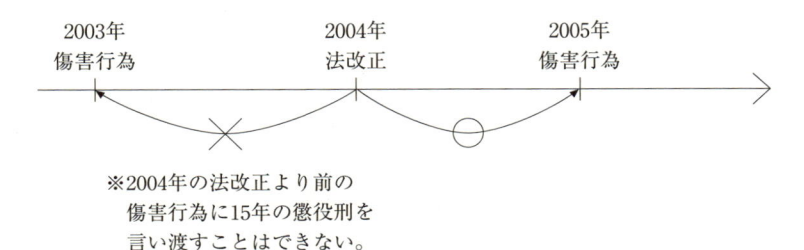

```
 2003年           2004年          2005年
 傷害行為          法改正          傷害行為
───┬──────────────┬───────────────┬──────────→
   └──────×───────┘               └──────○──────┘
```

※2004年の法改正より前の
　傷害行為に15年の懲役刑を
　言い渡すことはできない。

　もっとも，この事後法の禁止にも例外があって，「犯罪後の法律によって刑の変更があったときは，その軽いものによる。」として（刑法6条），被告人にとって有利になる場合については，事後法を適用することが認められています。

　たとえば，強盗致傷罪（刑法240条前段）に対する刑罰は，2004年（平成16年）に「無期又は6年以上の懲役」と改正されましたが，それまでは「無期又は7年以上の懲役」とされていました。事後法の禁止というルールに厳密に従うならば，たとえば，2003年（平成15年）になされた強盗致傷行為に6年の懲役刑を言い渡すことはできないことになりそうです。しかし，刑法6条の規定があるために，そのことが可能となるのです。

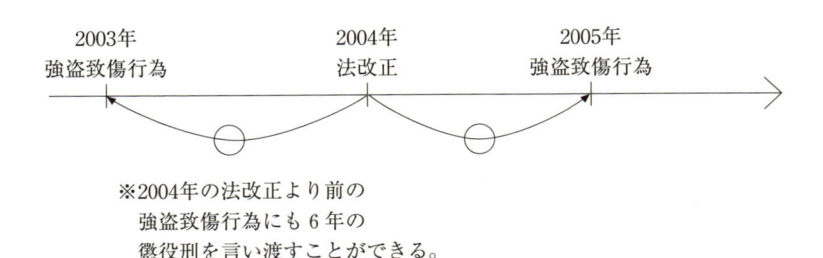

```
 2003年           2004年          2005年
 強盗致傷行為      法改正          強盗致傷行為
───┬──────────────┬───────────────┬──────────→
   └──────○───────┘      └──────○──────┘
```

※2004年の法改正より前の
　強盗致傷行為にも6年の
　懲役刑を言い渡すことができる。

類推適用の禁止

　たとえば，「靴で上がるな」と書いてある場合に，汚れた靴下で上がることまでも禁止するなど，法律には規定のないことに，それと似た性質のことについて規定する法律を適用する類推適用は，刑法においては，少なくとも

それが被告人に不利益な方向である場合には，禁止されています。

　もっとも，法律の解釈は，規定の文言を文字通りに理解する文理解釈を出発点としながらも，その法律の趣旨や目的なども考慮して行わなければならないこともあるため，一定の限度では，日常的な言葉の意味よりも少し広げて解釈する拡張解釈も許されています。その際には，それが日本語として規定の文言から導くことのできる意味の範囲内かどうか，国民がその規定の文言から予測できる解釈の範囲内かどうか，といったことが考慮されます。たとえば，「靴で上がるな」と書いてある場合に，サンダルや下駄で上がることも禁止することは，許される拡張解釈にあたるといえるでしょう。

　では，禁止される類推適用と，許される拡張解釈とは，いったい何が違うのでしょうか。類推適用は，国からみて「けしからん」とされる事実をまず取り出し，似たようなことを規定した法律をあとから探し出す，いわば，Bという事実に，Bと似たようなAという事実について規定した法律を「適用」するものであるのに対して，拡張解釈は，ある法律を解釈し，あくまでもその枠内に入るかどうかという観点から行為をみる，いわば，「A」という文言から，その枠内に入るということのできるA'を「解釈」によって導き出すものなのです。すなわち，類推適用が「はじめに事実ありき」なのに対して，拡張解釈は「はじめに法律ありき」なのです。このように，法律からではなく，事実から考える類推適用の考え方は，犯罪と刑罰は前もって法律によって定められていなければならないとする罪刑法定主義の考え方に反することになるため，否定されることになるのです。

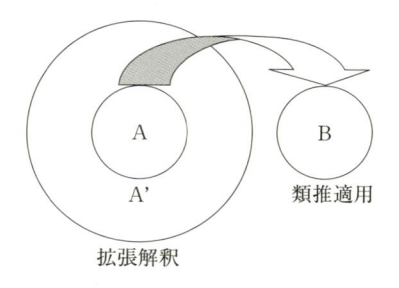

拡張解釈　　　　類推適用

　このことに関して，「捕獲」という文言の解釈が問題となったケースがあ

ります。クロスボウ（洋弓銃）を使用してカモを目掛けて矢4本を発射したものの、いずれも命中せず、カモを捕ることができなかった被告人の行為が、法律の禁止する「弓矢を使用する方法」による「捕獲」にあたるとして起訴されたことにつき、最高裁は、矢が外れたためカモを自己の実力支配内に入れられず、かつ、殺傷するに至らなくても、法律が禁止する弓矢を使用する方法による捕獲にあたるとしました（最判平成8年2月8日刑集50巻2号221頁）。普通、「捕獲」とは、現に「捕まえること」をいうように思いますが、「捕まえようとすること」までもが「捕獲」という言葉の枠内に入るといえるのでしょうか。このような結論を「捕獲」という文言を「解釈」することによって導くことが適切であるといえるかどうか、みなさんも考えてみてください。

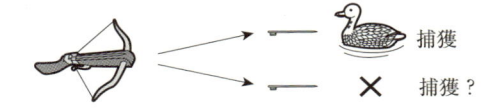

罪刑の明確性

かりに、「悪いことをしたら罰する」と規定する法律があったとします。これは、たしかに「法律」として定められている点で、罪刑法定主義の原則にかなうものであるようにもみえます。しかし、「悪いこと」とはいったい何なのか、また、「罰する」とはいったいどのようにしてなのか、この規定からでは全くわかりません。結局、これでは何も規定していないのと一緒です。罪刑法定主義の要請として、刑罰法規は、どのような犯罪に対してどの程度の刑罰が科せられるかが一般人にとって予測可能な程度に**具体的かつ明確**に規定されていなければなりません。これを**明確性の原則**といいます。この原則に反する規定は、憲法31条に違反するものとして無効とされます。

このことに関して、「交通秩序を維持すること」という文言の明確性が問題となったケースがあります。徳島市公安条例は、デモ行進の際には「交通秩序を維持すること」とし、その違反があったら処罰すると規定していました。たしかに、この文言からだけでは、具体的に何をすべきなのか、また、

何をしてはいけないのかがはっきりしませんから，この文言は明確性を欠いているようにもみえます。しかし，最高裁は，刑罰法規があいまい不明確だとして憲法 31 条に違反するとされるべきかどうかは，通常の判断能力を有する一般人が，そのような場合にその行為をしたらその刑罰法規の適用を受けるかどうかを判断できるだけの基準をその規定から読みとることができるかどうかによって決定すべきであり，この文言からそのような基準を読みとることは困難なことではないとして，この文言を不明確とはいえないとしました（最大判昭和 50 年 9 月 10 日刑集 29 巻 8 号 489 頁）。どうでしょう，みなさんは，「交通秩序を維持すること」という文言から，どのようなことをしたら処罰されるのかという基準を読みとることができるでしょうか。このことについても考えてみてください。

　また，刑法は，それぞれの犯罪に対して科される刑罰を，たとえば，窃盗罪（刑法 235 条）であれば，「10 年以下の懲役又は 50 万円以下の罰金」というように，上限と下限を決めた「枠」の形で示しています。これを，**相対的不定期刑**といいます。これは，ある犯罪に対する刑罰が確定しているわけではないという意味では，たしかに不明確ともいえそうです。しかし，決められた枠の中で刑罰が科されているのですから，必ずしも不明確とまではいえず，このような規定の仕方は明確性の原則に反するものではありません。

　しかし，たとえば，「他人の財物を窃取した者は，懲役に処する。」というように，この規定から懲役刑が科されることまではわかるけれども，どのくらいの期間にわたって刑を科されることになるのかわからない，**絶対的不定期刑**は，科される刑に対する予測を困難にするため，明確性の原則に反するものとして認められません。

刑罰法規の内容の適正（実体的デュー・プロセス）

　刑罰法規は，その**内容が適正**なものでなければなりません。これを，**刑罰法規の内容の適正の原則**といいます。そうでない規定は，やはり憲法 31 条に違反するものとして無効とされます。具体的には，刑罰法規の内容が，表現の自由（憲法 21 条）や，労働基本権の保障（憲法 28 条）などの憲法上の人権保

障規定に違反する場合，処罰に値しないような行為を処罰の対象としている場合，処罰範囲が不当に広すぎる場合，犯罪と刑罰のバランスが取れていない場合などがあります。

　このことに関して，次のようなケースがあります。福岡県青少年保護育成条例は，小学校就学の始期から満18歳に達するまでの者を青少年と定義した上で，「何人も，青少年に対し，淫行又はわいせつの行為をしてはならない。」とし，その違反者を処罰すると規定していました。同罪で起訴された被告人は，この規定は処罰範囲が不当に広すぎ，また「淫行」の範囲が不明確だから，憲法に違反し，無効であると主張しました。これに対して，最高裁は，ここにいう「淫行」とは，広く青少年に対する性行為一般をいうものと解すべきではなく，青少年の心身の未成熟に乗じた不当な手段によって行う性交または性交類似行為のほか，青少年を単に自己の性的欲望を満足させるための対象として扱っているとしか認められないような性交または性交類似行為をいうと限定的に解釈すれば，処罰範囲が不当に広過ぎるとも不明確であるともいえないから，憲法に違反しないとしました（最大判昭和60年10月23日刑集39巻6号413頁）。このように限定的に解釈することは，みなさんにとっても，この規定をみただけで理解可能だといえるでしょうか。それとも，このような限定は不可能であって，憲法に違反すると考えるべきなのでしょうか。ぜひ1度じっくり考えてみてください。

おわりに

　以上でみてきたように，刑法には罪刑法定主義という厳格なルールが存在しており，これに反する刑罰法規は憲法違反として無効とされ，これに合致する刑罰法規だけが私たちの行動の自由を制限することができるのです。すなわち，刑罰法規に明確に規定されており，そこから理解可能な行動さえしなければ，私たちは刑罰を科されることはなく，それ以外の行動の自由が保障されているということができるのです。

　本パートを読んでみて，これまで刑法に対して抱いていたマイナス・イメージが，少しはプラスの方向へと変わったでしょうか。刑法は，私たちの敵

ではなく，強い味方なのだ，ということを認識していただき，身近なものと感じていただきながら，これから勉強を進めていっていただけたならば幸いです。

> ◇この法分野を学びたい！◇
>
> 本講では，刑法の大原則のひとつである罪刑法定主義についてみてきました。この問題をめぐっては，ここであげたいくつかの例のほかにも，ぜひ1度じっくり考えてみていただきたいケースがまだまだたくさんあります。この問題に興味をもった読者の皆さんは，ぜひ「刑法総論」を受講してみてください。そうすれば，ニュースや新聞の犯罪報道などを，これまでとはちょっと違った角度からみられるようになるはずです。
>
> 刑法を学ぶことによって身に付く考え方というのは，刑法を理解するためだけでなく，普段の生活の中のさまざまな場面においても，きっと役に立つことでしょう。刑法というツールを使って，思考力に磨きをかけることによって，ほんものの「知恵」を身に付けてください。

【参考文献】
- 浅田和茂ほか『現代刑法入門〔第2版補訂〕』（有斐閣，2008）
- 井田良『基礎から学ぶ刑事法〔第4版〕』（有斐閣，2010）
- 大谷實『刑事法入門〔第6版補訂版〕』（有斐閣，2010）
- 佐久間修ほか『いちばんやさしい刑事法入門〔第2版〕』（有斐閣，2007）
- 高橋則夫編『ブリッジブック刑法の考え方』（信山社，2009）
- 本間一也ほか編著『New LIVE 刑事法』（成文堂，2009）
- 三井誠ほか編『入門刑事法〔第4版〕』（有斐閣，2009）
- 山口厚『刑法入門』（岩波書店，2008）

岡部 雅人（おかべ まさと）

Part 2
大人になるということ

§1 子どもの犯罪はあまく・軽く扱われるのか？
§2 あなたの治療について決めるのは誰？
§3 大人と子どもの境界線
§4 主権者(プレイヤー)が政治(ゲーム)ををつくる
§5 責任なければ無罪っていうのはなぜだろう

Part 2　大人になるということ

§1　子どもの犯罪はあまく・軽く扱われるのか？

なぜ少年法があるのか？

「14歳の少年による凶行」「子どもが子どもを殺すなんて……」「中学生が教室で教師を殺傷」など，メディアでは大々的に少年による「犯罪」が報道され続けています。どんなに未成年者の犯行であっても，犯罪は犯罪，被害者にとってみれば，大人による犯罪であっても少年による犯罪であっても被害に変わりはありません。それなのに少年に対する処罰は成人に比べて一般的に軽いし，被害者であっても容易に加害少年の情報に接することはできないとされてきました。少年法という法律のせいで，少年の犯罪の場合には，「あまく」「軽く」扱われているというイメージが社会には定着しているようです。

実際に「あまく」「軽く」扱われているかは別にして，犯罪を行った少年が成人の犯罪者とは違った扱いを受けるのには理由があります。それは犯罪を行った少年を大人の犯罪者と同じように処罰して刑務所に収容してきた歴史を振り返ると分かります。そのような扱いを受けた少年たちは大人の受刑者たちから虐待を受けたり，あるいは悪影響を受けてますます犯罪性を深化させたりしてきたことがわかっているからです。

このことに対する反省から，少年の犯罪者を収容する施設を刑務所とは区別して，少年院で少年のみを収容して再教育する仕組みが欧米で生まれました。特にアメリカでは，少年を収容する施設だけではなく，犯罪を行った少年を扱う手続そのものを入り口の時から分けるべきだとの主張がなされました。そこで，およそ100年前に，世界にさきがけて少年裁判所という少年事件を専門に扱う裁判所を誕生させ，刑事事件を処理する法律とは別の法律に基づいて運営されることになったのです。これが少年法の始まりです。

この少年法は，有罪を確定して成人の犯罪者を適正に処罰する刑法や刑事

訴訟法とは異なり，あくまでも犯罪を行った少年を再教育して社会に帰してあげることを目的としています。少年には大人とは違う粘土細工のような「可塑性（かそせい）」があって，悪い方向への影響も受けやすいけれども，反面，よい方向にもむかいやすいということがわかってきたからです。教育によって立ち直る可能性が大人よりも格段に高いという考えが背景にあります。この考え方こそが，少年法を貫く「保護主義」の原則につながる考えなのです。

保護主義って何だろう？

では，わたしたちの国の法律である少年法（以下，法とします）には具体的にどのような形で保護主義が掲げられているのでしょう。それは法1条を見れば分かります。同条は少年法の目的を掲げた規定ですが，そこには，「犯罪を行った少年の健全な育成を期し，……その環境を調整する」と規定されています。これはどんなに凶悪な犯罪を行った少年であっても，単に罰を加えて社会から排除するのではなく，将来の社会への責任を有する大人が，過ちを犯した未熟な少年を健全に育成し，そして再び社会に受け入れるために少年を取り巻く環境を調整するということ意味しています。「国連児童の権利条約」40条1項が「犯罪を行った少年は社会に復帰することが促進される方法で扱われる権利を有している」と言っているのも基本的には同じことです。成人犯罪者に科される「刑罰主義」が過去の犯罪に対する応報と予防を本質とする後ろ向きの制裁とするならば，保護主義は教育によって社会に復帰させ，そのことによってひいては犯罪を予防する前向きの処分と考えればよいでしょう。

そして少年手続はこの保護主義を貫くために刑事手続とは違った様々な仕組みを用意しています。

まず犯罪の捜査については，成人の事件とは違って，刑事訴訟法という法律のみに則って行われるわけではなく，「少年警察活動規則」という警察が守らなければならないルールにも拘束されています。そこでは少年の情操保護に配慮して質問をしたり，立会人をつけて取調べや面接をしなければならないことが記されています。少年は大人に迎合したり，暗示を受けたりする傾

向が強いので，取調べや面接には特段の配慮が必要だというわけです。

　次に，少年の事件は，必ず少年事件を専門に扱う家庭裁判所に送致しなければならないことになっています（法41条，42条）。これを**全件送致主義**といいます。成人の刑事事件の場合には検察官が起訴するかしないかを決める権限を持っていますが，少年事件の場合には専門家である家庭裁判所の裁判官がほとんどすべてのことを決める仕組みになっています。少年の事件の場合には保護的・教育的な働きかけが必要だからです。

　そのために家庭裁判所では，さらに特徴的なことに，家庭裁判所調査官という専門家をおいていて，少年の生い立ち，家庭環境，学校での生活，交友関係などを調べて犯罪に走った背景を調べることになっています。このように審判に先立って「**社会調査**」を行うことを「**調査前置主義・全件調査主義**」といいます。裁判官はこの調査官の社会調査結果をもとにして，少年の「**要保護性**（少年に国が介入して保護教育する必要性の程度）」を認定し，非行事実とあわせて少年の処分を最終的に決めるのです。また審判で最終的な処分を決めるために身柄の拘束が必要な場合には，「**観護措置**」といって，少年鑑別所に最大8週間まで身柄を拘束することができます。鑑別所では少年の心身の鑑別を様々なテストなどを用いて行います。この鑑別の結果も要保護性の認定に活用されます。

　さらに家庭裁判所での「**少年審判**」のあり方にも少年法ならではの特徴があります。それは審判が非公開となっていて，裁判官が懇切かつなごやかな雰囲気で審判を行うことが義務づけられている点です。裁判官は少年が犯罪を行ったことを単にとがめるのではなく，反省をして立ち直るような教育的配慮をすることが求められているのです。もっとも，少年は犯罪事実を否定しているような場合には，真剣に少年の言い分に耳を傾けてあやまって処分されることがないように注意するのは当然です。いずれにしても，通常の刑事裁判とは違って，少年と裁判官，調査官，少年の弁護をする「**付添人**」と呼ばれる人などが話し合いながら少年の立ち直りのための処分を決めるのが少年審判なのです。そして最終的に，犯罪事実が認定されて，要保護性が高いということになれば，その少年にあった処分が下されることになるのです。

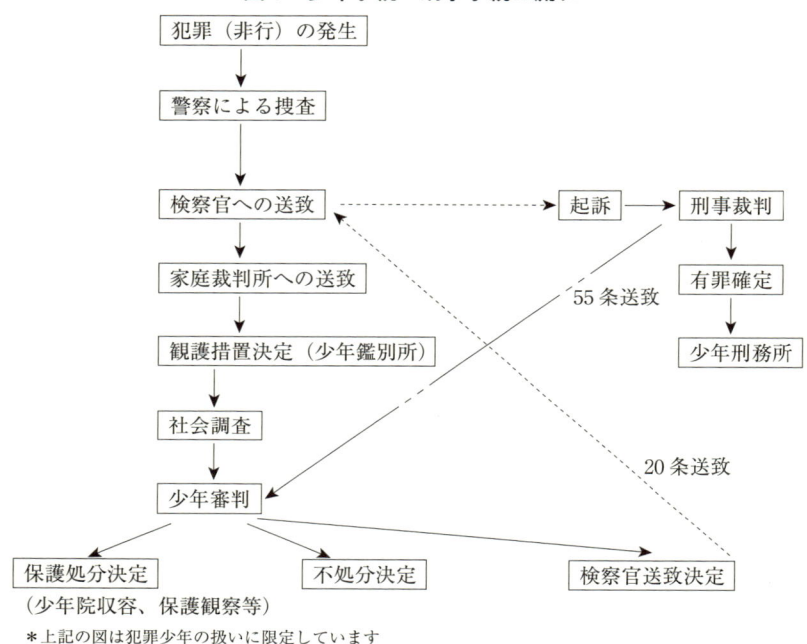

図1　少年手続・刑事手続の流れ

```
犯罪（非行）の発生
    ↓
警察による捜査
    ↓
検察官への送致 ─ ─ ─ ─ ─ ─ → 起訴 → 刑事裁判
    ↓           ↑                      ↓
家庭裁判所への送致  │                  有罪確定
    ↓           │ 55条送致              ↓
観護措置決定（少年鑑別所）              少年刑務所
    ↓           │
社会調査        │
    ↓           │                  20条送致
少年審判 ───────┘
  ↓      ↓         ↓
保護処分決定  不処分決定  検察官送致決定
（少年院収容、保護観察等）
```

＊上記の図は犯罪少年の扱いに限定しています

保護観察ってなに？　少年院ってどんなとこ？

　家庭裁判所で原則的に選択される処分は保護処分と言われています（法24条）。この保護処分には，大きく分けると社会内で処遇をする「保護観察処分」と施設内で処遇をする「少年院送致処分」，「福祉施設送致処分」があります。家庭裁判所で扱われる少年事件の多くは，処分を受ける場合には保護観察処分に付されます。

　保護観察処分になると，一般社会の中で普通の生活を営みながら，民間の篤志家（退職した教員など）である保護司や保護観察所の保護観察官の「指導監督（健全な生活をすることなどの遵守事項を守ること）」「補導援護（職業補導，生活指導など）」を受けながら改善更生の道を歩むことになります。犯罪を行った少年の環境を調整して社会に戻すことが少年法の目的ですから，できるかぎ

り社会の中での立ち直りを優先しようと考えているわけです。

　もっとも保護観察だけでは少年の立ち直りを図ることが難しい場合もあります。非行性が深化していたりして，社会に適応できなくなっていたり，あるいは社会的非難が強くて保護観察ではかえって少年の立ち直りを阻害してしまうような場合です。そのような場合には，裁判所で最終的に保護処分として少年院送致処分が下されることになります。少年院は国立の矯正施設ですが，少年の年齢や心身の状況によって，初等，中等，特別，医療の4つの種類に分けて設置されています。初等少年院には，おおむね12歳以上16歳未満で心身に著しい故障のない少年を，中等少年院には，おおむね16歳以上20歳未満で心身に著しい故障のない少年を，特別少年院には，16歳以上23歳未満で，心身に著しい故障はないが犯罪的傾向が進んだ少年を，そして医療少年院には，おおむね12歳以上26歳未満で心身に著しい故障のある少年をそれぞれ収容しています。

　少年院での処遇は，少年の要保護性に応じた矯正教育が基本になります。それは，「生活指導」「教科教育」「職業補導」「保健・体育」と「特別活動」からなります。特に中心となる生活指導では，少年院に入る前までは乱れた生活をしていた少年が圧倒的多数ですので，健全なものの見方，考え方，そして行動の仕方を少年院の先生である「法務教官」が教えることになります。具体的には，課題作文，個別面接，内省，自分史作成，被害者の立場に立った気持ちの理解など様々な指導方法を用います。もちろん，法務教官が24時間一緒に生活するわけですから，生活全般に関する指導も親に代わって行うのです。また少年院はおおむね12歳から収容されるわけですから教科教育についても法務教官，部外講師が行うことになります。学習意欲をもたせたり，基礎学力の向上を目指すのはもちろんですが，義務教育未了者に対しては学習指導要領に準拠した指導をしますし，高等学校教育については通信教育をうけさせたりしています。職業補導に関しても，就職を望む者には，溶接，木工，園芸など様々な指導もしています。さらに保健・体育では体力向上を図り，特別活動では自主的活動などを行います。これらは言うまでもなく，少年が社会に復帰して適応していくための，まさに総合的な教育にほかならないのです。

図2　少年院の1日

```
6時30分    起床・役割活動など
7時40分    朝食，自主学習など
8時50分    朝礼（体操など）
9時～      生活指導，職業補導，教科教育，保健・体育，
           特別活動（土日はホームルーム，進路指導など）
12時       昼食，レクレーションなど
13時       生活指導，職業補導，教科教育，保健・体育，
           特別活動（土日はテレビ視聴，レクレーションなど）

17時       夕食，役割活動など
18時       集団討議，教養講座，個別面接，
           自主学習，日記記入など
20時       テレビ視聴，レクレーションなど
21時       就寝
```

少年に刑罰を科すことはないのか

　では，少年であれば，どんなに凶悪な犯罪を行ったとしても，少年院に収容されるだけでしょうか。必ずしも，そうではありません。刑事裁判を経て「少年刑務所」に収容される場合もあります。これについて法20条は，検察官に送致できる場合，すなわち検察官の起訴を経て公開法廷の刑事裁判所で裁判を受けて刑罰を科すことができる場合を規定しています（20条送致された場合は検察官は原則として起訴しなければなりません）。それは故意に人を殺害してしまった場合のような一定の重い犯罪に限定されています。2000年の法改正で，16歳以上の少年による故意の致死事件（殺人罪，傷害致死罪等）は原則的に刑事裁判所の裁判に付さなければならないことになりました。

　刑事裁判は地方裁判所の刑事法廷で開かれますので，もちろん裁判は公開されています。誰でも傍聴することは可能です。基本的には一般成人の刑事裁判と何らかわるところはありません。もっとも，裁判所は，刑事訴訟規則277条に基づいて，家庭裁判所の調査結果を尊重しつつ，少年の情操に配慮した懇切な裁判を行なわなければならないことになっています。したがって，実際には，少年が傍聴席から見えないように配慮したり，少年に対して

わかりやすい説明や丁寧な問いかけをしたりしています。また法61条によって少年本人が特定できるような記事の掲載は厳しく制限されていますので，刑事裁判であっても成人とは違って名前や写真が報道されることはありません。これは刑事裁判に移行した後でも，法1条の健全育成の精神が生きていることの現れでもあります。

いずれにして刑事裁判で有罪が確定すれば少年刑務所に収容される場合があります。少年刑務所では，先に触れた少年院での矯正教育とはかなり違って，「懲役刑」の執行として刑務作業が義務づけられます。学科教育なども行われますが，そのことが占める割合は少年院に比べればかなり低いものになります。なによりも保護教育ではなく，懲役として刑罰を執行するという基本的な考え方自体がかわるのです。全国に7カ所ある少年刑務所には，実際のところそれほど多くの少年が収容されているわけではありません。収容されている者の多くは，20歳から26歳の青年が中心になります。場合によっては普通の成人受刑者も収容されています。

また刑事裁判で有罪を確定させることなく，裁判官と裁判員が，やはり少年刑務所ではなくて少年院での保護教育が必要であると考えれば，法55条によって再び家庭裁判所に戻すことができるようにもなっています。55条で戻されれば，先に説明した手順で少年院収容が決定されることになるのです。どんなに凶悪な犯罪を行った少年についても，法は保護教育の可能性を捨てないことの現れです。

被害者はどうなるの

ところで少年法は犯罪の被害者にどのように対応しているのでしょうか。少年法があまいと言われる理由の1つには，審判の非公開，加害少年の特定情報の秘匿など加害少年の保護教育には熱心であっても，被害者にはまったく配慮してこなかったという世間一般の感情を置き去りにしてきたことがあげられています。これはわが国のみならず，世界的な傾向でした。しかしながら，最近では，被害者，加害者（少年），そして地域社会の関係性を修復するために司法の場が活用されるべきであるとする，いわゆる「修復的司法」

という考え方が現れはじめています。置き去りにされてきた被害者を司法の中心で扱おうという考え方で，いまやこの考え方をもとに欧米諸国を中心にさまざま法改正や処遇プログラムが行われています。

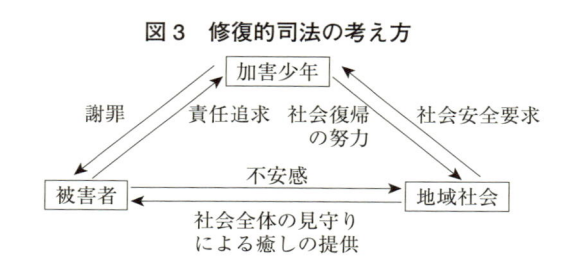

図3 修復的司法の考え方

```
              加害少年
         ↗   ↑       ↖
    謝罪  責任追求 社会復帰  社会安全要求
              の努力
      被害者  ←  不安感  →  地域社会
           ←
         社会全体の見守り
         による癒しの提供
```

わが国の少年法も例外ではありません。2000年の法改正では，被害者は，損害賠償請求を行う場合に加害者である少年の事件記録を利用することができるようになりましたし（法5条の2），被害者としての悔しい，悲しい心情を裁判所に聞いてもらうこともできるようになりました（法9条の2）。また家庭裁判所による加害少年に対する処分の結果を通知してもらうことができるようになりました（法31条の2）。これは修復的司法そのものではないものの，少年司法の領域でことさら置き去りにされてきた感がある被害者に光をあてる法改正であったと評価する人もいます。

そして2004年に，被害者団体の強い要請もあって「犯罪被害者等基本法」が制定され，2005年には政府によって同法の目的を達成するための「犯罪被害者等基本計画」が策定されるに至っています。この基本法・基本計画に基づいてさらに少年法は改正されました。2008年には非公開である少年審判を被害者が傍聴できるようになったのです（少年法22条の4）。傍聴できるのは故意の致死事件や生命に重大な危険を生じさせた事件に限定されていますが，これによっていままで閉ざされてきた少年審判を目の当たりにすることができるようになったわけです。また被害者が審判に参加できなかった場合でも，審判での状況を裁判所から説明してもらうことができる制度が作られましたので（少年法22条の6），被害者が少年審判に関わることができる状況は格段に高まったと言えます。

少年法はあまいのか

　結局のところ，少年法は一般に言われているように，やはり「あまい」法律なのでしょうか。ここまで読んできた読者は必ずしもそうは思わなかったのではないでしょうか。確かに，刑罰によって応報としての痛みを加えて，その後の犯罪を抑止しようという色彩はうすいかもしれません。しかし，それはわたしたち人間の誰もが通る「未成熟で」「不安定で」「道に迷いやすい」子ども期の過ちを，「応報ではなくて，教育によって」ただそうとしていることの現れなのです。すでに見たように，少年法は，保護観察や少年院での教育を用意していますが，それらは決してあまいものではありませんでした。また被害者への配慮も忘れてはいません。さらに例外的な措置ですが，刑罰による教育も用意しています。「あまい」というよりも，問題解決の方法が成人の刑事事件とは異なるだけなのです。

　わたしたちの誰もが可塑性のある子ども期を通って大人になっています。理性が確立してない子ども期には，誰もが大なり小なりの過ちを犯してきていることがわかっているからこそ，少年法という法律は保護教育の道を賢明にも選択したことを忘れてはなりません。「あまい」と言って安易に厳罰化することでは抜本的な問題解決にはならないことも心に留めておく必要があります。

◇この法分野を学びたい！◇

　少年法は非行のある少年，つまり犯罪を行った14歳以上の「犯罪少年」，14歳未満で犯罪に相当する行為を行った「触法少年」，そして正当な理由がなく家に寄りつかないなどの事由があって将来犯罪をおかすおそれがある「ぐ犯少年」に関する手続を中心に規定している法律です（なお，本書では，特に「犯罪少年」の扱いに限定して説明しています）。基本的には犯罪に関する手続は問題になるところから，法体系としては刑事法（刑法，刑事訴訟法，被収容者処遇法など）の1つとして位置づけられています。しかしながら，触法少年やぐ犯少年といった，基本的には児童福祉の対応が必要となる少年も扱うことから，児童福祉法との関係も緊密です。実際に触法少年については，少年法も児童福祉優先主義をとっていますので，まず児童福祉機関に通告・送致するのが基本なのです。さらにこれらの非行の問題は，家庭

や学校での教育に関わる問題でもあります。したがって，教育基本法，学校教育法，民法の中の家族法の領域などと深く関わるのです。このように，少年法を理解するためには，子どもに関わるさまざまな法領域を総合的に勉強していかなければなりません。少年法に興味をもったら，憲法，刑法，民法などの基本的な法領域を学んだ後で，再び少年法を読み返してみるとよいでしょう。本当の意味で少年法が理解できるはずです。

【参考文献】
・守山正＝後藤弘子編『ビギナーズ少年法〔第 2 版補訂版〕』（成文堂，2009）
・本間一也＝城下裕二＝丹羽正夫編『New Live 刑事法』（成文堂，2009）

山口 直也（やまぐち なおや）

Part 2 　大人になるということ

§2　あなたの治療について決めるのは誰？

はじめに

　皆さんは，病気になったり怪我をしたとき，どうしますか。それが軽いものであれば家で手当てをしたり，様子を見たりしてわざわざ病院には行かないかもしれませんが，それが軽いものでなかった場合はお医者さんに診察してもらって治療してもらいたいと考えることでしょう。では，お医者さんに診てもらうためには，どうしたらいいでしょうか。高校生の皆さんは，きっと親に付き添われずに自分だけで病院に行くことも多いと思います。

　まず，お医者さん，あるいは病院との間で診療してもらうための契約を結ぶことになります。契約を結ぶためには，行為能力というものが必要で，20歳未満の未成年者の場合には，これが一律に制限されています。そうだとすると，皆さんは親が付き添っていなければ，診療契約を結ぶことができず，お医者さんに診てもらえないのでしょうか。いいえ。皆さんは親の同意を得れば契約を結ぶことができます（民法5条1項本文）。そして，多くの場合において，皆さんは保険証を持って病院に行くと思いますが，このように保険証を呈示することが，親が「黙示の同意」を与えた（「明示の同意」に対する概念で，「同意を与える」ということを明らかに示していなくても，行動などから同意を与えていると推測できる場合のこと。）と考えられるため，親が同伴していなくても診療を受けることができるのです。あるいは，保険証を呈示しなかった場合であっても，皆さんの健康に役立つような診療を受けることについては，親から黙示の同意が与えられていると考えることも可能です。

　このようにして，皆さんが診療契約を結んだとして，次には，実際の診察，治療が待っています。診察の結果，大した病気ではないということが分かればホッとしますが，大きな病気で，手術が必要になった場合はどうしたらいいでしょうか。手術を行うに当たっては，原則として患者の同意が必要

です。同意なく手術された場合を考えてみてください。皆さんは，その手術により病気が治ったとしても，勝手に手術されたことに対してお医者さんに対する不信感を持ちませんか。このように，同意なく診療を行うことは，刑法上は傷害罪（刑法204条），民法上は不法行為（民法709条）に該当する可能性があり，それぞれ，刑罰を受けたり，損害賠償責任を負う可能性があります。ですので，お医者さんは，手術に対する説明を十分に行い，皆さんの同意を得ようとします。それでは，皆さんがきちんと説明を受けた上で，「では，お願いします」と言って単独で同意を与えるだけで手術を受けることができるでしょうか。それとも，家に帰って親と相談した上で，親の同意が必要となるでしょうか。皆さんは手術を受けずに様子をみたいと思っていますが，親が手術を受けることを強く主張した場合に，皆さんは手術を拒否することができるでしょうか。この他にも，異なる価値観がぶつかり合うような人工妊娠中絶や，生命にかかわる治療，宗教上の信念にかかわる輸血拒否が問題となった場合，皆さんの意思というものは尊重されるのでしょうか。この問題については，残念ながら，法律には何も書いてありません。しかし，法律には直接書いていないことであっても，この問題をどう解決するかについて，関連する法律や制度などを参照しながら考えていくことはできます。そこで，以下では，この問題について一緒に考えていきたいと思います。

未成年者の意見表明権

　わが国では，前述の通り，何歳以上の未成年者が本人の承諾のみで医療を受けることができるのかについて明らかとなっていません。しかし，例えば，生まれたばかりの赤ちゃんと皆さんのような高校生になった未成年者を同じように扱うことについては疑問が投げかけられています。つまり，高校生には，今まで生きてきた過程で自分の生き方に関する何らかの信念があり，自分の身体や生命に関することについては，一定の決定および責任を負うだけの準備ができているのではないかと考えることができるため，すべてを親の好きなように決めることには何らかの反発や戸惑いがあるはずです。このことをうまく表しているのが，児童の権利に関する条約12条の子ども

の意見表明権です。

　同条約12条1項は、「締約国は、自己の意見を形成する能力のある児童がその児童に影響を及ぼすすべての事項について自由に自己の意見を表明する権利を確保する。この場合において、児童の意見は、その児童の年齢及び成熟度に従って相応に考慮されるものとする。」と規定されています。この条文の「その児童に影響を及ぼすすべての事項」とは、この条約の審議過程を根拠に、子どもの権利に影響するよりも広く、子どもの人格に関わる事項を中核とするすべての事項であると解釈されています。次に、「年齢及び成熟度に従って」考慮されると規定されていますが、子どもの意見をどの程度考慮するかについては、その事柄の性質により異なると考えられています。例えば、以下で述べるとおり、子どもの人格にかかわる人工妊娠中絶についての意見表明には十分なウエイトが置かれるべきであると主張されています。ところで、意見表明の前提として、情報を獲得することが必要ですが、国連・子どもの権利委員会の日本に対する総括所見により、思春期の子どもの健康に関して、「子どもが親の同意なく医療上の相談および情報にアクセスできる」ようにすべきであるという勧告がわが国に対してなされています。

　医療に関する決定において、「年齢及び成熟度」を考慮した結果、成熟しているとされる子どもの意見表明が自己決定として確定的な効果を持つことがあります。これは、英米において「成熟した未成年者の法理」と呼ばれている概念で、子どもの自己決定権が、親の子どものことについて決定する権利・義務に優越すると考えられます。このように子どもの自己決定権が認められるかは、前述の通り、問題となる医療の性質、子どもの年齢、成熟度等によって決定されます。

医療に同意できる年齢について

　医療に同意できる能力があるというためには何らかの基準が必要となりますが、何を基準にするかという点に関して、学説は、一定の年齢を基準として提案しつつ、個別具体的に判断するとしています。基準となる年齢についてはいくつかの考え方があります。

まずは，15歳―16歳を基準とする考え方があります。例えば，民法797条が養子になるか否かについて15歳以上の者の同意権を認めていることをその根拠としたり，我が国の場合，人格形成および社会生活のための最小限度の知識と能力を養うために行なわれる義務教育が中学3年までであること，さらには，原動機付自転車の免許取得が16歳になれば認められることを理由とします。この他にも，18歳を基準とする考え方もあります。その理由は，医学の発達に伴い，治療についての決定が，より高度化，複雑化していることから，高校卒業程度の能力が必要と考えられるからです。

　このように，一定の年齢を基準とするとしても，その年齢に達していない者についても，同意能力の有無を個々の事例に即して判断しなければなりません。なぜなら，医療における同意は，それが患者個人の生命・身体や人生に直接かかわるものであるためにその内容を当事者の真実の意思に基づいて決定するべきであるし，基準とする年齢に達していなくても，医療行為の内容によっては，同意することができるだけの十分な能力があることもあり，そのような場合には，その患者本人の意思を尊重してその決定に従うことが望ましいからです。

　ただ，同意能力を現実に決定するのは，現場の医師であり，自分が同意能力あると判断し，その者の単独の同意のみで治療した未成年者が，後に裁判で同意能力がないとされた場合のリスクを回避するために，現実的には，医師は親権者の同意を取らざるを得ないという問題が起こっています。そこで，基準の明確化，及び患者の能力を出来るだけ正確に判定する手続等が今後の課題となっていますが，裁判所が同意能力を判定する制度がないわが国においては，医療の現場において，精神科医等の複数の医師が参加してチーム医療を作り，判定するという方法が提案されています。

人工妊娠中絶について

　人工妊娠中絶を受ける人が未成年者である場合について，中絶を例外的に認める母体保護法には特別の規定がありません。親の同意についての規定がないことをどのように解釈したらいいでしょうか。未成年者には同意能力が

なく，親権に服していることから，当然に親の同意を得なければ中絶を受けられないと考えることもできそうですし，逆に，特別の規定がないならば，親の同意は必要なく，本人の同意のみで中絶を受けることができると考えることもできそうです。

　前述の通り，わが国では，何歳以上の未成年者は本人の承諾のみで医療を受けることができるのかについては明らかとなっていません。また，一般の医療と人工妊娠中絶のような本人のプライバシーや信念が特に問題となるようなものとを同じに考えてよいのかどうかについても問題とされますが，中絶のようなプライバシーに関わる問題については，それが個人の人格にかかわることですので，本人の判断が尊重されるべきであると考えられます。

　なお，わが国では，刑法の堕胎罪により中絶が処罰されるのが原則であり，例外的に母体保護法14条に該当する場合にのみ処罰されないという構造になっているのですが，実際には，ほとんどの場合において，「妊娠の継続又は分娩が身体的又は経済的理由により母体の健康を著しく害するおそれのある」場合（同条1項1号）に該当するとして，中絶を受けることは可能であり，原則と例外の関係が逆転しているといわれています。このように，わが国では，事実上自由に中絶を受けることができるため，アメリカで問題となったような，中絶を受けることが女性の権利であるという主張は起こらず，それと同時に，中絶を受ける人が成人女性か，未成年の女性かによって異なる扱いをしておらず，未成年者を保護しようという考え方もありません。この点について，アメリカでは，成熟した未成年者の場合には，その判断を尊重し，成熟していない未成年者の場合には，これを保護するという観点から，両者について異なった扱いをしています。未成年者を一律に扱うのではなく，このように成熟性の有無によって，保護すべきか，それとも，自律を尊重すべきかというように，扱いを変えていくという考え方が今後求められていくと考えますが，皆さんはどのように考えますか。ちなみに，成熟性の判断については，アメリカにおいても，その判断基準が不明確であることや，誰が判断するのか（担当医か，複数の精神科医か，あるいは，裁判所か。）ということについて争いがあることもここに付記しておきます。

未成年者の治療拒否権について

　最大の難問として，高校生である未成年者が宗教上の理由で，輸血すれば助かる可能性が高いのに，輸血を拒否した場合，この未成年者の意見をどの程度考慮すべきかという問題があります。輸血拒否というのは，子どもの宗教上の信念や人格にかかわることであるため，できるだけ未成年者の決定を尊重すべき事柄であるのですが，輸血拒否により死という結果がもたらされる可能性が高いということがこの問題を複雑にしている理由です。

　まずは，輸血を拒否しても死ぬ可能性がほとんどない場合について考えてみましょう。このような生死に関わる状況でなければ，輸血拒否による自分の健康へのリスク，輸血を受けないことにより味わうかもしれない苦痛を十分に理解し，輸血されることにより自分の宗教的信念を踏みにじられる精神的苦痛との比較衡量（こうりょう）をできるだけの成熟性のある未成年者の行った決定は尊重されるべきであると考えられています。なぜなら，このような場面では，意見表明を行った未成年者の自律や自己決定が尊重されるべきだからです。

　それでは，輸血拒否により死ぬ可能性が高い場合にはどこが違うのでしょうか。まず，生死にかかわる状況を判断するというのは，きわめて高い判断能力と成熟性が必要とされる行為であると考えられています。ですので，成人の年齢に近い，成人と同じ程度の成熟性を有する子どもの場合にのみ，親の決定を排除してでも自己決定が尊重されるのではないかと考えられます。従って，それに至らない子どもの場合には，その意見表明を尊重すべきであることに変わりはありませんが，その意見表明が直ちに親の決定を排除するまでの効果はなく，どのような決定が「子どもの最善の利益」になるか（すなわち，子どもにとってもっとも妥当な解決策となるか。）ということを決定するための1つの材料として考慮されるにすぎません。

　ただ，輸血拒否という自己決定が尊重されるべきであるとされる成熟した未成年者についても，学説においては，実を言うと，何らかの理由をつけて，この未成年者が生命を失わないように制約をしようとしています。これは，アメリカにおける議論ですが，例えば，未成年者の生命にかかわる治療を拒否する権利というのは，それが認められる場合であっても，未成年者の

ことについて決定する親の権利により，あるいは，未成年者の生命を保護するという利益により制約を受けるという説明をしています。しかし，親の意見により成熟した未成年者の治療拒否権が尊重されないという説明については，未成年者が成人のような決定を行うだけの十分な判断能力があると判断され，その自己決定を尊重すべきであるとされた場合には，親の反対があったとしても，未成年者の決定を覆すことはできないと考えるべきではないかという批判がなされています。では，未成年者の生命を保護するために制約を受けるという説明については，どのような批判ができるでしょうか。これについては，自己決定できるということは生命の処分についても決定できるということではないか，とか，未成年者の生命保護というのは，究極的には，将来の労働力としての市民を確保するためになされるのではないかという指摘も可能だと思いますが，皆さんはこれらの点についてどう考えるでしょうか。

おわりに

このように，未成年者の医療に対する同意の問題をめぐっては，重要な問題であるにもかかわらず，法律で特に何も定められておらず，考えなければならない様々な難しい問題が発生しています。しかし，医療を受けることというのは，皆さんの生命にもかかわるような基本的な権利ですので，この問題については，何かおかしいとか，不当だと感じるようなことがあれば，皆さん自身が疑問を持って色々と調べたり，主張したりしていかなければいけないのではないでしょうか。ここで取り上げた以外にも多くの問題が，表面上はあたかも問題ではないかのように発生していることでしょう。そのようなことについても，何か問題だと感じる感性と，それについて考え続ける問題意識を持っていただければ幸いです。また，ここでは取り上げられませんでしたが，赤ちゃんや年少の未成年者に関する治療を親が拒否した場合に，これらの子ども達がきちんと治療を受けることができるようにするためにはどうしたらいいかという問題もあります。その中でも，重症で治療しても重い障がいや後遺症の残る赤ちゃんに対して治療するか否かをめぐっては難し

い生命倫理上の問題があります。これを医療ネグレクト，あるいはメディカル・ネグレクトの問題といいます。医療ネグレクトについては，色々と文献がありますので，興味のある方は是非調べてみてください。

◇この法分野を学びたい！◇

　本講では，未成年者の医療への同意について一緒に勉強していきました。この法分野は，医事法（民事）の一部で，未成年者の医療への同意の他にも，例えば，皆さんも聞いたことがあるインフォームド・コンセントや説明義務，医療過誤，終末期医療と患者の自己決定権や家族の役割，生殖補助医療等についても勉強します。医事法は，憲法や民法のような1つの法律とそれを取り巻く法律についての勉強をするものではありません。なぜなら，医事法という法律は存在しないからです。医事法（民事）では，主に，民法，憲法，法哲学とそれを取り巻く法律について勉強します。本文に出てきたような，国際条約についても適宜勉強する必要があります。その他にも，ニュースで取り上げられる医療に関する情報や事件も，医事法を勉強するためには役に立ちます。また，医療現場を舞台とした小説や漫画も数多く存在しており，それらをもとにしたドラマや映画もありますね。このような皆さんが興味を惹かれるものから医事法の世界に入っていくのもお勧めです。医事法の講義では，通常，民事法だけではなく，刑事法，行政法の知識も必要となりますので，民法，刑法，行政法を受講することをお勧めします。また，この分野は生命倫理とも密接に関連していますので，法学部の科目ではないと思いますが，生命倫理や医療倫理といった科目があったら是非受講してみて下さい。

【参考文献】
- 栃木県弁護士会「医療における子どもの人権を考えるシンポジウム」実行委員会『医療における子どもの人権』（明石書店，2007）
- 玉井真理子ほか編『子どもの医療と生命倫理』（法政大学出版局，2009）
- 久々湊晴夫＝旗手俊彦編『はじめての医事法』（成文堂，2009）
- 手嶋豊『医事法入門〔第2版〕』（有斐閣，2008）
- 田村正徳＝玉井真理子編『新生児医療現場の生命倫理──「話し合いのガイドライン」をめぐって』（メディカ出版，2005）

永水　裕子（ながみず　ゆうこ）

Part 2　大人になるということ

§3　大人と子どもの境界線

はじめに

　毎年，成人の日には，晴れ着姿の新成人たちが大人になった感想や抱負についてこたえるニュース映像が流されます。ここでいう大人というのは満20歳に達している人をさしていますが，それでは20歳未満の人は子どもということになるのでしょうか。何が基準となって大人と子どもを区別しているのでしょうか。なぜ，大人と子どもを分けるのでしょうか。これらの疑問について，法的な視点から，以下で考えていきたいと思います。

大人になるための資格って何だろう

　人は，老若男女問わず，何らかの形で社会と関わりながら生きています。子どもから大人まで，自分以外の人やいろいろな物に囲まれながら，日常生活をおくっています。例えば，毎日の生活に欠かせない衣食住をみたすには，着る服を買ったり，住む家を借りたり，スーパーで食品を手に入れなければなりません。こうした行為は，別のいい方をすれば，契約関係に入るということです。契約関係があると，その当事者の間では**権利**と**義務**が生じます。ものの売り買いのことを法的には売買契約といいますが，買主は代金と引き替えに商品を請求する権利を，売主は商品を引き渡す代わりに代金を請求する権利をもっています。裏をかえせば，買主は商品の代金を支払う義務を，売主は商品を引き渡す義務を負っています。このような権利・義務の主体となる資格のことを**権利能力**といい，人は生まれてから死ぬまで，この権利能力をもっています。

　どんな商品を買おうか，誰に商品を売ろうか，それは買う側，売る側それぞれの自由です。つまり，契約関係を成り立たせるのは，個人の**意思**という

ことになります。このように，個人を拘束して，権利義務関係を成立させているものはそれぞれの個人の自由な意思であるという考え方を私的自治の原則といいます。この意思を形成して，それを行為として外部に発表して，その行為の結果を判断・予測できる能力を意思能力といいます。意思能力があるというのは，「これをください」とお店の人にいうとこれに応じてくれて，代金を支払えば，商品を自分のものにできる（法的にいえば，商品の所有権を得ることができる），と理解しているということです。

意思能力の有無は，その行為ごとに判断されることになります。一般的には，10歳未満の幼児や泥酔者などは意思能力がないとされていますが，それは個人差があり，年齢によっては未成熟であるとか，病気その他によって障害を伴うこともあります。3歳児が「これ，ちょうだい」といったからといって，お店の人は本気で商品を売ろうとは思わないでしょうが，外見上は健常な大人に見える人に商品を売ったところ，実はその人には精神的障害によって意思能力がなかったとしたらどうでしょうか。この意思能力がない場合，つまり意思無能力者は，十分な考慮をしないで，自分に不利益となる契約を結んでしまうかもしれません。この場合には，契約を無効として扱うことにすれば，その意思無能力者に対して，不当に義務を負担させることをしなくてすみますし，その人を保護することにもなります。

しかし，行為者自身が行為の時点で自分が意思無能力であったことを証明するのは難しいことが多いでしょうし，その相手方である人が事前にその事態を察知してトラブルの発生を回避することも，事後的に行為者の意思無能力を証明して損失を免れることも難しいことが多いでしょう。そこで，取引をする能力が劣る人を一定の形式的な基準で画一的に定めて，行為当時に具体的に意思能力があったかどうかを問うことなく，一律にその行為を取消すことができる制度をもうけています。これを制限行為能力者制度といい，この制度によって保護される人を制限行為能力者といいます。制限行為能力者は独立して取引をする能力，つまり行為能力が制限され，契約などを単独で有効にすることができる法律上の資格がありません。

制限行為能力者にあたる人は，①精神上の障害によって意思能力が一時的に回復することはあっても恒常的にない人（成年被後見人といいます），②精

神上の障害によって意思能力が著しく不十分な人（**被保佐人**といいます），③精神上の障害によって意思能力が不十分な人（**被補助人**といいます），そして，④満20歳に達していない人（**未成年者**），です。これら制限行為能力者がその行為によって義務を負担する可能性が全くなくなってしまうとすれば，彼らの有する財産は取引の領域から取り残されてしまい，彼らに権利能力が与えられていることの意義が失われてしまいます。そこで，制限行為能力者には，彼らに代わって取引行為をする権限を有する人（**法定代理人**といいます）をその保護者として，①には**成年後見人**，②には**保佐人**，③には**補助人**，そして，④には**親権者または未成年後見人**，がつけられます。①から③の制限行為能力者の制度は，新しい**成年後見制度**といい，高齢化社会に対応し，判断能力の不十分な高齢者であってもその自己決定をできるだけ尊重すべきであることなどの要請にこたえて，従来からあった行為無能力者制度を1999年に法律を改正することによってできたものです。

未成年者のできること・できないこと

　満20歳に達した制限行為能力者にあたらない成年者は行為能力が与えられ，単独で有効な契約関係に入ることができますが，未成年者は制限行為能力者ですから，契約などを結ぶには法定代理人から同意を得なければなりません。法定代理人にあたるのは，通常は未成年者の親権者である父や母ということになりますが，親権者がいない場合には家庭裁判所によって選任される未成年後見人ということになります。法定代理人の同意を得ないで結んだ契約は一応有効ですが，取消すことができ，取消されるとその契約は最初から無効の扱いになります。携帯電話の契約をするのに，お店の人から「未成年者は親の同意が必要です」といわれるのはこのためです。

　このように未成年者の取引行為に法定代理人の同意を必要としたのは，その能力を補充するためです。この能力補充の必要がなければ，法定代理人の同意がなくても，未成年者は単独で有効な取引行為を行うことができます。つまり，未成年者に不利益が生じない場合や法定代理人によってその行為が許されている場合については，未成年者も行為能力があります。例えば，親

戚からお年玉をもらうこと（これは法的には贈与契約といいます）や，親からもらったお小遣いを使うことです。

　では，未成年者は以上のような行為以外には単独で何もできないのでしょうか。答えはNoです。契約を結ぶなどの取引行為を法的には**財産行為**というのに対して，結婚する，養子縁組をする，といった夫婦や親子の身分関係をつくったりする行為を法的には**身分行為**といいます。財産行為は損得勘定によってある意味打算的・理性的に判断されるものですが，身分行為は利害を離れた感情的な人と人の結びつきを対象としています。こうした身分行為については，未成年者であっても，意思能力さえあれば，成年に達するまでの成熟さを必要とはされていませんし，行為者自身の真実の意思に基づいて決定する必要がありますから，法定代理人が代わって行うことができない性質のものです。

　具体的にみていきましょう。

　現在の法律では，未成年者であっても結婚（法的には**婚姻**といいます）ができます。男性は18歳，女性は16歳になれば結婚ができます。この年齢のことを**婚姻適齢**といいます。未成年者の婚姻には父母の同意が必要とされていますが，これは軽率な結婚から未成年者を守るためのもので，もし父母の同意がない婚姻届が役所で受理されたら，取消すことはできず，婚姻は成立します。結婚した未成年者は20歳に達するまで行為能力が制限されるとすると，いちいち法定代理人である親の同意を得て，日常生活を営むことになり，親から独立した夫婦の生活ができませんので，この場合には成年に達したものとして扱うことになります。このことを**成年擬制**といいます。もし，未成年のうちに離婚するということになっても，この扱いは成年に達するまで継続します。

　養子縁組をする場合（養子縁組には**普通養子縁組**と**特別養子縁組**という2つの制度がありますが，ここでの養子縁組は前者を指します。）には，養親となるには成年に達していないといけませんが，養子となるには満15歳に達していればよく，15歳未満のときには意思能力が否定されて，法定代理人が養子となる人に代わって承諾を与えることになっています。

　普通養子縁組と同じように，意思能力の有無の境界線を15歳に設定して

§3 大人と子どもの境界線　53

いるものとして，遺言能力（いごん）があります。遺言能力があるということは，いわゆる遺言状（ゆいごんじょう）を作成することができる資格があるということです。遺言状の内容は単純に身分関係に関することだけでなく，むしろ財産に関することの方が中心となりますが，通常の取引行為ではありませんので，行為能力を必要とせず，満 15 歳に達した人であれば，遺言能力があるとされています。

おわりに

　法的に，大人と子どもの境界線はどこで引かれていたでしょうか。

　ひとつは，成年年齢，つまり満 20 歳に達しているかどうかでしたね。なぜ未成年者は 20 歳未満とされているのでしょうか。成年年齢を満 20 歳とした現在の法制度は明治時代につくられています。そのもととなった法律が施行される前の一般的な慣行としては，13 歳から 15 歳前後で，成年式によって，一人前の資格が公認されていたことや，地方によっては 20 歳かそれより上の年齢を成年としていたこと，当時の欧米諸国は 21 歳から 25 歳程度を成年年齢と定めていたこと，などから，結局，20 歳を成年年齢に採用したようです。この成年年齢について，2009 年 7 月に，法律の改正問題を審議する法務大臣の諮問機関である法制審議会は，18 歳に成年年齢を引き下げるとする最終報告書をまとめました。この中で，婚姻適齢についても，男女ともに成年年齢と同じ 18 歳にそろえるべきとされています。この婚姻適齢を男女ともに 18 歳にするという案自体は既に 1996 年 2 月に法制審議会が決定していたものです。近い将来，法律が改正されて成年年齢や婚姻適齢が変わるかもしれません。

　ほかには 15 歳で境界線が引かれていたものもありましたね。遺言能力や養子になる年齢がそうです。この遺言能力の 15 歳を参考に，15 歳未満の子どもは移植のために臓器を提供できないとされていましたが，2009 年 7 月に法律が改正されて，この年齢制限は撤廃されました。このように，子どもの医療に関わることがらについては，子ども自身が判断できるのはいつか，いいかえると自己決定できるのは何歳からなのか，については議論があります。これは財産行為や身分行為とはまた性質を異にする問題です。

大人と子どもの境界線をどこにひくか。それはどのようなことを判断し決定しなければならないのか，それに必要とされる資格，つまり，判断能力はどういうものなのか，によって，変わってくるでしょう。現在の法律においても，15歳，20歳というようにその基準が一律ではありませんし，意思能力のように個別に判断されることもあります。法的に何が大人で何が子どもなのかは，数式のように当てはめて同じ答えが出てくるようなものではありません。

◇この法分野を学びたい！◇

本講では，大人と子どもの境界線について，法的な視点からみてきました。ここで扱った権利能力，意思能力，行為能力については民法という法分野で学ぶことができます。民法の勉強の中心は，民法典という法律を学ぶことです。民法典という法律は条文数が多く，第一編総則，第二編物権，第三編債権，第四編親族，第五編相続というふうに全五編でまとめられています。民法典を2つにわけると，衣食住に関連する生活を規律する部分（これを財産法といい，第一編から第三編をさします。）と，夫婦や親子といった人の身分に関連する生活を規律する部分（これを家族法といい，第四編・第五編をさします。）になります。財産行為に関する判断能力については財産法で，身分行為に関する判断能力については，家族法で勉強することになります。

成年年齢について，法律が改正されて18歳に引き下げられるかもしれないと述べましたが，ここでいう法律は民法をさします。この改正の議論のきっかけとなったのは，2007年5月に成立した日本国憲法の改正手続に関する法律（一般的には，国民投票法と呼ばれています。）の附則で国民投票の投票権者の範囲を18歳以上と定めていたためです。選挙年齢については憲法という法分野で学べます。

臓器移植など，子どもの医療に関する判断能力の問題を扱っているのは，医事法という法分野です。医事法というのは，比較的新しい法分野で，大学によっては医事法という名の講義科目がない場合があります。このような問題については，その基礎となる法理論は，民法や刑法の授業で学ぶことができます。

民法は私的な生活関係を規律しているもので私法という分類に属し，地域や人や物など適用される領域が限定されていない一般法と位置づけられています。ですから，例えば，私法に属する商法を学ぶためには民法の知識が必要となります。（商法は私的生活関係のうちの商取引関係を定めていますので，適用範囲が限定されています。これを特別法といいます。）また，民法のように，権利義務の内容を定める法のことを実体法といいますが，その権利義務を実現するためには手続法が必要です。例えば，民事訴訟法がそうです。手続法を学ぶためには，実体法の知識が不可欠です。したがっ

て，民法を学ぶということは，ほかの法分野を学ぶためにも必要だということです。

まずは，民法をしっかりと勉強してみてください。

【参考文献】
・谷口知平＝石田喜久夫編『新版注釈民法／(1)総則(1)通則・人〔改訂版〕』（有斐閣，2002）
・四宮和夫＝能見善久『民法総則〔第7版〕』（弘文堂，2005）
・法制審議会答申「民法の一部を改正する法律案要綱」（1996年2月26日）http://www.moj.go.jp/SHINGI/960226-1.html
・法制審議会答申「民法の成年年齢の引下げについての最終報告書」（2009年10月28日）http://www.moj.go.jp/SHINGI2/091028-2-1.pdf

中村　恵（なかむら　めぐみ）

Part 2 大人になるということ

§4 主権者(プレイヤー)が政治(ゲーム)をつくる

はじめに

　2009年8月30日に行われた第45回衆議院議員選挙では，民主党が議席を大きく伸ばし，衆議院で第1党の座につきました。それまでの第1党であった自民党が衆議院でその座を明け渡したのは，1955年の結党以来，なんと50年以上の歴史で初めてのことです。また，これにともなって，民主党を中心とした連立内閣が組織され，いわゆる政権交代が起こりました。皆さんの中にも，このあたりの動きを興味深く見守っていた人がいることでしょう。

　しかし，他方で，皆さんのなかにはこれらのニュースが何を意味しているのかよくわからなかったという人もいるのではないでしょうか。「第1党」とか「安定多数」とか，あるいは「政権交代」だとか「連立内閣」だとかって，よくわからないし，興味もない。だいたい「政治」って遠い世界のことで，別に自分には関係のないことだ。そう思っている人も少なからずいるかもしれません。

　たしかに，高校生までの時期であれば政治にそれほど興味がなくとも，とくに困ることはないでしょう。しかし，法学を学ぶということになるとそうもいってはいられません。なぜなら，法と政治とは，法が政治によって作られるものである一方で，逆に法が政治をコントロールすることもあるという相互依存的な関係にあるからです。それに，よく考えてみると，政治は決して遠い世界のことではありません。むしろ，私たちの生活に密着して大きな影響を与えるものです。たとえば消費税が上がれば，これまでよりもジュースの値段や携帯の通話料金が上がります。こうした政治からのアウトプット（政策の作用や影響）はとても身近なものですが，多くの人は政治へのインプット（決定への参加や要求）を縁遠いものと感じてしまうようです。そこで，

§4 主権者(プレイヤー)が政治(ゲーム)をつくる　57

　本パートでは，日本国憲法を題材に，法と政治，そして私たちの生活の関係を整理してみたいと思います。

法と政治

　法と政治との関係は，しばしばスポーツとルールとの関係にたとえられます。たとえば，皆さんはサッカーというスポーツをご存じでしょう。おそらく，皆さんに「サッカーとはどのようなスポーツか」と聞けば，「足でボールを蹴って運ぶ」とか「ゴールキーパーだけは手を使っていい」とかいった答えが返ってくるでしょう。たしかにそれがサッカーです。しかし，よく考えてみると，これらの答えが実は「サッカーのルール」を述べているということに気づきませんか。つまり，私たちは「サッカー」というスポーツを「サッカーのルール」で，あるいは「サッカーのルールに則った行動」として理解していることになるでしょう。このとき，スポーツのルールを「法」，具体的なゲーム内容を「政治」と置き換えてみると，両者の関係がよくわかります。サッカーが「サッカーのルール」に則って行われる様々な選手たちのプレーを意味するように，「政治」とは「法」というルールに則って行われる，様々な参加者の具体的な行動を意味しています。

　もちろん，法に則った人々の行動がすべて「政治」を意味するわけではありません。他のパートで学ぶ「民法」や「刑法」などは人々の生活にとってのルールではありますが，これに則った行動が直接に政治になるわけではありません。法の中でもとりわけ政治と密接な関係にあるのが憲法です。憲法は「国家」という枠組みにおける最も基本的な法として，国の政治をつかさどっています。ここでも，スポーツとルールの関係が当てはまります。皆さんが暮らす日本という国を例にとれば，「日本」そのものやそこで行われている政治とは，「日本国憲法」という政治のルールに則って行われる人々の行動のことを意味しています。憲法は国を動かすためのルールなのです。そしてそのルールに則って行われる実際の行動が国の政治になります。

　以下では，日本国憲法に示された，具体的な政治のルールを少し見ていきましょう。

プレイヤーとしての「国民」

　サッカーでのプレイヤーは1チーム11人の選手たちですが，それでは日本の政治のプレイヤーはいったい誰なのでしょうか。日本国憲法はこれについて，「国民」であるとしています。このことを憲法学では「国民主権」という概念を用いて説明します。

　国民主権は，国民を政治の主役にすえる考え方です。国民は「主権者」というプレイヤーとなって，国の政治にかかわっていきます。日本国憲法が「主権が国民に存する」（前文）とか，「主権の存する日本国民」（第1条）とかいった言葉を用いるのは，このことを意味しています。かつてのヨーロッパや戦前の日本では，君主（天皇）主権と呼ばれる，国民ではなく君主（天皇）という独裁者が政治を行うという体制がとられていました。しかし，これでは国民はただ独裁者のいいなりになってしまい，国民の望む政治が実現されないことから，現在では多くの国家が国民主権の考え方を採用しています。日本でも，戦後，日本国憲法を制定する際に，国民主権を採用しました。これによって，国民はみずからが暮らす国の政治を自分自身で考えて決めていくことができるようになったわけです。

政治の決め方

　とはいえ，国民主権のもとでの国民の政治へのかかわり方には様々なタイプがあります。国民主権にもとづいて行われる政治のシステムのことを，一般に「民主政（制）」と呼びますが，民主政にもいろいろな形があるのです。民主政には大きく分けて2つの形があり，それによって国民と政治とのかかわり方が変わります。

　まず1つめの類型は，「直接民主政」と呼ばれるものです。このやり方では，「国民がみずから自分の国の政治を決める」という言葉通りに，国民が直接，政治的な決定を行います。たとえば，消費税を上げるのか上げないのか，上げるとして何％まで上げるのか，などといった政治問題を，国民が投票などを通じて直接決定するような場合，それは直接民主政となります。こ

§4 主権者が政治をつくる　59

〈直接民主政のモデル〉

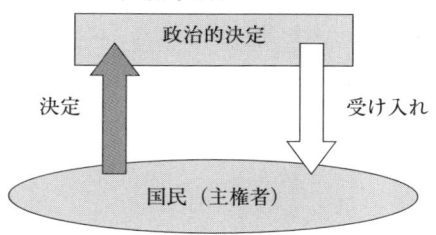

政治的決定　←決定　受け入れ→　国民（主権者）

のとき，国民と政治とのかかわり方は，「政治を決定する」というきわめて直接的なものとなります。サッカーで言うなら，この場合，国民は試合に直接参加する選手たちと同じ働きをします。

〈間接民主政のモデル〉

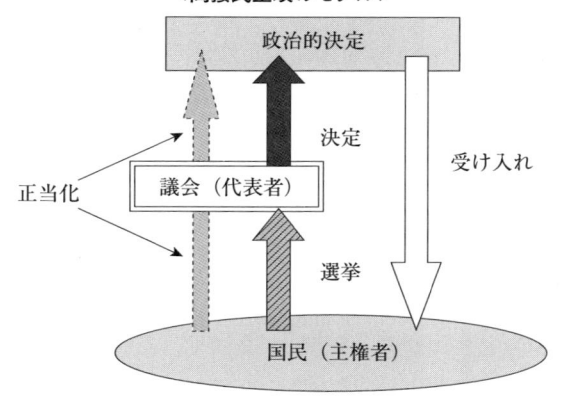

政治的決定　正当化　議会（代表者）　決定　受け入れ　選挙　国民（主権者）

　これに対して，2つめの類型は，「間接民主政」と呼ばれるものです。このやり方では，国民は直接には政治的決定を行わず，決定を国民の「代表者」にまかせます。国民は選挙を通じて代表者を選び，代表者が「議会」を形成して，議会で政治的決定が行われるのです。消費税をどうするかという問題についても，議会がその内容を決めます。この場合，国民は政治的決定を直接行っていませんが，議会で行われた政治的決定は国民が決めたものと同視されます。なぜなら，決定を行った代表者は，国民が「この人なら政治

をまかせられる」と思って選んだ人たちだからです。つまり，ここでの国民と政治とのかかわり方は，あくまで間接的なものにとどまります。そのため，国民は主として「代表者が決定した政治を正当化する」という役割を担う存在となります。この場合には，国民は試合に出る選手というより，選手を選び采配をふるう監督と同じような立場といえるでしょうか。

日本国憲法での民主政

これらの2つの類型のうち，日本国憲法は間接民主政を前面に押し出した体制をとっていると考えられます。日本国憲法前文は「日本国民は，正当に選挙された国会における代表者を通じて行動」すると定めていますし，第41条では国会（日本における議会）を「国権の最高機関」と位置づけています。つまり，国民が選挙で選んだ代表者が政治的決定を行い，その決定の正当性を国民が支えるというのが日本国憲法での民主政の原則的なかたちです。

あえて上で「原則的なかたち」と述べたのは，もちろん例外があるからです。日本国憲法は，間接民主政を原則としていますが，一部で例外的に直接民主政の制度をも採用しています。具体的には，憲法改正の国民投票（第96条）や最高裁判所裁判官の国民審査（79条2項）などがそれにあたります。憲法改正を例にとれば，憲法を改正するためには，国会の審議だけでは足りず，国会が憲法改正の発議をした上で，国民による直接投票によってはじめて改正の可否が決定されます。つまり，憲法を改正するかしないかを最終的に決定するのは，文字通り国民自身ということになるわけです。これは，憲法が国の政治をつかさどる基本的な法であることから，これを変更するということは国家にとってその根幹にかかわる問題であり，その決定は代表者だけにはまかせられないという配慮からです。やはり国民が主権者である以上は，とくに重要な問題の決定は国民自らがすべきだということでしょう。

このように，日本国憲法では，通常の政治については間接民主政を採用して，代表者に政治的決定をまかせつつ（そもそも毎日，政治にかかわってられるほど国民はヒマではありませんからね），国の根幹にかかわるような重要な決定については直接民主政的制度をも併用して，国民の意思を尊重する態度をとって

います。これが日本国憲法における国民主権の具体的なかたちということになるでしょう。

選挙と代表者

　間接民主政のもとで，国民というプレイヤー（ゲーム）が積極的に実際の政治にかかわる最も重要な機会は「選挙」です。普段は選んだ代表者が行っている政治を正当化するという役割に徹している「主権者」が，選挙に際しては自らの政治的な意思を投票を通じて表明するわけです。このとき票が大きく動けば，代表者の顔ぶれも変わりますし，当然，その後の政治のあり方も大きく変わる可能性が出てきます。実際，2009年の衆議院議員選挙はそのよい例でした。まさに，日本の舵取りをするのが選挙と主権者の役割です。

　選挙のこまかい制度についてはここでは省きますが，選挙で代表者が選ばれると，代表者は国会を形成します。国会は衆議院と参議院との2院からなっています。国会では，法律案の審議や予算の審議，内閣が締結した条約の承認などが行われますが，国会の中心的役割はやはり「立法」です。立法とは，法を作り出すことを意味しますが，政治というのは法律というかたちで実現されることが多いのです。たとえば，先に例に出した消費税の問題も，消費税法という法律を改正することで税率が変更されたりするわけです。ここでは，法（憲法）に則って行われる政治が，さらに法を作り出して私たちの生活に影響を及ぼすという，法と政治と私たちの生活との密接な関連が生じていることがわかるでしょう。

　ところで，国会では，議決の方法として原則的に多数決が採用されていますので，国会で議案を可決させるためには半数以上の賛同者を集めなければなりません。このため，多くの代表者（議員）は政治的意見を同じくする集団（政党）に属しています。つまり，国会で，ある政党の議席が多ければ多いほど，その政党に属している議員たちの考えが政治に反映されやすくなります。また，日本国憲法では内閣総理大臣という行政の長が国会の議決によって選ばれるため，ここでも国会内で多数をとった政党が有利になります。このように国会内での多数を獲得した政党を「第1党」と呼び，また，この

政党は多くの場合「政権（与）党」となって，内閣総理大臣や各国務大臣を所属議員から選出して，国の政治のリーダーシップを握ります。

このように考えると，選挙は国民の代表者を選び，国の大きな舵取りをするとともに，間接的にではありますが，政治のリーダーシップを誰に委ねるかも決定し，さらには法を作り出すきっかけともなっている重要な作用ということになります。また，国民が積極的に選挙に参加し，2009年のような政治の転換をもたらすとなれば，選ばれた代表も，次の選挙を念頭において，国民が望む政治を実現しようと積極的に活動するでしょう。選挙が活性化し，国民の意思が選挙において明確に示されるようになればなるほど，国民主権や民主政の本来の意義が実現されていくことになるわけです。

「主権者」というプレイヤーであるために

以上が，日本国憲法が定める国民主権という政治のシステムの概要です。日本国憲法は日本の政治を行うためのルールを定め，主権者というプレイヤーが政治にかかわっていくための方法を示しています。主権者（国民）は政治のプレイヤーとして，日本国憲法の下で実際に政治を作っていきます。

しかし，いくらこのようなルールやシステムが法で決められていたとしても，プレイヤーの側にゲームに参加する意思が欠けていたら何にもなりません。法というものは，おしなべてそうですが，ただ「ある」だけで意味をもつものではなく，人々がそれを理解し，そしてそれを使ってこそ意味のあるものです。サッカーでも，ただルールだけがあって，誰もゲームをしようとしなければ，ルールは無意味ですし，ゲームの感動も興奮も味わえません。

つまり，私たちがただ「主権者である」というだけで満足していたら何も起こらないし，変わらないのであって，より積極的に「主権者であろう」としなければいけないということになるでしょう。これは，場合によっては難しく聞こえるかもしれませんが，実際は単純な話です。消費税が上がるのはいやだなぁと思ったり，この制度はもっとこうなればいいのになぁと思ったりすることが入り口です。きっと皆さんも，世の中のことでこれはおかしいと思ったり，変えてほしいと思ったりしたことがあるでしょう。大きなこと

でも，小さなことでも，それについて疑問をもち，そして自分なりに考えることが本当のプレイヤー＝主権者になるための第一歩です。皆さんのプレーひとつひとつで大きくゲーム（政治）が動くことだってあります。この国を前に進ませ，そして変えていくことができるのは私たち主権者だけなのですから。

◇この法分野を学びたい！◇

本講では，日本国憲法が採用する基本原理のひとつである国民主権原理について見てきました。憲法は「国家」というものを取り扱うため，皆さんにはなかなかとっつきにくいものかもしれません。法学部の学生の中にも「憲法は身近な問題を扱わないから苦手」という学生も少なくありません。

しかし，憲法をよく学んでみると，私たちの生活の足もとにある様々な事柄が憲法によって定められていることがわかります。たとえば，私たちがブログに好きなことを書けるのも，将来の職業を自由に思い描けるのも，「財産」をもてるのも，授業料の心配をせずに公立の小中学校に通えるのも，すべて憲法に定めが置かれているからです。具体的にはそれぞれ，表現の自由（第21条），職業選択の自由（第22条），財産権（第29条），教育を受ける権利（第26条）が保障されています。また，日本が独裁国家ではなく，民主主義の国であることも憲法がそうしたシステム（国民主権）を採用しているからにほかなりません。

つまり，憲法は私たちが生活の中で「当たり前」だと思って普段気にかけないような，生活の一番基礎の部分を形成しているといってよいでしょう。憲法とはそうした「当たり前」のことを国家の中で作り出す法であり，だからこそ最高法規なのです。

憲法学の授業では，本講であつかった国民主権のような「国家の統治構造」と呼ばれる分野以外にも，先ほど挙げた表現の自由や職業選択の自由などの「人権」と呼ばれる分野についても学びますし，統治構造の中でも他に憲法裁判制など興味深いテーマがたくさん存在しています。

多くの場合，憲法は大学生になってすぐに学ぶ科目ですので，しっかりと勉強して後の法律学の勉強の基礎固めをしていただきたいと思います。最近では，憲法と民法，憲法と訴訟法などの分野で領域を越えた議論も盛んですから，それらの分野の勉強に興味がある方にもお勧めです。また，司法試験，公務員試験などの各種国家試験でも憲法の知識は必須ですので，よく学んでおきましょう。

【参考文献】
・芦部信喜／高橋和之補訂『憲法〔第四版〕』（岩波書店，2007）
・内野正幸『民主制の欠点―仲良く論争しよう』（日本評論社，2005）

玉蟲　由樹（たまむし　ゆうき）

Part 2　大人になるということ

§5　責任なければ無罪っていうのはなぜだろう

殺人をしたのに心神喪失で無罪って何かヘン？

　新聞やテレビで，殺人事件で「犯人が犯行時心神喪失のために無罪になった」というニュースを耳にしたことがあるでしょう。あるいは，連続殺人やその他の凶悪犯罪で，弁護士が「犯人は犯行時心神喪失であった可能性があるので無罪である」と主張したということを耳にしたこともあるでしょう。心神喪失？　そう，刑法典という法律は，犯行の時に精神の障害のために自分のやることがよいかわるいか判断できない場合，悪いと判断できたとしてもその判断に基づいて自分の意思をコントロールできない場合には，たとえわざと人を殺したとしても無罪にするという条文をもっています。刑法39条がこれです。39条は1項で心神喪失者を責任無能力者として無罪に，2項で普通の人々と比べると判断能力や意思をコントロールする能力が著しく低くなっている心神耗弱（間違ってシンシンモウジャクという人がたまにいますが，シンシンコウジャクと読みます）者を限定責任能力者として，無罪ではないけれど普通の場合よりも刑を軽くするとしています。たとえば，精神の極度の発達不全のために，デパートに並んでいる商品を持ち帰ることが悪いことだと思えずに窃盗したというような場合や，精神の障害のために神から殺人を命じられているという妄想を持ち殺人をしてしまったような場合を責任無能力が認められる事例として想定できます。

　もちろん，XがYをナイフで刺し重傷を負わせたという場合に，Yやその家族にとって，XがYをナイフで刺すときにXに精神障害があったかどうかはどうでもよくて，Xの行為のせいで傷害を負ったことが明らかな以上Xの処罰を強く望むでしょう。また，世間の人々も同じ考えをもつでしょう。いや，それどころか，たとえば金銭トラブルが傷害事件に発展したとか，いじめられた挙げ句傷害を負わせたといったような自分たちに一応理解

が可能な動機による犯罪よりも，「頭の中で誰かが指令を出したのでYを殴った」といったような理解不能な動機によって犯罪を行った者に対しては，より強い不安感や恐怖を抱き，無罪放免で何も処分を受けないのはおかしい，何か処分をすべきだという意見をもつことも十分予想されます。

　しかしながら，現在の刑法典が前提としている基本的な考え方によれば，犯罪者としてある者に刑罰を加えるためには，その者の行為のせいで結果が発生したというだけでなく，その行為をしたことにつきその者を非難できること（責任があること）が必要です。この刑罰を科すために責任が必要であるという考え方——刑法の本では「責任なければ刑罰なし」という標語で示されます——を責任主義といいます。この責任主義から，刑罰を科すためには犯行の時に責任能力が存在したことが要求されます。なぜなら，自分がこれからやろうとしていることが悪いとわかり，その悪い行為をしないという意思決定が可能な場合にだけ，その悪い行為をする意思決定をし，実際に行ってしまったことを「けしからん」と非難できるからです。そして，刑法39条は，例外的に非難できない場合や完全には非難できない場合を想定して，規定しているのです。

責任主義って具体的にはどんなことだろうか？

　責任主義は，①その者に責任が認められる場合に，その責任が認められることだけについて刑罰を加えることができるということと，②その者の責任以上の刑罰を加えられないことといった2つの考え方から成り立っています。

　①をさらに詳しく見ると，まずは，（ア）**団体責任の排除・転嫁罰の排除**　家族がしたことや自分の所属するグループの他の者が行ったことを理由に処罰されることはない，自分の行為のみを理由として処罰されるという要請があります。わが国でも，律令制度の時代に謀反の罪など国家に対する罪を犯した場合には家族も含めて処罰するという制度がとられていました（縁座制といいます）が，このような制度を否定するものです。さらに，（イ）**結果責任の排除**　その者の行為によって生じた結果であっても，その結果を故意あ

るいは不注意で引き起こしたのでなければ処罰されないという要請もあります。たとえば，Xが狩猟中にYを熊と間違えて射撃して死亡させたとしても，――普通に注意すれば熊でなく人と気づいたはずなのにという形で――，熊と間違えたことについて少なくとも不注意（過失）が認められないかぎり刑罰を加えられることはないのです。

　②について具体的にみてみると，（ア）同じ結果を発生させた場合でも故意をもって結果を発生させた場合の方が不注意で結果を発生させた場合よりも刑が重いというルールがあります。Xの行為によってYが死んだ場合に，Xが殺意を持って殺害したときは殺人，不注意でYを死亡させてしまったときは過失致死です。殺人は199条に，過失致死は210条に規定があり，それぞれの条文の規定してある刑（法定刑という）を見てみると，殺人罪は死刑，無期懲役，5年以上20年以下の懲役であるのに対し，過失致死は50万円以下の罰金にすぎません。失われたYの命は同じなのに2つの罪の刑はまったく異なるのです。このXの行為によってYが死亡したという事件を，民法から見てみると，不法行為による損害賠償が問題となります。その場合にはXが故意か過失かで損害賠償責任に差はありません。それは民法ではXの行為によってYが死亡したことについての損害の賠償をXに求めることが問題となっているのに対し，刑法ではXに対して刑罰を科すことが問題となっており，Xをその行為によってYが死亡したことについてどれだけ非難できるのかが問題となっているからです。犯罪者に科される刑罰の量は，まずは犯罪者をその行為をしたことについてどのぐらい非難できるのかによって大きく影響をうけるのであり，わざと結果を発生させる方が不注意で結果を発生させるより非難の程度が高いとされているのです。また，（イ）かりに，窃盗をした犯人が，万引き癖をもち，刑務所から出ればまた必ず窃盗を繰り返す，窃盗を防止するためには一生刑務所に入れておくしか手段はないという場合であっても，その窃盗をしたことに対して非難できるだけの量と釣り合う範囲でしか刑罰を加えることはできないということを意味しています。犯人が再犯をしないようにするという努力は，その犯人の責任とバランスのとれた刑期の中でしか行うことはできないことになっているのです。

責任主義ってありえない？

　被害者や被害者遺族の立場からすると，犯人がたとえば責任無能力を理由に無罪になることは許せないことでしょう。また，自然と被害者サイドにたつ世論も，当然，まったく同じ反応をとることでしょう。さらに，悪質な飲酒運転によって死亡事故が発生したときに，その運転手が過失犯ということでその刑が殺人や傷害致死とくらべるとかなり軽いときに，被害者遺族や社会の人々は「刑が軽すぎる，だから悪質な飲酒運転がなくならないんだ。」と怒りを覚えることも十分考えられますし，それは無理もないことでしょう。したがって，被害者や被害者遺族・家族の被害感情，あるいは社会の犯人に対する応報感情を重視するならば，責任主義はおかしいということにもなるはずです。また，犯罪の防止や社会の安全の確保を重視するなら，その点からも責任主義は不必要ということになりそうです。

　それでは，なぜ現在の刑法は責任主義を採用しているのでしょうか？　その理由は，次の点にあります。まず，犯罪者もまた個人として尊重されるべき国民の一員であるということです。だから，刑罰という鞭で激しい苦痛を与えて，動物と同様に，犯罪をしないよう調教をしようとするのではなく，その者の自律性を尊重して，「君が決断してやったことは間違いだった」と非難をして，このような行為は2度とやってはいけないのだという意識（これを**規範意識**といいます）を養成するよう働きかけることで将来の犯罪を防止するという方法をとっているのです。そして，そのためには，その者にとって非難されることが納得いくだけの条件が必要です。それが，責任の存在で，その行為をやめようと思えたこと，やめようと思えばやめられたことが必要となるのです。さらに，私たちはみんな，――たとえば裁判官や裁判員として――犯罪を裁く立場にも，犯罪の被害者にも，さらには犯罪者にもなりうる存在であると考えなければならないということです。このように，誰もが些細な条件が積み重なれば犯罪者になってもおかしくないということを前提にすると――たとえば，自動車運転中に携帯の呼び出し音に気をとられて前方不注視で人をはねてしまい死亡させたら，自動車運転過失致死罪という犯罪をおこなったことになることからも，このことは容易に理解できるで

しょう——，自分が犯罪者であったとしても刑罰を加えられることが納得できるだけの条件が必要になるのです。さらにまた，責任主義は，少なくともその行為によってマイナスの結果が発生することが予測でき，その行為をすることが悪いと思えた場合しか刑罰を科されることはないという意味で，ある行為をしようかすまいかという意思決定の場面で，国民の行動の自由を守ることにもなっているのです。

責任無能力で無罪になった後はどうなるのだろうか？

　責任がないということで無罪になった者は，その後どうなるのでしょうか？　また，殺人をしたけれど正当防衛だったとして無罪になった者と，犯行時精神の障害に基づいて責任無能力だったということで無罪となった者を，無罪ということでまったく同じように扱ってもよいでしょうか？　たとえば，精神疾患による妄想に基づいて殺人を行った者が責任無能力で無罪となったけれども，その妄想を発生させる精神疾患は治っておらず，なお妄想に基づく犯罪を行う可能性がなくなっていないという場合に，無罪だからといってすぐにその者をもとの生活環境にもどしてもよいでしょうか？　その場合には，将来同じように犯罪を繰り返す不安を社会の人々はもつのではないでしょうか？

　たとえば，わが国の刑法典の手本となっているドイツの刑法典では，責任無能力や限定責任能力の状態で犯罪行為をおこなった場合に将来重大な犯罪行為をすることが予想され社会にとって危険であることを条件として，その犯罪についての刑事裁判を行った裁判所の命令で精神病院に収容するという刑罰に替わる刑法上の処分を規定しています（ドイツ刑法63条）。——これを社会に対する危険に対して安全確保のためにする処分という意味で「保安処分」といいます。ドイツ刑法典は，精神障害者を精神病院に収容する治療処分と薬物中毒者を治療施設に収容する禁絶処分とを規定しています。——しかし，このような刑罰と保安処分の2本立てをわが国の刑法典は採用していません。

わが国では，従来は，精神障害のために自分を傷つけたり他人に危害を加えるおそれ（これをまとめて自傷他害のおそれといいます）のある者を，指定された精神科医の診断に基づいて，本人の同意なしに都道府県知事の命令によって精神病院に入院させるという制度のみが存在していました（精神保健及び精神障害者福祉に関する法律29条の措置入院という制度です）。そして，犯罪を行ったが無罪となった精神障害者（触法精神障害者といいます）にもこの制度で対処してきました。しかし，この措置入院という制度は，本人と社会のために，同意がなくても入院をさせ治療を受けさせるという点にウェートがあり，退院の要件である「自傷他害のおそれの消失」の判断はまず第1にはそれぞれの治療の担当医が行うので，その判断にばらつきがあるのではないかとか，退院後に犯罪を繰り返す可能性について正確な判断ができていないのではないかなどの批判もありました。さらに，精神病院を退院した者が退院間もなく犯罪を行ったという事件がいくつか発生したり，付属池田小学校児童殺傷事件の犯人に措置入院の経歴があったこともきっかけとなって，触法精神障害者の再犯から社会を守るためのもっと強力な制度をつくるべきだという声が高まり，2003年に「心神喪失等の状態で重大な他害行為を行った者の医療及び観察等に関する法律」（心神喪失者等医療観護法と略称されることもあります）が制定されました。この法律では，殺人，傷害，放火，強姦・強制わいせつ，強盗という重大な他害行為を行った者が心神喪失を理由に無罪となったり不起訴処分を受けた場合に，検察官の申立てに基づいて裁判官と精神科医が一緒に精神障害を改善して重大な他害行為を行うことなく社会に復帰できるようにするために精神治療を受けさせる必要があるかどうかを審議して，その必要性があれば指定病院に入院させ，さらに退院についても同じような観点から裁判所が治療の継続の必要性の有無を決定するというシステムを採用しています。

責任無能力制度の悪用をした者は，やっぱり処罰すべき？

　刑法39条は，行為の時に責任無能力の状態にあれば，そのような状態に

なった理由を問題にせずに無罪とするとしています。この責任無能力制度について，大学の刑法の授業では，次のようなやや非現実的な事例が議論されます。たとえば，飲酒酩酊すると責任無能力状態になって暴れる性癖のあるXが，しらふでYを殴る勇気はないので，自分で責任無能力の状態になってその状態を利用してYを殴ろうと考えて，自室にYを誘い一緒に飲酒をして，計画通り飲酒酩酊して責任無能力の状態になりYを殴り重傷を負わせたという事例です。この事例では，XがYに傷害を行う時には酩酊による責任無能力状態にあるから本来無罪となるはずだけれども，Xは，自分の責任無能力の状態を利用してYに対して傷害を行うことを計画してその計画を実現しているのに本当に無罪でいいのだろうかが問題とされます。この場合は，物事の善し悪しがわからない3・4歳の子供にコンビニからチョコをもってくるように命じて，実際に実行させた場合に，命じた者を窃盗で処罰すべきであるのと同様に，その状態を利用してYを殴るために酩酊をして責任無能力状態をつくったところに焦点を当てて処罰すべきではないだろうかが議論されます。そして，大多数の意見では，このように自分の責任無能力状態を利用して犯罪を実行する形態を<u>原因において自由な行為</u>と呼んで，責任能力がまだある飲酒行為や薬物使用行為に注目して，責任主義と矛盾しない形で処罰を認める工夫が図られています。

◇この法分野を学びたい！◇

　本講について学習するのは刑法です。刑法では，どんな種類の行為が犯罪となるのか，犯罪が成立して刑罰を加えるためにはどんな条件が必要なのか，刑罰にはどんな種類がありどんな意義や目的をもっているのかなどを学びます。刑法は，刑法の基礎にある考え方やすべての犯罪に共通する要件について分析・解明しようとする刑法総論と，どんな種類の行為が犯罪として処罰の対象となるのかを分析する刑法各論とに分かれます。責任主義の内容，責任主義が犯罪成立の要件としてどのような働きをもっているのかは刑法総論で学びます。

【参考文献】
・佐久間修他著『いちばんやさしい刑事法入門』（有斐閣，2007）
・高橋則夫他著『ブリッジブック刑法の考え方』（信山社，2009）

- 井田良著『基礎から学ぶ刑事法』（有斐閣，2010）
- 本間一也他著『New Live 刑事法』（成文堂，2009）
- 成田和信『責任と自由』（勁草書房，2004）
- 小坂井敏晶『責任という虚構』（東大出版会，2008）
- 安田拓人『刑事責任能力の本質とその判断』（弘文堂，2006）
- 福島章『犯罪精神医学入門』（中央公論新社，2005）
- 小浜逸郎『なぜ人を殺してはいけないのか』（洋泉社，2000）
- 堀内静子訳『ビリーミリガンと23の棺』（早川書房，1999）

中空 壽雅（なかぞら としまさ）

Part 3

社会との接点1
―暮らしと法―

- §1　私たちの生活と行政
- §2　お小遣いをもらったら…
- §3　著作権はもはや生活の一部です
- §4　親の離婚で子どもと親の関係は？

Part 3　社会との接点 1 ―暮らしと法―

§1　私たちの生活と行政

ごあいさつ

　どうもはじめまして，××大学の教員をやっております，○○という者です。大学では行政法の授業を担当させていただいております。本日は高校生のみなさんに，行政法とはどんな法学の分野なのかということについて，お話をさせていただきたいと思います。行政法は，憲法や刑法，民法などと違って，世間的にはさほど知られていない法学分野だと思いますし，またこれからお話する内容もかなり退屈でしょうが，よろしくお付き合いください。

行政法とは何か

　ここでまず，行政法とは何かということから始めてみましょう。おおよそ**行政法とは国や自治体と市民との間の権利義務関係について定める法律**のことを言います。さらに思い切って単純化して言うと，**行政法とは行政と市民との権利義務について定める法律**のことです。もっとも，この定義を聞いただけでは何を言っているのかさっぱり分からないと思いますので，行政法が問題となる具体的な場面を挙げてみましょう。

　たとえば，みなさん，行政から税金を払って下さいとの通知が来たのをみたことがありませんか。また運転免許証をご覧になったことがあるかもしれませんが，あれは行政からもらうものですよね。さらに，みなさんのおじいさんおばあさんが行政から年金をもらっているということを耳にされている方もいらっしゃるかもしれません。あとご自宅で犬を飼われている人，そういう方はもうご存知のことだとは思いますが，犬を飼う場合には行政に登録しなければならないっていうようになっていますよね。それと週末あたり，ご家族みんなで外食されることもあるかと思いますが，お店に入ってガクブ

チが掛けてあるのをみたことがありませんか。よく見ると行政から営業許可をもらったという書類が入っているんですが。

このように，こんにち市民に対する行政の活動は非常に広い範囲に及んでいるのですが，実はこれら活動は行政が勝手気ままに行っているわけではなく，またそのように行ってはいけないとされています。すなわちこういった行政の活動は，「法律」に基づいて行わなければならないとされているのです。そしてこういった法律のことをまさに「行政法」というのです。さらに，いま言いました，法律に基づいて行政は行われなければならないということを，少しむずかしい言葉で表現しますと，「法律による行政」といいます。われわれ国民は選挙によって国会議員を選びますよね。その議員さんからなる国会が審議して成立させた法律に基づいて，行政は行われねばならないのです。行政法ではこの法律による行政という大原則が重要視されることとなります。

『六法』のなかのどこにあるのか

そこでみなさん，きょうはみなさんに少し大きめのサイズの六法を持ってきてもらいました。ご存知のように『六法』とは，お店で売られているタイプは大小さまざまですが，基本的にはいろいろな法律が載っている法律集のことですよね（"六つ"の法律しか載っていない，というわけではありません）。それではみなさん，お手元の『六法』の目次を開いてみてください。行政法という法律は見つかりましたでしょうか。「き」の部分をよく見ていただくと，行政法っぽい法律の名前がみえますよね。たとえば行政手続法とか行政事件訴訟法とか。

しかしここでみなさんにがんばって探していただきたいのは，あくまでも「行政法」という名前をしたひとまとまりの法律，少しむずかしい言葉で言えば「行政法典」のことです。「き」の部分を最後までご覧になって分かるかと思いますが，そんな法律どこにもないですよね。すなわち現在わが国では，行政法典というかたちでの法律は存在していないのです。この点みなさんご存知だと思いますが，憲法や民法，刑法といった法学分野の場合はまと

まった法律，すなわち「憲法典」，「民法典」，「刑法典」が『六法』のなかにありますよね。ちょっと目次で確認してみてください。

そうすると，『六法』のなかには「行政法典」が存在しない以上，『六法』のなかには「行政法」は存在しないということになるのでしょうか。いやいや実はそうではないんです。それどころか，『六法』の中身のほとんどは実は「行政法」なんです。

もう1度『六法』の目次を見ていただきましょう。たとえば「い」の部分には「医療法」という法律が，「け」の部分には建築基準法という法律が，「か」の部分には介護保険法という法律がありますよね。実はこれら3つの法律とも基本的には行政法，すなわち先ほどの定義で言う，行政と市民との権利義務関係に関する法律なんです。そのほかにも『六法』には，消防法だの，土地収用法だの，国有財産法だの，国家公務員法だの，大気汚染防止法だの，行政不服審査法だの，道路交通法だの，国税通則法だの，農地法だの，銀行法だの，地方自治法だの，都市計画法だの，食品衛生法だの，出入国管理及び難民認定法だの，廃棄物の処理及び清掃に関する法律だの，この他にも無数の行政法があります。

いわば『六法』のなかのほとんどの法律は「行政法」に当たるのです。ただ「行政法」の場合，残念ながらと言いますか，憲法や民法，刑法などの場合とは違って，統一された法典というかたちになっていないのです。この統一法典がないというのが行政法の特徴と言うか，学問分野としての宿命なのです。

どうやって勉強するのか

このように『六法』のなかには，無数の行政法があるんですけれど，ここでみなさん疑問をもたれませんか。いったいどうやって勉強したらいいんだって。ここで統一法典のある法律の場合ですと，その法律条文の第1条からその最後の条まで，各条文ごとにその内容を学習するということができます。みなさんがこれまで勉強されたことのある，憲法を例に取り上げますと，前文のほか，第1条の天皇の象徴的地位に関する規定から第99条の公務

員の憲法尊重擁護義務まで（正確にはあと何条かあるのですが技術的なものなので省略します），各条文ごとに勉強するわけですね。たとえば，憲法 9 条の平和主義及び戦力不保持規定は何を意味しているんでしょうかとか，憲法 14 条の法の下の平等っていったい何でしょうかといった具合にです。このように統一法典のある分野では，その法典の勉強方法として，そこにあるすべての条文の意味を理解していくといった方法，むずかしい言葉で言えば逐条解釈的な勉強方法ができるわけです。

　ここで行政法でも，この逐条解釈的な勉強方法を無理矢理やろうとしたらどうなるでしょうか。介護保険法であれ建築基準法であれ道路交通法であれ，その他多くの行政法はそれぞれ 100 以上の条文数を持っています。そしてこういった行政法が，先ほど言いましたように『六法』のなかに無数に存在しているのです。これら無数の法律のなかの無数の条文を逐条解釈的に勉強することなんて，効率悪くてできませんよね。しかもこれら無数の行政法は，毎年のように国会によってころころと改正されてしまうわけです。したがって，はっきり言って，無数にある行政法に関して，それらすべてを逐条解釈的に勉強しようとしても，それはどだい無理なことです。

　もっともいわゆるそのスジの専門家，たとえば警察の交通事件関係の担当者の方であれば，道路交通法についてある程度逐条解釈的に勉強しておく必要があるでしょうし，税理士の方であれば国税通則法についてある程度逐条解釈的に勉強しておく必要があるでしょう。しかし，たとえば大学の法学部の学生が，たった 4 年のあいだに，無数の行政法の無数の条文すべてを逐条解釈的に勉強するなんてできるわけがありません。それでは行政法学はどのような方法でもって勉強していくのか。逐条解釈的な勉強方法がダメならば他にどういう方法があるのかということですよね。

行政法学の「戦略」

　結論から先に言います。行政法学という学問分野は，無数の行政法の無数の条文に直面しているわけですが，次のような「戦略」に基づいて勉強しようとするんです。すなわちこれら無数の行政法の無数の条文のなかに共通して

いる「法的仕組み」を取り出してきて，その仕組みを手掛かりとして議論を進めていくという戦略です。もっともこのように漠然と言っても分からないと思いますので，少し具体例を挙げながら説明していきましょう。

　みなさんちょっと目の前の黒板（下の図参照）をご覧になってください。上の方に「許可」という言葉が書いてあって，この許可という言葉が実際に使われている行政法の3つの条文を挙げております（便宜上条文内容の一部のみを引用しています）。まず1番目の墓地埋葬法上の許可ですが，これはご経験のある方がいらっしゃるかもしれませんが，ご身内の方がお亡くなりになったら，勝手にその方のご遺骨を埋めてはいけませんよね。ペットの小鳥や金魚が死んだ場合と違って，人がお亡くなりになったときそのご遺骨は，必ず行政の許可を受けて，墓地等の適切な場所に埋めなければなりません。この根拠となる規定がここにある墓地埋葬法5条の許可規定なのです。

許可について

（墓地埋葬法）
第5条　埋葬，火葬又は改葬を行おうとする者は，市町村長の許可を受けなければならない。
（文化財保護法）
第43条　重要文化財に関しその現状を変更し，又はその保存に影響を及ぼす行為をしようとするときは，文化庁長官の許可を受けなければならない。
（薬事法）
第4条　薬局は，その所在地の都道府県知事の許可を受けなければ，開設してはならない。

　また2番目の文化財保護法上の許可です。みなさんのなかには修学旅行とかで，奈良の大仏や金閣寺をご覧になった方も多いと思います。ああいった文化的に価値のある建造物は，文化財保護法という法律によって国が保護しているのです。したがって，それら建造物を所有しているお寺さんが，何らかのかたちでそれら文化財に変更を加える場合には，国の許可が必要ですよということがこの文化財保護法43条には書いてあるのです。

さらに3番目の薬事法上の許可ですが、薬局を開くためには行政からの許可が必要ですという規定です。言い換えれば、いくらみなさんが薬局ビジネスをはじめたいと思っても、勝手に薬局を開いてはいけないんですね。きちんとした基準を充たした上で、行政から許可をもらわなければいけないというのがこの薬事法4条の規定の意味です。

以上墓地埋葬法、文化財保護法、薬事法という3つの法律は、それぞれ全然分野が異なりますよね。しかしいずれも行政法です。すなわち3つの法律とも、行政と市民との権利義務関係について定めた法律です。そしてこれら3つの法律のなかには共通して「許可」という「法的仕組み」が書いてあります。さらに、このほかの無数の行政法のなかの無数の条文の中にも、この許可という法的仕組みが数多くあります。そこで行政法学では、この許可という、無数の行政法に共通している法的仕組みを取り出してきて、この仕組みを手掛かりに、行政と市民との権利義務関係を"一般的に"議論しようというのです。

たとえば民法との比較で言うと、民法では売買契約とか賃貸借契約といった法的仕組みを通じて、市民と市民との権利義務関係について一般的に議論するのは、なんとなくみなさんもご存知だと思います。売買契約の成立とか、賃貸借契約の解除といったかたちで、市民と市民との間の権利義務関係がいろいろと問題になります。この点行政法の場合でも基本的な発想は同じです。許可という法的仕組みを通じて、行政と市民の権利義務関係を議論するのです。すなわち行政が市民に許可を与えたり、あるいは、いったん市民に許可を与えた後でその許可を取り消したりといったかたちで、行政と市民との間でいろいろな権利義務関係が問題となります。

さらに、ここからが少しむずかしくなってくるのですが、こういった許可という行政の活動のことを、行政法学では「行政行為」と呼んで議論しております。もっともここで言う行政行為に当たる行政の活動には、いま挙げた許可のほかにも、命令や禁止、認可など、その他にもいろいろとあります。これらすべてをひっくるめて行政行為というのです。一般的な感覚だと、許可と命令とでは全然違うじゃないかと思ってしまうでしょうが、行政法学では、これら2つをあえて同じ行政行為という学問上の言葉（ちょっとむずかし

い言葉で言うと「概念」でもって扱うのです。そして伝統的な行政法学ではこの行政行為を中心として議論を進めていくことになります。

行政法'学'とは何か

ここで行政法学とは何かということについてあらためて整理しておきたいと思います。すなわち行政法学とは，「行政法典」として統一的に整理されていない，無数の行政法の中の，無数の法律条文の中から，その性質上共通する「法的仕組み」を抽出し，その「法的仕組み」を手掛かりとして，行政と市民との権利義務関係について一般的に議論する，そういった学問的作業のことです。いわば，「統一法典」という1つの法律の全条文を，最初から最後まで勉強していくといった縦断的な勉強方法ではなく，無数の法律の中の無数の条文の中にある，いくつかの共通する法的仕組みを横断的に勉強するのが行政法学なのです。そういうわけで行政法は，他の法学分野と比べても数多くの法律と接することになります（ただし広く浅く接するということになるかとは思いますが）。それはもちろん大変なことなのかもしれません。ただ，『六法』という法律集をここまで十分に活用しながら法学的な議論をすることができるというのは，行政法ならではの魅力でもあります。それではちょうど時間も参りましたので，わたくしのほうからはこれで終わりにさせていただきます。ご清聴ありがとうございました。

◇この法分野を学びたい！◇

以上のお話では，行政法学が問題とする領域のうち，おもに「行政法総論」と呼ばれる分野の，行政行為という議論を素材としました。したがって行政法総論のなかでも，それ以外の議論，たとえば行政立法，行政指導，行政計画，行政契約などの議論については，大学生になって，行政法の講義を受けられる際にあらためて勉強してみてください。また行政法学では，「行政法総論」のほかにも「行政救済法」と呼ばれる分野があります。もっともこの分野については本書の別の箇所でも触れられていると思いますので，ここでは省略させていただきます。

いずれにしても，行政法学という学問分野を勉強するに当たっては，ある程度，憲

法や民法，民事訴訟法の知識が必要となってきます。このことから，おそらく多くの大学の法学部では，行政法科目は，3年生，4年生段階など，ある程度ほかの法分野についての知識が備わった段階で勉強するようなカリキュラムとなっているのではないかと思います。したがって，行政法をよりよく理解したいとお考えのみなさんは，是非ともこれら関連科目の講義をとっておいてください。

さらに，行政法を勉強することがみなさんの進路とどうつながってくるのかという点について述べておきます。行政法は，国家1種試験，国家2種試験，地方上級試験等のさまざまな公務員試験において出題される重要な科目です。したがって将来，国家公務員であれ地方公務員であれ，公務員になりたいと志望されている方にとっては，一般的に言って，勉強しておかなければならない分野であります。

もっとも公務員志望者でなくとも，行政法は社会における行政のさまざまな問題と関連しています。それなので行政法の知識をある程度備えておくと，新聞やテレビで日々報道されている，行政に関するニュースの内容が深く理解できるようになります。みなさん，大学に入ったらぜひ行政法を勉強してみてくださいね。

【参考文献】
(1) 何となく行政法に興味を持ち始めてきた人に
　　→高木光『プレップ行政法』(弘文堂，2005)
(2) 手頃な分量の行政法の入門書を読みたい人に
　　→藤田宙靖『行政法入門〔第五版〕』(有斐閣，2006)
(3) 少し突っ込んで行政法の議論を知りたい人に
　　→稲葉馨ほか著『行政法』(有斐閣，2007)

髙木　英行（たかぎ　ひでゆき）

Part 3　社会との接点1―暮らしと法―

§2　お小遣いをもらったら…

はじめに

　皆さんは『ベルサイユのばら』（池田理代子著）という漫画を読んだことがあるでしょうか。『ベルサイユのばら』は、フランスがブルボン王朝からフランス革命へと至る激動の歴史を描いた少女漫画の大傑作です。男装の麗人オスカルの活躍、憧れの舞踏会、切ない恋……物語は、国王ルイ16世と王妃マリー・アントワネットの処刑という旧体制の終焉を象徴するシーンをもって幕を閉じます。ところで、フランス革命の引き金のひとつには増税問題があったといわれています。さらに、アメリカ独立戦争の導火線となったのもまた税金問題です。イギリスは1765年に、植民地アメリカに対して印紙税を課しました。これは新聞などの出版物や証書などに印紙を貼ることを義務付けるもので、税収の確保もさることながら、新聞など言論・出版活動を圧迫するものでした。税金に対する不満は、ときとして一国の体制をひっくり返してしまうような、そんな強烈なパワーをもっているということでしょう。

税金は何のため？

　私たちが安心して快適に生活できるよう、国は様々な公共サービスを提供しています。公立の小中学校では、教育というサービスをタダで受けることができます。道路を照らす街灯があり、おまわりさんが見回ってくれているからこそ、ボディーガードを雇わなくても夜道を安心して歩くことだってできます。国の仕事は、そのような各種の公共サービスを提供することですが、その仕事を行うには、膨大な額のお金が必要です。では誰がそのお金を払うのでしょうか？

通常，私たちは物やサービスの提供を受ける場合，その対価(たいか)を支払っています。八百屋さんで野菜を買うにも，レストランでランチを食べるにも，お金を払ってそれらを手に入れています。公共サービスもそれを利用する人だけがお金を払えばよいでしょうか？ しかし，公共サービスは野菜やランチと違います。単純に，利用する人がお金を払ってサービスの提供を受ければよい，というわけにはいきません。なぜでしょうか。

まず，おまわりさん（＝警察）のサービスを例に考えてみましょう。おまわりさんは，皆さんの生命や財産を守るというサービスを提供しています。今ここに，お金持ちのAさん，貧しいBさん，柔道黒帯のCさん，腕っぷしには自信のないDさんがいたとします。Aさんはお金をたくさんもっているので，泥棒に入られないよう，警察にしっかり取り締まってほしいと思っています。Bさんは盗られるお金もありません。Cさんは柔道で鍛えているので，もし暴漢に襲われても返り討ちにする自信があります。Dさんにはそんな自信は全くありません。つまり，AさんやDさんは，警察サービスを受けたいと考えていますが，BさんやCさんは警察サービスはいらないと考えています。この場合，サービスを受けたい人だけがお金を払えばいいのでしょうか。

まず，AさんやDさんが警察サービスの対価としていくら払えばよいのかという点で問題が生じます。それを計算するためには，AさんやDさんが警察サービスからどれくらい利益を享受したかを測定しなければなりません。しかし警察サービスからどれくらいの受益があったのか測定することは困難です。また，払うお金を少なくしたいと考えて，受益の程度を少なく申告するかもしれません。そうすると提供されるサービスに対して，不十分な額の対価しか払われないことになってしまいます。

一方，BさんやCさんは，自分たちには警察サービスは必要ない，といいます。しかし，Aさんのところに入った泥棒が，Cさんの柔道着を盗み，Bさんを殴って逃げた場合，警察は対価を払っているAさんのためにだけ泥棒を捕まえる，というわけにはいきません。またAさんやDさんのために警察が巡回していることで犯罪が抑止されていれば，そのことによって間接的にBさんやCさんの安全も守られているのではないでしょうか。この

ように，警察サービスの恩恵は対価を払わない者にも及びます。こうした人びとをフリーライダー（＝タダ乗り）といいます。公共サービスはフリーライダーを排除できません。つまり，野菜やランチの場合は，対価を支払った者のみがその便益を受けますが（対価を支払わずに八百屋さんやレストランで野菜やランチを消費したら犯罪となってしまいます），公共サービスの場合，それを享受する利用者を限定することが難しいため，誰かが費用を負担してサービスを提供すれば，費用を負担しない人もその恩恵を受けてしまうのです。そうするとお金を払った人だけが損したような気がするので，誰も自発的に対価を払おうとはしなくなるのではないでしょうか。そして誰も費用を負担しなくなると，そもそもこうした公共サービスは提供されなくなってしまいます。この種のサービスは，需要（買い手）と供給（売り手）のバランスがうまくとれないために，その提供を市場にまかせることが困難です。しかし，やはり安全に暮らしてゆくには警察サービスは不可欠です。

　次に教育について考えてみましょう。皆さんの中には学校だけでなく，塾に通って勉強している人もいるのではないでしょうか。塾は通いたい人がお金を払ってくれるので経営していけます。教育サービスは，警察の場合と違って市場においても提供されうるものです。つまり，教育サービスを受けたい人は，対価を支払い，支払った人だけが教育サービスを受けることができます。お金を払ってくれる人がいるからこそ，サービスを提供しようとする人もでてきて，需要と供給のバランスがとれるので，市場にまかせることができます。しかし，お金があれば教育が受けられ，お金がないと受けられないというのでは，やはり困ったことになってしまいます。人間が社会で生きていくためには，読み書きソロバンなどの基本的な知識が必要です。またそうした知識を身につけた人を社会も求めています。日本国憲法は，「すべて国民は，法律の定めるところにより，その能力に応じて，ひとしく教育を受ける権利を有する」（26条1項）と高らかにうたい，「義務教育は，これを無償とする」（26条2項後段）と定めています。教育サービスは市場においても提供されうるものであるけれども，それを超えて国が提供することを国民は求めているのです。

　こうした国の手によって提供されることとなった様々な公共サービスの資

金は，税金という形で，国民から広く集められることになります。税金は何のためにあるのかといえば，警察や教育などの公共サービスを提供する資金を調達するため，といえるでしょう。

代表なければ課税なし

　国が公共サービスを提供するために資金が必要だからといって，むやみやたらに税金を課されたのではたまったものではありません。では，国が勝手に税金を増やしたりしないようにするにはどうしたらよいでしょうか。

　「代表なければ課税なし」という言葉があります。これは，税金はそれを負担する者の同意がなければ課すことができないということを意味しています。アメリカはかつてイギリスの植民地でした。その当時，イギリスは植民地アメリカに対し，軍隊の維持費に充てるための新たな課税を行いました。しかし，植民地の人たちは，この増税を決定したイギリス本国の議会に自分たちの代表者を送り出していなかったので，自分たちの「同意なくして課税されない権利」がないがしろにされたと憤慨しました。このことがアメリカ独立戦争の引き金となりました。

　「代表なければ課税なし」という考え方のもとに，課税権は国民の同意なくしては行使できない，すなわち国民の代表である国民代表議会の制定する法律に基づかなければ租税を課すことはできないとする原理が確立しました。このような考え方を租税法律主義といいます。日本国憲法は，「あらたに租税を課し，又は現行の租税を変更するには，法律又は法律の定める条件によることを必要とする」(84条)と定め，租税法律主義を採用することを明らかにしています。ある朝起きたら突然消費税が20％になっていたりしないのは，租税法律主義が私たちを守っていてくれるからなのです。

　このように租税法律主義は，歴史的には，行政権の担い手による勝手な課税から，国民の自由と財産を守るという役割を果たしてきました。そのような機能に加えて，租税法律主義は，今日の取引社会において新たな機能をもつようになりました。それは，国民の経済生活に法的安定性と予測可能性を与えることだといわれています。租税法の網の目は広く，くまなく張り巡ら

されています。私たちは，日々，物やサービスの売買をはじめとして様々な経済的な取引をしています。物やカネが動くとき，そこには必ず税金の問題が関係してきます。働いて給料をもらう，家具を作って売る，高価な宝石をもらう……これらの行為を行ったとき，どのような税金をどれくらい負担しなければならないのかあらかじめ分かっていなければ，私たちは安心して取引をすることができません。あらかじめ法律によって，いかなる行為や事実から，いかなる税負担が生じるかを明確にしておいてもらったほうが便利です。このように今日では，租税法律主義は，経済的な取引において法的安定性と予測可能性を保障するという機能を担っているのです。

お小遣いにも税金はかかる？

　皆さんはアルバイトをしているでしょうか。アルバイトをするとバイト代＝お給料がもらえます。ところで，汗水たらしてようやく手に入れたお給料も，バイト先から支払われるバイト代の全額が自分のものになるわけではないって知っていましたか？　給料明細を見たときに，お給料から**所得税**（しょとくぜい）としていくばくかのお金が引かれていることに気づいたことはないでしょうか。

　所得税は，個人の所得（しょとく）に対して課される税金です。所得とは，お給料などのように，個人が手に入れた金銭などの経済的利得のことをいいます。租税を負担することができる能力のことを**担税力**（たんぜいりょく）といいますが，所得税は，所得に担税力を見出して課される税金です。

　それでは，皆さんが親からお小遣いをもらった場合，このお小遣いには所得税は課されるでしょうか。お小遣いだって立派なお金です。所得税は経済的利得である所得に対して課される税金ですから，経済的利得であるお小遣いだって当然，所得税が課されるはずです。でも，お小遣いをもらって所得税を払っている人ってあまり聞いたことありませんね。どうしてでしょうか。本来，納めなければならない税金を納めていないとしたら**脱税**（だつぜい）になってしまいます。

　なぜお小遣いをもらっても税金を払わないで済んでいるのでしょうか。そ

れは，法律にそう書いてあるからです。これはなにも法律に「お小遣いには税金は課さない」と書いてあるという意味ではありません。所得税法をみてみると「学資に充てるため給付される金品……及び扶養義務者相互間において扶養義務を履行するため給付される金品」には，所得税を課さないとあります（9条1項14号）。親には子を扶養する義務があります。つまり扶養義務者である親から子に対して渡されるお小遣いは，ここにいう「扶養義務を履行するために給付される金品」にあたると考えられます。したがって，お小遣いには所得税は課されないということになりそうです。

　しかしこれで安心していてはいけません。確かにお小遣いには所得税は課されないようですが，他の税金はどうでしょうか。皆さんは贈与税という税金を一度は耳にしたことがあるかもしれません。贈与税とは，個人が個人から財産を贈与された（＝タダでもらったとき）にかかる税金です。親から子に渡されるお小遣いに贈与税は課されないのでしょうか。相続税法を見てみると，「扶養義務者相互間において生活費又は教育費に充てるためにした贈与により取得した財産のうち通常必要と認められるもの」は贈与税の課税対象にならないと定められています（21条の3第1項2号）。お小遣いの額が，「通常必要と認められる」範囲内のものであれば，贈与税は課されないということになりそうです。

　ところで，贈与税については，贈与税法という名前の法律はなく，相続税法において定められています。相続税は，人が死んだ時に，その人の財産が他の人に移転する機会をとらえて，その財産に対して課される税金です。一方，贈与税は，贈与によって財産が移転するときに課される税金です。相続税のみが課されている場合，人は生きている間に財産を贈与して相続税の負担を逃れようとするでしょう。そうした租税回避を封じるために贈与税がつくられました。そのため贈与税は相続税を補完する役割をもっているといわれています。このように相続税と贈与税の間には密接な関係があるので，相続税法という1つの法律で定められているのです。

おわりに

　租税法という分野は，税金の問題を扱っているということから，数字や計算に強くない人は苦手意識をもってしまうかもしれません。しかし，租税法分野は，税金の計算が出来るようになることを目的としているものではありません。租税法分野では，現在の日本で重要な租税，例えば，所得税，法人税，消費税，相続税などを取り上げ，それぞれの租税がどのような根拠に基づいているのか，その基本的な仕組みはどのようになっているのかを勉強することが中心となります。そこでは，「子が親からお小遣いをもらう」という事実から，いかなる課税問題が生じるか，または生じないのかを，各種の税法（所得税法，相続税法……）のルールにあてはめて考える必要があります。電卓をたたけば答えが出てくるというものではなく，自分の頭で，各種の税法に定められたルールに則って考えるのです。そういう意味で，やはり租税法は法律学の一分野です。ですから，数学が苦手だからといって租税法を敬遠することはありません。

　租税は，私たちが国という枠内で生きていく以上，どこまでもついてくるものです。皆さんはいずれ大学を卒業して，社会に出ることになります。一社会人として，この国を支えていくことになります。なぜ私たちは税金を納めなければならないのか，どのようなルールに従って税金を納めているのか，これを知っておくことは，一社会人としても重要なことではないでしょうか。

◇この法分野を学びたい！◇

　本講では，租税法において一番重要で，基本的なルールである，租税法律主義について考えてみました。租税は，法律の定めるところによらなければ課すことはできない，というのが租税法律主義の意味ですが，では実際にどのような法律が租税の内容を具体的に定めているのでしょうか。このような問題は，租税実体法で勉強します。租税実体法とは，納税者と国や地方公共団体との間で，どのような場合にどれだけの租税を支払う義務が生じるかというような問題に関するルールを定めたものです。所得税法，法人税法などの個別の税法がそのようなルールを定めていますので，これらの

科目を学習するとよいでしょう。また租税法は，経済取引をもとに組み立てられていますから，経済取引を記録し計算する仕組みである「簿記」や「会計」などの経済・経営系の科目も受講されるよとよいでしょう。

また，皆さんの進路との関係では，これらの学習は，税理士，弁護士，国税専門官，企業の経理などを目指す方の役にたちます。また，普段の生活においても，税金の使い道などを今までとちょっと違って真剣に考えられるようになるのではないでしょうか。

【参考文献】
・金子宏＝清永敬次＝宮谷俊胤＝畠山武道『税法入門〔第6版〕』（有斐閣，2007）
・佐藤英明『プレップ租税法』（弘文堂，2006）
・三木義一編著『よくわかる税法入門―税理士・春香のゼミナール〔第5版〕』（有斐閣，2010）

平川　英子（ひらかわ　えいこ）

Part 3　社会との接点1―暮らしと法―

§3　著作権はもはや生活の一部です

はじめに

　日頃，ケータイやコンピュータでアクセスしているインターネット。とても便利ですが，インターネットにまつわる事件も，新聞やテレビ，ネットのニュースで見聞きすることも多いでしょう。その中で，「著作権」という言葉がよく出てくることに気づいていたら，あなたは世の中の動きを敏感に察知している人です。しかも，そんなあなたがとっても新しもの好きならば，著作権法の，そして知的財産法の世界に向いている人です。20年後，あなたが知的財産法の大学教授になっているかもしれませんね。

　なぜ著作権の問題がよく起こるのか，その背景を見ていきましょう。

著作権はどうすれば発生するのか

　著作権はどうしたら生まれるのでしょう。何となくフワフワっとできあがるものなのでしょうか。いいえ，著作権は，著作権法に基づいて認められている権利です。著作権法によれば，「著作権の存続期間は，著作物の創作の時に始まる。」とされています。つまり，著作物をつくったら，すぐに著作権が生まれます。どこかの役所に届けたりする必要はまったくありません。

　あなたも，著作物をつくれば，著作権者という，作家やアーティスト，クリエイターに少し近づいた感じのする立場になれるのです。

著作物とは何か

　著作物をつくれば，著作権者になるといっても，著作物とは何でしょうか。著作権法によれば，著作物とは，「思想又は感情を創作的に表現したも

のであつて，文芸，学術，美術又は音楽の範囲に属するもの」であるとされています。

(1) アイデアだけでは著作物になりません

「思想又は感情を創作的に表現したもの」でなければなりませんが，この部分から「思想又は感情」だけでは著作物にはならないことを読み取ってください。日常の中で，いいアイデアが浮かぶことがあると思いますが，そのアイデアが「思想又は感情」です。いいアイデアが頭の中にあるとしても，そのままでは著作物になりません。それを「表現」しなければならないのです。その「表現」こそが著作物なのです。

(2) パクってはいけません

その表現は「創作的」でなければなりません。「創作的」というと，「新しい」，「誰も考えたことのないような」，そういう意味で使っているのではないでしょうか。しかし，著作権法で「創作的」とは，「真似ではなく，自分で考えて」という意味としてとらえます。"パクリ"ではないということです。

小さな子供が描いた絵も，その子供なりに自分で考えて描いたならば，著作物になります。上手下手は関係ありません。あなたが「創作的」に「表現」した絵や読書感想文も著作物です。

ただし，あるアイデアを表現するときに，誰もが同じになるという場合には，著作物にはなりません。「明日は晴れ」と書いたとしても，著作物になりません。

(3) 範囲は気にしません

「文芸，学術，美術又は音楽の範囲に属するもの」は，実は重要ではありません。人間が創作的に表現をすれば，このどれかには入るだろうという例にすぎないと考えられているからです。著作物であるかどうかは「思想又は感情を創作的に表現したもの」に当たるかどうかを見極めなければなりません。

表 1

言語の著作物	小説，脚本，論文，講演など
音楽の著作物	ロック，J-Pop，クラッシック，演歌，浪曲など
舞踊又は無言劇の著作物	ダンスの振り付け，パントマイムなど
美術の著作物	絵画，版画，彫刻など
建築の著作物	特徴のある建築物
地図又は図形の著作物	国内外の地図，学術的な性質を有する図面，図表，模型など
映画の著作物	音声のない映像も含む
写真の著作物	ただし，デジカメの写真は含まない
プログラムの著作物	OS，アプリケーションプログラムなど

　著作権法は，上の表 1 のものを著作物の例としていますが，あくまでも例であり，これら以外のものでも，「思想又は感情を創作的に表現したもの」であれば著作物になります。

著作権とは何か

(1) 著作権とは 1 つの権利ではありません

　著作物をつくれば，すぐに著作権が発生しますが，権利者は，当然，著作物をつくった人になります。では，著作権とは具体的にはどのようなものでしょうか。

　実は，著作権という名前の権利はありません。著作権とは，次のページの表 2 にある権利（**支分権**）をまとめていうときに使う名前です（著作権は「**支分権の束**」といわれます。）。具体的な問題を考えるときには，各支分権について検討することが必要です。

　ここでは，あなたの生活に関連している複製権と公衆送信権についてお話します。

(2) 複製権とは何か

　複製権は，著作権の中心となる権利です（著作権を英語では**コピーライト**とい

表 2

複製権	印刷，写真，複写，録音，録画などにより有形的に再製する権利
上演権・演奏権	著作物を公に上演，演奏，歌唱する権利
上映権	著作物をスクリーンやモニターに公に映写する権利
公衆送信権（送信可能化権）	著作物を放送，有線放送，インターネットへのアップをする権利
口述権	言語の著作物を公に朗読などする権利
展示権	美術・写真の著作物の原作品を公に展示する権利
頒布権	映画の著作物の複製物を公衆に譲渡・貸与する権利
譲渡権	映画の著作物以外の著作物の原作品・複製物を公衆に譲渡する権利
貸与権	映画の著作物以外の著作物の複製物を公衆に貸与する権利
翻訳権・翻案権	著作物を翻訳，編曲，変形，脚色，映画化できる権利

います。）。複製権を持っている人だけが，複製することができます。

著作権法で「複製」とは，「印刷，写真，複写，録音，録画その他の方法により有形的に再製すること」をいいます。コピーするとコピーされた紙が出てきます。紙という形のあるものにコピーすることが「有形的に再製すること」です。音楽をケータイにダウンロードすることも，雑誌の写真をケータイで撮ることも，ケータイのメモリという形あるものにコピーしているのですから，「複製」になります。

言葉に敏感なあなたは，「無形的再製もあるの？」と思うかもしれません。あります。詩を朗読することは，詩という著作物を再製しているのですが，そこには形のあるものは残りませんから，「複製」ではありません。それでは，自由に朗読会を開いてお金を取っていいのかというと，著作権法には口述権という権利があり，勝手に行ってはいけません。

(3) 公衆送信権とは何か

次に，公衆送信権についてお話します。著作権法には，公衆送信の意味が

書いてありますが，難しい表現をしていますので，具体的にいうと，テレビ・ラジオ放送，ケーブルテレビ，インターネットに著作物を流すことをひとまとめにしたものです。公衆送信権を持っている人だけが，公衆送信できます。

あなたの著作物が，テレビで放送されることは，あまりないでしょう。しかし，インターネットにあなたの小説や絵をアップロードすることは簡単です。他人のものをアップロードすることも簡単にできてしまいます。以前は，放送権と有線放送権がありましたが，インターネットの普及にともない，ひとまとめにした公衆送信権が設けられました。

注意が必要なのは，公衆送信権に送信可能化権も含まれている点です。送信可能化権とは，公衆送信できる状態にすることです。インターネットに接続しているサーバーに著作物をアップロードすることが典型例です。テレビ放送が一方的に著作物を私たちに送っている（「送りっ放し」だから「放送」なんでしょうか。）のと違って，インターネットは誰かが著作物を引き出す，つまり，クリックするわけです。しかし，1度もクリックされないものもあるかもしれません。この場合，公衆送信していないから問題ないと思うかもしれませんが，その瞬間，誰かがクリックするかもしれません。著作物をインターネットにアップロードするということは，公衆送信される危険性がとても高いのです。そこで，公衆送信権には送信可能化権も含まれています。

(4) 著作権の及ぶ範囲――並んで写生した絵は似てる

著作物を権利者に無断で利用するのはいけないのですが，次のような場合はどうでしょうか。あなたと友達は，美術部に所属して，同じくらいの腕前。美術の授業で写生に行った2人は，並んで座って描き始め，あなたが10分ほど早く完成しましたが，お互いとてもよく似た絵でした。著作物をつくったときに著作権が発生しますから，あなたは友達より10分早く著作権が発生しています。友達は，あなたの著作権を侵害したのでしょうか。

答えは No です。著作物であるためには，創作的でなければなりませんが，2人とも相手の絵を真似して描いたわけではなく，創作的に表現したのです。したがって，2人ともそれぞれが著作権を持ちます。

著作権法では、2つの作品が似ていること (実質的同一性) だけで侵害は成立しません。先にある著作物を真似たということ (依拠性) も必要なのです。自分の個性を発揮してつくった作品が、たまたま誰かのものに似ていても、著作権法上、問題はありません。

著作権の制限——コンビニのコピー機って……

(1) 著作権は制限されます

あなたが、本や雑誌をコピーするとき、あなたはその著作権者ですか？違います。あなたがコピーするとき、コンビニですることが多いでしょう。コンビニはあなたが著作権者だと思って、コピーを OK しているのでしょうか？違います。そうすると、コピーしているあなたは著作権を侵害していることになり、コンビニはその侵害を手助けしているかのようです。

しかし、そうはなりません。なぜなら、著作権法の目的は、著作物の公正な利用に留意しつつ、著作者等の権利の保護を図り、文化の発展に寄与することであるため、著作権法が公正な利用であると認めたものは、権利者に無断で利用してよいと規定しているからです (著作権の制限規定)。

(2) 私的使用のための複製は無断でできます

著作権法にはとても多くの制限規定があります。最もあなたに身近なのは「私的使用のための複製」でしょう。著作権法は、「著作物……は、個人的に又は家庭内その他これに準ずる限られた範囲内において使用すること (以下「私的使用」という。) を目的とするときは、次に掲げる場合を除き、その使用する者が複製することができる。」と定めています。

「個人的に又は家庭内」については、常識で判断できます。問題となるのは、「その他これに準ずる限られた範囲内」がどこまでかということです。著作権法の立法を担当した人によると、10名くらいを想定しているとのことです。したがって、サッカー部全員、クラス全員など3,40人になると、その複製は私的使用の目的ではないとされることになりそうです。

なお、この制限は複製権に関するもので、公衆送信権は関係ありません。

私的使用であっても、権利者に無断で公衆送信することはできません。

(3)「利用」と「使用」は何が違う？

著作権法が公正な利用であると認めたものは、権利者に無断で利用してもよいとしていることは前に述べました。ここでいう「利用」とは、著作権が及ぶ範囲をいいます。つまり、複製したり、公衆送信したりすることです。私的使用の場合には、複製という利用ができることになります。

では、「使用」とは何でしょうか。あなたは普段、「利用」と「使用」の区別をあまり意識しないでしょう。しかし、1つの法律の中で、似たような意味でも、違う言葉を使っていれば、それぞれ違う意味を持つと考えるのが法律学です（なお、逆に、同じ言葉でも、法律が違う場合には必ずしも同じ意味とは限りません。）。したがって、「使用」は複製や公衆送信といった著作権の及ぶ範囲から外れます。あなたは何のために本をコピーするのですか？ 読むためです。つまり、「使用」とは、本であれば読むこと、音楽であれば聞くこと、映画や写真であれば見ること、ゲームであればプレイすることをいいます。

(4) 著作権の制限の除外、そしてそのまた逆――法律は高校の校則とは違います

実は、コンビニでコピーすることが複製権侵害にならないのは、私的使用のための複製ができるからなのではありません。

(2)で、私的使用のための複製について定めた法律の文章を載せましたが、そこに「次に掲げる場合を除き」という部分があります。この「次に掲げる場合」の1つに、「公衆の使用に供することを目的として設置されている自動複製機器……を用いて複製する場合」というコンビニのコピー機にあたるものが定められていて、コンビニのコピー機でコピーすることは私的使用のための複製から除かれているのです。

そうすると、コンビニ各社は日本全国で著作権侵害行為を促進しているのでしょうか。非常にゆゆしき問題です。

しかし、コンビニ各社がそのようなことをするはずがありません。法律を新しく定めたり、改正したりした場合に、その法律が効力を持つ時期や、そ

の法律のある部分については効力を持たせることを少し延期するということなどを定める「附則」といわれるものが付け加えられます。著作権法の附則では,「当分の間,これらの……自動複製機器には,専ら文書又は図画の複製に供するものを含まない」として,コンビニのコピー機に を,「次に掲げる場合」には「当分の間」含まないこととしています。

つまり,「次に掲げる場合」には「当分の間」含まれないコンビニのコピー機は,私的使用のための複製をすることについては問題がなく,あなたが私的使用の目的であれば,その本をコンビニのコピー機で複製できるということになります。ただし,この「当分の間」が長期間続いていますので,いつか「次に掲げる場合」に含まれることがあるかもしれません。

こんな面倒なことをしなくていいのにと思うか,きちんと原則を決めてから例外を定めて,論理的に妥当な解決を図ろうとしているのだなと思うかは分かれるでしょうが,後者のあなたは間違いなく法律学に向いています。

法律は高校の校則とは違います。世の中には,いろいろな考えを持つ人や様々な立場の人がいて,ある法律によって現在の生活を奪われる人が出るかもしれません。法律を定めたり,改正したりする場合,幅広く目を配らなければならないのです。その場合,ある人たちを救済するために例外を設けることもあります。しかし,例外はあくまでも例外であり,原則をしっかりと確認しておかなければならないのです。

技術が進めば,著作権法は変わる

技術の進展は著作権法を変えていきます。昭和の頃は大掛かりな装置が必要だった映画の撮影や編集が,今や家庭のデジカメとパソコンで簡単にできます。また,家庭内や個人で,文章や絵,映画も写真も簡単にコピーできます。つまり,現在では,誰もが著作権者になれる一方で,誰もが侵害者となりうる時代になりました。公衆送信権が設けられたのはインターネットの普及によってでしたが,著作権法は技術の進展によって変わらざるを得ない性質を持っています。その象徴的な改正がまた1つ,2009(平成21)年に行われました。

他人の著作物を無断でインターネットにアップロードすることは，公衆送信権の侵害となり，すでに違法な行為とされています。しかし，1度アップロードされた著作物はすぐに多数の違法コピーがなされインターネット上に広まってしまい，侵害者がアップロードした著作物を1つ削除しても，もはやどうすることもできません。

　その一方で，違法にアップロードされた著作物であっても，それをインターネットからダウンロードすることは，私的使用のための複製であり，違法なものではないとされてきました。そのため，非常に多くの人が違法なアップロードであると知っていても，ダウンロードを行い，その結果，違法コピーが，正規に購入されたものより多くなってしまう状況となりました。

　そこで，違法なインターネット配信による音楽・映像を違法と知りながら複製することが，私的使用のための複製にならない「次に掲げる場合」に加えられました。ただし，懲役刑や罰金などの罰則はありません。

　このように，著作権法はいつも改正の必要性に迫られています。だからこそ，世の中の動きを敏感に察知し，新しもの好きなあなたが著作権法の世界に向いているのです。

◇この法分野を学びたい！◇

　著作権法は，知的財産法の1つです。知的財産法には，他にも特許法，商標法，意匠法，不正競争防止法，種苗法などがあります。知的財産法を勉強することで，もちろん弁護士や裁判官に進む道がありますが，それだけにとどまりません。マスコミや芸術関係に進みたい人に，著作権法の知識は重要です。ブランド好きな人は商標法や不正競争防止法に興味が湧くでしょう。インダストリアルデザイナーになりたい人は意匠法のお世話になることが多くなります。新しい植物の品種を開発するならば，種苗法を理解するべきです。ベンチャー企業を立ち上げる人には，特許法の知識が大きな武器になります。

　また，知的財産法は他の法律分野とよく結びつきます。民商法はもちろん，刑法，民訴法，独禁法，信託法などなど。その範囲の広さはあなたに法律学の面白さを教えてくれるでしょう。

【参考文献】
・法令データ提供システム http://law.e-gov.go.jp/cgi-bin/idxsearch.cgi

- 文化庁長官官房著作権課『著作権テキスト―初めて学ぶ人のために―』
  http://www.bunka.go.jp/chosakuken/pdf/chosaku_text.pdf
- 島並良＝上野 達弘＝横山久芳『著作権法入門』（有斐閣，2009）
- 土肥一史『知的財産法入門〔第11版〕』（中央経済社，2009）
- 紋谷暢男『知的財産権法概論〔第2版〕』（有斐閣，2009）

※知的財産法は毎年のように改正されるので，最新のものが必要です。

諏訪野　大（すわの　おおき）

Part 3　社会との接点1―暮らしと法―

§4　親の離婚で子どもと親の関係は？

はじめに

　民法とは，人と人との関係を定める法律ですが，民法は大きく財産法と家族法に分かれます。民法725条から始まる家族法は，家族の人たちの関係を定める親族法と，人の死亡により発生するお金の問題である相続法から成り立っています。民法が公布されたのは明治31年ですが，家族法（親族法・相続法）だけは，戦後日本国憲法の制定に伴い改正されました。家族法は極めて人権が関わる規定が多いため，日本国憲法の新しい人権に合致するよう改正されたのです。現行法以前は，個人は家に縛られており，婚姻も不自由で相続も不平等な「家」制度に支配されていましたが，戦後は憲法24条が定める両性の合意のみに基づいて婚姻が成立するという個人の尊厳と，男女，子ども間の平等を取り入れています。親族法は主に夫婦のこと，親子のことを定めており，相続法は遺言がない場合に法律があらかじめ定めた相続人に相続させる法定相続と，死後の財産の処理について被相続人が自ら定める遺言について規定しています。

　諸外国に比べ，日本の条文は簡潔に書かれており，実生活の中では条文に現れない問題も様々生じます。そのような場合，現にある条文をどのように読み，解釈し，広げていくかが法律を学ぶ上で考えなければならないことです。その時，どういう視点から法律を考えていくか，これまで研究者は基本的に弱者を保護するという立場から法を解釈してきました。家族の中で弱者とは，女性，子ども，高齢者がなる場合が多いのです。また，事実関係や事情をどのように具体的に検討の対象に入れるのか，というのも大切な問題です。実際の事件を詳しく見て，どのような問題が潜んでいるのかを把握しなければなりません。そこで家族法では，事実関係や行動の動機なども法律を勉強する上で重要な事柄となってきます。

次では主に夫婦と親子の問題について取り上げていきます。

結婚の制度

現代の日本の結婚では，結婚式を挙げないで婚姻届を役所に提出するだけの人たちも増えており，日本ではもちろんこの手続きのみにより「結婚した」ことになります。結婚することの手続きは時代により，国により変わってきます。ある国のある時代では，キリスト教会で式を挙げることによって結婚したことになりましたし，日本でも儀式を行うことにより結婚したとしていた時代もありました。実は日本で婚姻届を出すように決まったのは，明治民法になってからです（**届出婚主義**）。

では，なぜ結婚したことを国家に届け出なければならないのでしょうか。私的なことを国家がチェックするのは何のためでしょうか。民法では，婚姻による効果を定めています。条文によると，婚姻により夫婦は同じ氏を名乗らなければならないとされています。婚姻届にどちらの氏をとるのか記すようになっていますので，それを決めてからでないと届が出せないようになっています。また夫婦は同居し協力し，扶助しあわなければならないことも定められていますし，不貞行為を行うことは離婚請求の要件とされています。これらのことが何を示すのかというと，夫婦間で互いを養わなかったり，愛情の問題が起きたりすると，法律が助けてくれる，ということです。すなわち，夫婦の問題について人々は裁判所に助けを求めることができるのです。これが恋人同士や入籍していないカップルについての条文はありませんので，その人たち同士のトラブルについては原則として法律は関知しません（ただし，判例により，夫婦同然のカップルへの保護は拡大してきました。これについては次に見ていきます）。したがって，婚姻をするということは，法（国家）の保護に入ることと，法による義務を負うことを意味します。

例えば，夫がお給料を家に入れてくれない，あるいは別居していて生活費を送ってくれない場合はどうなるでしょう。そのとき妻は，夫婦は扶助しあわなければならないという条文に基づいて，家庭裁判所に「**婚姻費用分担請求**」を行うことができます。そうすると裁判所は，夫婦間の事情を考慮

して夫に支払い命令を出すことになります。また，妻が不貞をしたので別れたいという相談も家庭裁判所に持ち込めます。約9割の夫婦は互いの話し合いだけで離婚を決めて離婚届を出す**協議離婚**の手続きをとっていますが，話し合いがつかず裁判所に来た場合，まず裁判ではなく，**調停**(ちょうてい)が用意されています。調停では，男女各1名ずつの**調停委員**および**審判官**(家庭裁判所の裁判官)が妻と夫双方から事情を聴いて夫婦関係調整を行います(**調停前置主義**(ぜんちしゅぎ))。条文では，相手方の不貞は裁判離婚の要件となっていますので，夫がそれを理由に別れたいということは大きな理由となりますが，調停により調整していくうちに円満解決となって別れない結論に至る場合もあります。調停が調わず不成立になった場合，**調停に代わる審判**が出されることもありますが，それに異議があれば裁判に訴えることになります。調停離婚は全離婚の約9％，審判離婚はほとんどなく，裁判離婚は約1％です。

　協議離婚を認めるという日本の制度は世界的にも珍しく，多くの国は離婚の際には必ず裁判所の判断を仰がなければなりません。婚姻が法的なことであるのと同じく，離婚も法的なものですから，法の支配が及ぶのです。私的なことに法が関与するのは，家族という私的な中にこそ強者と弱者が現れるため，法は弱者を守らなければならないので，家族も法の下に置かれるのです。離婚は，別れることだけを決めるものではありません。離婚時の財産の分与，子どもの親権や監護，別れた配偶者の扶養，子どもの養育費負担割合や健康・教育問題等，決めなければならない法的事柄がたくさんあります。しかし日本ではそれらの全てをまず夫婦間の協議だけで行うことを許していますので，お金のこと，子どものことを決めないで離婚したり，あるいは力関係による不当な取決めのまま離婚したりするケースが出てきます。特に子どもについては法律が守る必要がありますが，今のところ多くは親たちの判断に任せられています。このように，日本の法律は親の**自律性**(じりつせい)に任せるという方針で離婚時の取決め内容を具体化していませんが，近年，離婚後親権者とならなかった親が子どもと交流することを求めるようになりました。そして裁判所でも，**面接交渉**(めんせつこうしょう)という名前で，その取決めをすることを認めるようになってきました。これにより，協議で面接交渉を取り決める人たちも増えています。このように，条文にはないことも，現実的な必要性から裁判所が

扱うこともあります。

次に，婚姻関係にないカップルの法律関係についてみていきましょう。

内縁・事実婚

　婚姻届を出さなければ法律上の夫婦になれませんから，原則として事実上のカップルは法律の保護を受けません。その代わり，法律上の義務も生じません。例えば，婚姻届には夫婦同氏を記載しなければなりませんから，夫婦別姓を行いたいカップルは婚姻届を出さず，事実婚の夫婦でいる場合もあります（婚姻後，戸籍の氏ではなく旧姓を使い分ける人も出てきましたが，これは通称でしかありません）。夫婦同姓，夫婦別姓は国の法律により定められるものですから，諸外国では別姓の国はたくさんあります。日本でも自己のアイデンティティのため，仕事の都合といった様々な理由で夫婦別姓を望むカップルも多く現れています。したがって，法律で夫婦別姓を認めない限り法律婚ができないというのであれば，その人たちが法の保護を受けられないのはおかしな話です。

　では法律は，婚姻届を出さない，あるいは出せない人たちがトラブルを抱えても絶対保護しない，という頑なな態度を貫いているのでしょうか。判例では，婚姻の約束をして男女の関係を続けていたカップルや，婚家に気に入られるまで婚姻届を控えさせられていた事実上の夫婦が別れる場合，離婚の効果として定める法律の内容を適用した例もあります。このように裁判所は，理由のある事実上のカップルについては，財産分与や離婚の慰謝料などを認めるようになってきました。

　しかし法律上婚姻届が出せないカップルもいます。それは，すでに婚姻している人たちです。これを重婚的内縁と言います。このとき，法律は法律上の妻を保護するのか事実上の妻を保護するのか択一が迫られる場合が，配偶者死亡後の遺族年金の問題で現れます。そこで最高裁判所は昭和58年4月14日の判決で，社会保障法上の遺族給付で，「配偶者」に内縁者が含まれている法律の場合には，婚姻関係が形骸化し，かつ，その状態が固定化している場合には，法律上の配偶者は年金を受給できる遺族にあたらないとしまし

た。すなわち，事実関係をよく調べ，実質が伴っている方に法的保護を与えるようにしたのです。婚姻の届出というより，事実はどうなのか，というのが判断する際に重要な点になっていっています。

離　婚

　婚姻後，夫婦が幸せに暮していれば法律の出る余地はありません。関係が悪くなった場合，法律が登場するのです。関係悪化とは夫婦の別居や離婚です。まず，一方は離婚したい，他方は離婚したくないということでもめる場合があります。2人だけの話し合い（協議）や第三者を交えての調停では離婚を成立させることが困難となれば，裁判所へ訴えることになります。そのとき，裁判離婚を請求してよい要件が5つ民法に挙げられています。それは，①相手方配偶者が不貞な行為を行ったとき，②相手から悪意で棄てられたとき（悪意の遺棄），③相手の生死が3年以上明らかでないとき，④相手が強度の精神病にかかり，回復の見込みがないとき，⑤そしてその他婚姻を継続しにくい重大な理由があるときです。したがって，自分で不貞行為を行っておいて自分に責任があるときには，裁判所での離婚の請求は認められないと解釈されます。それは，不貞をされて離婚を許されるなら，その者は「踏んだり蹴ったり」の状態となるから，法はそのような不徳義勝手を許さない，と考えるからです。しかし人間関係は複雑ですので，さまざまな事情を考慮せずに画一的に判断を下すべきではありません。そこで，従来裁判所は上記のように，責任のある方からの離婚請求（**有責配偶者の離婚請求**）を認めていませんでしたが，昭和62年9月2日に最高裁判所は，長期の別居（その事件では36年），未成熟子がいないこと，相手方配偶者が離婚により精神的・社会的・経済的に極めて苛酷な状態におかれることがない場合には離婚の請求を認めるとしました。裁判所は，原因がどちらにあるのかということよりも，現に夫婦関係が破綻し，回復の見込みがないのであれば離婚を認めようという方向（**破綻主義離婚**）に変わって行っているといわれています。

離婚後の親子関係

　日本の民法は婚姻中は未成年者の親権者を父母の共同としていますが、離婚後はいずれかの単独親権と定めています。夫婦は離婚時に子どもの親権者を離婚届に明記しなければなりません。これも原則として夫婦間の協議に任せられます。統計上昭和40年頃までは父親が親権者となり、母親は家の跡継ぎである子どもをおいて婚家を出るという離婚の形態が主流でした。その後、高度経済成長により核家族化が進み、男は外で仕事女は家で家事育児という男女性別役割分担の下、離婚後もその役割分担が継続し、徐々に母親の親権取得率が高くなり、現在では約8割が母親が親権者となっています。

　親権者決定について協議できない場合は家庭裁判所へ行くことになります。裁判所でどのような要件でどちらを親権者にするかということは条文に書かれていませんので、裁判所の判断に任せられます。裁判所は判例の蓄積により、その判断要件を検討してきました。協議離婚でも母親による親権取得割合が高いことも影響して、子育ては女性の仕事と考える裁判官も多かったのか、裁判所においても母親が親権者とされるケースが多く出てきました。しかしその後、子どもにとってどちらの親と暮らす方が子どもの利益になるかという考えが取り入れられ、父母の性格や親としての愛情、適格性、経済状態、これまでどちらが養育してきたか、子どもはどちらの親と密着して暮らしてきたかという様々な要件を比較衡量（ひかくこうりょう）する判断基準がとられるようになってきました。近年では、子どもの親子関係について寛容性（かんようせい）のある親かどうかをみる傾向にあります。すなわち、離婚後も子どもは父母双方と交流し養育されることが子どもの精神安定上も教育上も重要であること、両親の離婚と親子の関係は別であるということ、および親は離婚に拘（かか）わらず子どもに対し権利と義務があるという法理論により、親権者となったら他方親と子との良好な親子関係を受容し促進できる親が親権者として適格性を備えていると考えられるようになってきたのです。

　さて、ではそのような親子関係はどのようにして養成されるのでしょうか。日本では離婚後も非親権者の親による扶養義務は存続しますが、親子の縁は遠のくと思われてきたため、親子の離婚後の交流はありませんでした

し，条文にも書かれていません。しかし，親子の情愛や親子関係は夫婦の離婚により切れるものではないため，昭和39年に初めて裁判所で非親権者と子どもが会うことを求める申立てがなされ，今は裁判所もこれを離婚後の子の監護に関する取決めとして認めるようになってきました。これを面接交渉あるいは面会交流と呼びますが，諸外国ではこれは親の権利や子どもの権利として法律上認められており，その内容も隔週末2泊3日が通常のパターンで，長期の休みには1，2カ月は一緒に住まない親と過ごすという例もあります。虐待や暴力等の問題がなければ，子どもからの要望を待つまでもなく，親の責任として法律上基本的に交流を確保するのです。また，近年諸外国では，離婚後も親権・監護権は消滅しないとして共同親権，共同監護を定める国も多くなってきています。親の権利義務は父母の婚姻関係と関係ないと考えられるようになってきているのです。

新たな家族へ向けて

　今の親族法が制定された60余年前には想像できなかった家族関係が今進展しています。それは諸外国の法改正を見れば参考となります。先に挙げた婚姻外（事実婚・離婚後）の共同親権法も多数の国がとるようになってきました。また，同性同士の者たちにもカップルとしての法的効果を付与する立法，あるいは婚姻を認める立法に改正する国が出てきました。婚姻を秘跡として扱っていたキリスト教圏の国が同性カップルを認めるようになったのは衝撃的なことです。さらに，人工生殖補助医療の進展により，父母以外の精子や卵子，あるいは第三者の子宮により子どもが生まれることも可能となりました。しかし，日本では民法上対処できない問題も多く，法改正を望む声が上がっています。また，現行憲法で定める法の下の平等が婚姻外の子どもに適用されない問題，夫婦別姓の問題，裁判離婚の要件の問題等もあり，近年特に親族法の改正が叫ばれています。

　親族法には属していませんが，家族の問題として別に近年立法化されたものに，児童虐待防止法と，いわゆるドメスティック・バイオレンス（DV）防止法があります。これらは従来「法は家庭に入らず」という標語の下，家庭

内のことは家族に任せていれば安心，家族の問題は家族が解決する，家族の自律性を信じる，という考えから避けられてきた問題です。しかし，実際に家庭内で殺人事件が多数起きています。犠牲者が出る前に，あるいは刑法で対処される以前に被害者を保護する手続きが重要と考えられるようになりました。何より，何が子ども虐待やDVにあたるのかといった定義づけがなされ，社会的にその問題が明らかにされたことが，立法化されたことの成果でしょう。さらに今後は，虐待により親子が引き離される際の親の権利や義務はどうなるのか，子どもの利益や権利はどうなるのか，またDVと離婚訴訟の関係はどうなるか，といった親族法との関わりを検討していかなければなりません。

おわりに

　家族の問題をなぜ法律が対処するのか。それは，家族は国家を作る最小単位だからです。これまでも，どのような家族を形成するかということは，どういう国家を形成するのかということと関わって考えられてきました。それが戦争に利用された時代もありましたので，しばらくは日本でも国家と家族との関係を切り離そうという方向に動いていましたが，現代は国家と家族との関係を再考する時代に来ています。個々の家族構成員が自由で，それぞれが等しく，個々に権利を持ち，そして法的な保護の及ぶ国家と家族の関係を考えていかなければなりません。法解釈においても，新たな立法政策を考える上でも重要です。そしてそのためには，画一的な思考ではなく，多様な家族，多様な人間関係を受け入れることのできる考えが必要です。頭を柔らかくして，人間関係の法律について学んでいきましょう。

◇**この法分野を学びたい！**◇

　法学部に入ったら，民法は多くの人がとる科目ですが，民法は範囲が広いので，大学によっては1～4，あるいは1～8くらいまで分かれている場合があります。親族法・相続法は，民法の最後の方に位置するので，順番通り取っていっているうちに

息切れするかもしれません。しかし，民法はどこから勉強してもいいのです。親族法・相続法を民法の最初に勉強しても構いません。むしろ，これらは実生活に密着しており，事例や判例がイメージしやすいので，法律を好きになるにはもってこいの分野です。なかには，自分がいずれは結婚するから，相続するから，あるいは親の離婚を経験した，現在相続問題を抱えている，といった理由でこの科目をとる人もいるでしょう。実生活に役立つ法律であることに間違いはありませんが，法律を勉強する上で重要なことは，自分の経験だけを中心に考えないことです。判例の事実関係あるいは人間関係は非常に複雑ですし，1つとして同じ例はありません。そこには様々な思いが存在しています。法律を勉強するときは，想像力を働かせて，あらゆる角度からいろいろな考え方，解釈の仕方があることを学んでいってください。また自分が経験していないことでも（経験していないことだからこそ），想像力を働かせることで，多くの法律問題に取り組んでいくことができます。

さて，将来特に家庭裁判所の調査官になりたい人は，この法分野の学習は必須です。法律家となる人たちにも重要な科目です。また，福祉関係の仕事に就きたい人や教師になりたい人も，多くの人間関係に囲まれますし，子どもの権利を中心に考えていかなくてはならないので，この法分野は有効です。しかし，社会の最小単位は家族であり，親を通してこの世に生まれてきた私たちは全て，家族法を学ぶ必要があると言えるでしょう。家族法から家族関係，人間関係，そして国家と家族との関係を考えていってください。

【参考文献】

- ヴィッキー・ランスキー『ココ，きみのせいじゃない―はなれてくらすことになるママとパパと子どものための絵本』（太郎次郎社エディタス，2004）
- 高橋朋子＝床谷文雄＝棚村政行『民法7 親族・相続〔第2版〕』（有斐閣アルマ，2007）
- 二宮周平『家族と法―個人化と多様化の中で』（岩波新書，2007）
- 川﨑二三彦『児童虐待―現場からの提言』（岩波新書，2006）

山口 亮子（やまぐち りょうこ）

Part 3

社会との接点2
―トラブルと法―

§1　もしもクリーニング事故にあったら？
§2　気をつけよう！少額訴訟制度を悪用した架空請求！
§3　アルバイト中のケガも労働災害
§4　もしかして…振り込め詐欺？
§5　犯罪の被害を受けてしまったら？

Part 3　社会との接点2 ―トラブルと法―

§1　もしもクリーニング事故にあったら？

はじめに

　私たちが生活を行う上で，重要となるのが「契約」です。契約というのは，簡単にいうと，当事者間の約束のことです。ここでは，民法上の契約を取り上げます。

　民法では，13種類の典型契約が規定されています。①贈与，②売買，③交換，④消費貸借，⑤使用貸借，⑥賃貸借，⑦雇用，⑧請負，⑨委任，⑩寄託，⑪組合，⑫終身定期金，⑬和解です。このように契約の種類を並べると，なんとなく，とっつきにくそうだし，難しそうだなと思うかもしれません。でも，実は，契約は，私たちの生活にとても身近なものです。

　たとえば，つぎのような事例をみてみましょう。

> **設例1**　Aさんは，お小遣いを貯めて買ったばかりのドレスを汚してしまったので，クリーニングに出すことにしました。ドレスには絹が入っていたので，クリーニング代は通常料金より高めの3000円でした。Aさんは，お気に入りのドレスだから仕方ないと思ってお金を払おうと思いましたが，店員さんに「お代はお渡しの時でいいですよ」といわれました。

「クリーニング代はお渡しの時に！」の意味

　Aさんがドレスをクリーニングに出した場合，クリーニング店とクリーニング契約を締結することになります。クリーニング契約は，先ほどの13種類の典型契約のうち，⑧請負と⑩寄託の混合契約といわれています。請負とは，ある仕事の完成を依頼して，それに報酬を支払う契約のことです。大工さんに家を建ててもらうとか，宅配便を頼むとかいう場合の契約もこれに

あたります。寄託というのは，ある物を保管することを内容とする契約です。たとえば，駅の手荷物預かり所やデパートで荷物を預かってもらうのがこれにあたります。これに対して，駅によくあるコインロッカーは，物を預けるのではなくて，場所を借りてそこを利用するので⑥賃貸借（間借り）という別の契約になります。混合契約というのは，ある目的を達成するために締結した契約に複数の典型契約の性質が混在したもののことです。

　では，クリーニング契約がこのような性質の契約であるということはどのような意味を持つのでしょうか。

　民法では，請負において報酬を支払うのは「仕事の目的物の引渡しと同時」でよいとされています（民法633条）。寄託も同様に，保管終了後でよいということになっています（民法665条の準用する648条）。仕事の内容がきちんと完成されているかどうかは，引渡の時でないとチェックできないからです。そこで，Aさんは，クリーニング代はドレスを受け取るときでよいといわれたのです（安い代金の場合には，前払いが要求されることがありますが，民法の原則はあくまで後払いです）。

ドレスの汚れが落ちてない！

> 設例2　2日後に，Aさんは，クリーニング店に3000円を払ってドレスを受け取りました。ところが，家に帰って，クローゼットにかけてみたところ，ドレスにシミが残ったままでした。Aさんがクリーニング店に文句の電話をかけたところ，「当店にお持ちになるのが遅かったので，シミが取れなかったようです」といわれました。汚してから1週間以内に持っていったのに，シミが落ちなければもうドレスも着られませんし，クリーニング代3000円を支払ったのも全く無駄になってしまいます。どうしたらよいのでしょうか。

　クリーニングに出すとき，私たちは，どのような「仕事の完成」を依頼するでしょうか。通常，汚れを落としてきれいにして返してもらうことですね。クリーニング店は，クリーニング契約を締結したことで，洗たく物の素

材に対して最も適切な方法でクリーニング処理を施し、洗たく物をきれいにしなければなりません。このように、契約の相手方に対して負う義務のことを**債務**といいます。クリーニング店は、このようにきれいにして注文者に洗たく物を返すという結果の実現まで責任を負います。これを**結果債務**といいます。そのため、クリーニング店は、シミが落とせないのであれば依頼を断るべきだったのであり、Aさんの依頼を引受けてしまったからには仕事を完成できなかった責任を負うことになります。

　民法上は、請負契約において「仕事の目的物に瑕疵〔キズ、欠陥のこと〕があるときは、注文者は、……瑕疵の修補を請求することができる」とされ、また、「瑕疵の修補に代えて、又はその修補とともに、損害賠償の請求をすることができる」とされています（民法634条）。これを請負人の**担保責任**といいます。あらかじめ当事者間で約束していなくても、民法がそのような責任を追及できることを明らかにしてくれているということです。そこで、Aさんとしては、クリーニング店にシミ抜きを再度依頼することや（瑕疵の修補）、損害賠償の請求をすることができることになります。

　なお、設例2では、Aさんは家に帰ってからシミが残っているのを発見しましたが、もしもAさんがクリーニング店で受け取ったときにシミが落ちていないのを発見していれば、後払いのクリーニング代の支払いを拒んでおいて、瑕疵の修補や損害賠償を請求することができたということになります（民法634条2項の準用する533条）。ここでも、報酬が後払いとなっていることが大切なのですね。

　ここで、クリーニングを依頼したお店が全国クリーニング生活衛生同業組合に加盟店（LDマーク）であるか、厚生労働省大臣が認可した「クリーニング業の標準営業約款」の登録店（Sマーク）である場合には、「クリーニング事故賠償基準」（以下、「クリーニング賠償基準」という）に基づいて処理がなされます。このクリーニング賠償基準は、法律ではなく、全国クリーニング生活衛生同業組合連合会が定めた自主的な基準ですが、私たち利用者のことも考えてつくられた基準になっており、裁判外で簡便に紛争を解決するのに役立っています。

LDマーク　　　　　　　　　Sマーク

　このクリーニング賠償基準によると、「洗たく物について事故が発生した場合は、その原因がクリーニング業務にあるかどうかを問わず、クリーニング業者が被害者に対して補償する」とされ、「クリーニング業者がもっぱら他の者の過失により事故が発生したことを証明したときは、本基準〔クリーニング賠償基準〕による賠償額の支払いを免れる」とされています（クリーニング賠償基準3条）。先ほど書いたように、クリーニングは結果債務であることや、素人である利用者にはクリーニングから生じたものかどうかを証明することが困難であることから、クリーニング賠償基準3条によってクリーニング業者の過失によってクリーニング事故が生じたことが推定されて、利用者は損害賠償を請求しやすくなっているというわけです。そして、クリーニング業者が賠償を支払わなければならないということになった場合、その賠償額は、その洗たく物の再取得価格（事故発生時において、その洗たく物と同様の物を新品で買うときの価格）に、その洗たく物の購入時からの経過月数に応じて定められた補償割合を乗じた額ということになっています（クリーニング賠償基準4条によると「賠償額＝物品の再取得価格×物品の購入時からの経過月数に対応して別表に定める補償割合」となる）。クリーニング事故が生じるたびに、個別的に注文者に生じた損害を計算することは困難ですから、このような一定の基準を定めることによって簡易・迅速性が確保されているということです。

　なお、先ほど、結果債務ということばが出てきましたが、これに対する概念として、手段債務というものがあります。手段債務とは、結果債務とは違って、結果の実現までは要求されておらず、その結果に到るための最善の努

力こそが債務の内容となっている場合です。たとえば，病気で医者にかかる場合には（診療契約），医者はその病気を完治させる義務を負うのではなく，治療するための適切な努力をすることが必要になるということです。そのため，たとえ不幸にも患者が亡くなってしまったとしても，なすべき医療行為を行っていれば，医者は責任を問われないということになります。

衣替えの後に見つけたら賠償してもらえない！？

> **設例3** 先ほどの設例2で，Aさんは，クリーニング店からドレスを受け取って，そのままよく確かめずにクローゼットにしまってしまい，6ヵ月後に，パーティーに同じドレスを着ていくためにドレスを取り出してはじめてシミが残っているのに気がつきました。この場合にも，クリーニング店に賠償を請求できるのでしょうか。

秋の衣替え後に夏服をクリーニングに出してしまったら（10月頃），そのまましまっておいて，翌年の夏の衣替えになって衣類を取り出してみたら（6月頃），はじめてクリーニングがきちんとできていなかったということに気付くということもよくあることです。では，そのような場合に，先にみたクリーニング賠償基準ではどのようになっているのでしょうか。

同基準によると，「客が洗たく物を受け取った後6ヵ月を経過したときは，クリーニング業者は本基準〔クリーニング賠償基準〕による賠償額の支払いを免れる」と規定されています（クリーニング賠償基準7条2項）。これは，債務の消滅時効を定めたものです。消滅時効というのは，時間の経過によって債務をもはや実現する必要のない状態となっていることです。したがって，クリーニング賠償基準によると，設例3では，6ヶ月が経過していますから，Aさんは，もうクリーニング店から賠償してもらえないということになります。

民法にも，時効に関する規定があります。請負の担保責任については，1年の消滅時効にかかるとされています（民法637条1項）。そこで，これによれば，設例3では，Aさんはなおクリーニング店の担保責任を追及して，

シミ抜きをやり直してもらうか，損害賠償を払ってもらえるということになります。先ほど，クリーニング賠償基準が用意されていることで紛争が簡便に処理できて，クリーニング業者だけでなく，利用者にも役立つと述べました。しかし，そのクリーニング賠償基準にもこういう「落とし穴」があります。民法の規定を知っていたら，ひょっとしたら，こういう落とし穴を回避できるかもしれません（消費者契約法では，「民法……の適用による場合に比し，消費者の権利を制限……する消費者契約の条項であって，……消費者の利益を一方的に害するものは，無効とする」（同10条）と規定されています。このことがなぜ「落とし穴」を回避することができるのかは，「おわりに」において述べます）。

ドレスがなくなってしまった！

今度は，設例2および3の場合と状況を変えて，次のような場合についてみてみましょう。

> **設例4** Aさんは，定期試験やらなんやらで忙しくて，3週間後になってようやくクリーニング店へドレスを取りに行きました。ところが，クリーニング店には，ドレスがありません。お小遣いをためて，ようやく買ったドレスが1回着ただけでなくなってしまい，Aさんはショックです。どうしたらよいのでしょうか。

クリーニング店に洗たく物を取りに行ったら，お店からなくなっていたという場合にはどうなるでしょうか。クリーニング店が大きいところだと，他の洗たく物と混じって行方不明になってしまうということもたまにあります。
　ドレスがなくなって，その値段を証明できるものがないのだから泣き寝入り，というのではAさんに気の毒です。先のクリーニング賠償基準では，このような場合に，ドライクリーニングの場合にはクリーニング料金の40倍，ランドリーの場合にはクリーニング料金の20倍によって（クリーニング賠償基準5条），損害賠償を請求できることになっています。なくなった洗たく物の価格を証明するのは困難ですから，クリーニング料金の何倍というような損害賠償額の一定の算定方式によって，注文者の損害賠償を容易にして

いるのです。Aさんは、絹のドレスをクリーニングに出したので、ドライクリーニング料金3000円の40倍、すなわち、12万円の賠償を得られるということになります。これで、Aさんも新しいドレスをもう1つ買うことができますね。

おわりに

　ここまで、クリーニング契約を中心に、どのように契約上のトラブル（紛争）が解決されるのかということを見てきました。「クリーニング賠償基準が分かっていればよいのだから、なんだ民法なんてそんなに役に立たないじゃないか」と思った方もいるかもしれません。しかし、**民法は、私たちの生活の基本法**です。設例3において、クリーニング賠償基準には「落とし穴」もあると述べました。そして、民法の規定を知っていたら、その「落とし穴」を回避することができるかもしれませんとも述べました。じつは、その理由は、先にあげた消費者契約法10条が「民法……の適用による場合に比し……消費者の利益を一方的に害するものは、無効とする」としていることにあります。**無効**というのは、その約束に効力がないことをいいます。消滅時効が民法では1年であるにもかかわらず、注文者の同意なくして、クリーニング賠償基準において一律に6ヶ月にされていることは、この10条に違反するものともいえそうです。クリーニングに出した洗たく物を6ヶ月間確かめないのも、1年間確かめないのもたいした違いではないという方もいるかもしれません。ですが、たとえば夏服を衣替えした10月にクリーニングに出して、受け取った後は、そのまま翌年の6月の衣替えまでしまっておいたということはよくあることではないでしょうか。この場合には、6ヶ月以上経っているのでクリーニング賠償基準によると、もはやクリーニング業者に何もいうことができません。しかし、1年以内ですから、クリーニング賠償基準がなかったら、民法の規定によってクリーニング業者に担保責任を追及できるということになります。6ヶ月と1年の違いは、衣替えの習慣を考慮すると、注文者にとってとても大きいものです。そこで、賠償基準に規定された6ヶ月の消滅時効が民法の規定に反して消費者を一方的に害するもの

だということができれば、Aさんは、6ヶ月経過後でも、損害賠償を請求できることになります。このように、私たちの社会には、民法とは違う内容の契約がたくさんありますが、あまりにも消費者に不利な内容にすると、消費者契約法10条によって契約が無効とされて、民法の規定にもどるということになっています。

実際の社会では、さまざまな契約が利用されていますが、民法を知っていると、契約の意味を理解できるようになったり、また、私たちが消費者として契約を締結した場合に自分たちの権利への不当な制限に気がつくことができるようになったりします。そして、民法を学んでいると、読者の皆さんが企業に就職しても、先に述べたように消費者契約法10条によって、消費者との間に締結する契約が無効とされることのないように注意することができるようになります。

◇この法分野を学びたい！◇

本講では、身近なクリーニング契約を取り上げて、その紛争にまつわる法律問題を見てきました。その際に、契約から債務が生じると述べました。では、債務とはなんでしょうか。契約の他にどのような場合に債務が発生するのでしょうか。債務を負ったら、私たちは常にそれを実現しなくてはならないのでしょうか。実現しなかったらどうなるのでしょうか。さらには、そもそも、契約はどういう場合に「締結された」といえるのでしょうか。これらの問題を知るためには、「民法」を履修することが必要となりますが、民法の中にもさまざまな分野があります。本講で特に問題となっている事柄は、「民法総則」「債権総論」「債権各論」に該当します。さらには、「消費者法」と呼ばれる法分野について目配りすれば、本文に挙げた消費者契約法をはじめとした私たちの消費生活に役立つ法律を学ぶことができます。民法は私たちの日常生活になじみの深い法律です。日常生活と照らし合わせながら、楽しく、身近なものとして民法を学習しましょう。

【参考文献】民法ついての一般的な読み物として次のものがあります。
・穂積陳重『法窓夜話』（岩波書店、1980）
・大久保泰甫『日本近代法の父ボワソナード』（岩波書店、1977）
・星野英一『民法のすすめ』（岩波書店、1998）

（深川 裕佳・ふかがわ ゆか）

Part 3　社会との接点2 ―トラブルと法―

§2　気をつけよう！少額訴訟制度を悪用した架空請求！

はじめに

　架空請求というのは，皆さんが知っているように，携帯電話やインターネットを通じて，アダルトサイトなどを見たなどとして，実際には見ていない人に，料金を請求するもので，悪徳商法の1つです。最近，テレビのニュースや新聞でも騒がれていますよね。

　架空請求をされた人は，本当は見ていないのに，「見ちゃったかもしれない」，「見ていたのかも」というように，自分に自信がもてなかったり，親や身内の人に怪しまれないようにということで，つい支払ってしまったりすることも多いようです。架空請求をする悪徳業者は，まさに，そこに目をつけているのです。また，請求額が，30万円～50万円なら，恥ずかしくても誰かに相談をしたり，「請求する根拠を見せろ」となりますが，3～5万円程度のため，脅迫めいた文書などにより，つい気の弱い人は支払ってしまうのです。

　こういった架空請求を受けた場合，あなたならどうしますか？

典型的事例

　典型的な事例を見てみましょう。例えば，脅迫的な文言を使う場合があります。利用したサイトの登録料を請求し，「ご連絡・お支払いいただけない場合は，信用情報機関へのブラックリスト登録，さらには給料を差押という法的措置を取らざるを得なくなります。このような状況になりますと5万～10万円ほどの料金の負担が発生する可能性もあります。勤務先等に再度ご通知差し上げる場合もございます。」といった内容のハガキや電子メールが届けられる場合です。この他にも，債権譲渡を受けたと主張する場合，存在

しない法令などを使う場合，法務大臣から認可を得た債権回収業者を装う場合などがあります。注意しましょう！

対応方法とその限界

　このような架空請求に対し，どのような対応をすればよいでしょうか？これには，まず，徹底的に，「無視すること」が挙げられます。この方法が，従来から，基本的な対応方法であることに変わりはありません。また，そもそも，債権回収業務は，弁護士や法務省に認可された業者でなければ営業することができません。2009 年 10 月時点で，117 社が認可されていて，その一覧が法務省のサイト（http://www.moj.go.jp）に掲載されていますので，そちらで確認するようにしてください。

　しかし，驚くことに，これでは十分ではないという事例が出てきてしまっているのです。2003 年 5 月頃，東京都内在住の男性 Y は，利用した覚えのないサイトの登録料と調査費の名目で，26 万円の請求や内容証明による督促状を受け取ったのです。そして，Y は無視をしていたところ，2004 年 4 月に，出会い系サイト運営業者 X は，この男性を相手に，大阪の簡易裁判所に少額訴訟を利用して提訴したのです。その後，Y に訴状が届いたため，男性は弁護士に相談し，2004 年 7 月に，東京の簡易裁判所に，事件は移送され，さらに東京地方裁判所へと移送されました。

少額訴訟制度とは何か？

　市民生活には，常識では通常の民事訴訟に持ち出せないと考えられがちな小さな金銭トラブルが多いものです。そこで，少額訴訟制度では，少額事件につき軽易・迅速な手続を用意して実効的な紛争処理を図っています。

　少額訴訟制度を設けた主な狙いは，一般市民で，弁護士の訴訟代理を確保することが無理なような少額事件について，当事者が自分で裁判所に出かけて判決がもらえるようにするという点にあり，消費者の「裁判を受ける権利」（憲法 32 条）を保障する制度であるともいわれています。

その成果は良好で，利用件数は顕著に伸びつつあるとされています（なお，少額訴訟の判決等による簡単な債権執行の制度も整備されています）。しかし，これを悪用した前述したような事例も出てきているのが現状です。これは，架空請求の事例に始まったことではなく，従来から，小口金融等の業者による濫用的な利用もあったので，**利用回数の制限**がなされています（民訴法368条1項但書・3項，同381条）。

少額訴訟制度には，通常訴訟の手続とは異なった次のような4つの特則があります。

第一に，**1期日審理の原則**です。少額訴訟では，最初に行なう口頭弁論（訴訟において審理が行われる場）の期日に審理を完了するのが原則で，そのために，その期日前またはその期日中に全ての攻撃防御方法（原告・被告の各々の言い分を基本づけるために提出する一切の資料）を提出しなければなりません（民訴法370条）。したがって反訴の提起もできません（民訴法369条）。証拠調べは，即時に取り調べることのできる証拠に限られます（民訴法371条。なお，同372条）。

第二に，**即日判決の原則**です。判決の言渡しは，口頭弁論の終結後，直ちにするのが原則で，判決書を作成する時間がないので，判決書の原本を作成せずに言渡してよいものとされています（民訴法374条。同254条2項の準用による調書判決になります）。

第三に，**判決による支払猶予**です。少額訴訟の請求認容判決（原告の請求を裁判所が認める内容の判決）では，裁判所は，被告の資力その他の事情を考慮してとくに必要があると認めるときは，支払いの猶予または分割払いを定めて支払いを命ずることができる（民訴法375条）。

第四に，**1審限りの原則**です。少額訴訟は1審限りで判決に控訴をすることができず，その判決をした同じ裁判所に異議を申立てることができるだけです（民訴法377条・同378条）。異議があれば，訴訟は口頭弁論終結前の状態に復し，通常手続による審理・裁判がなされますが，そこでの判決に対しても控訴はできません（民訴法379条・同380条。特別上告の可能性だけが残ります）。

そこで，**通常訴訟への移行**が可能となっています（民訴法373条）。被告は，最初の口頭弁論期日において弁論する前なら，「訴訟を通常の手続に移行さ

せる旨の申述」をすることができます。被告の移行申述があれば，その移行申述があったときに，訴訟は自動的に通常手続に移行します（民訴法373条1項・2項）。裁判所書記官は，口頭弁論の呼出しの際に，少額訴訟の手続の内容を説明した書面を両当事者に交付し，裁判官も口頭弁論期日の冒頭に所定事項を説明しなければなりません（民訴法規則222条）。

〈少額訴訟制度のフローチャート〉

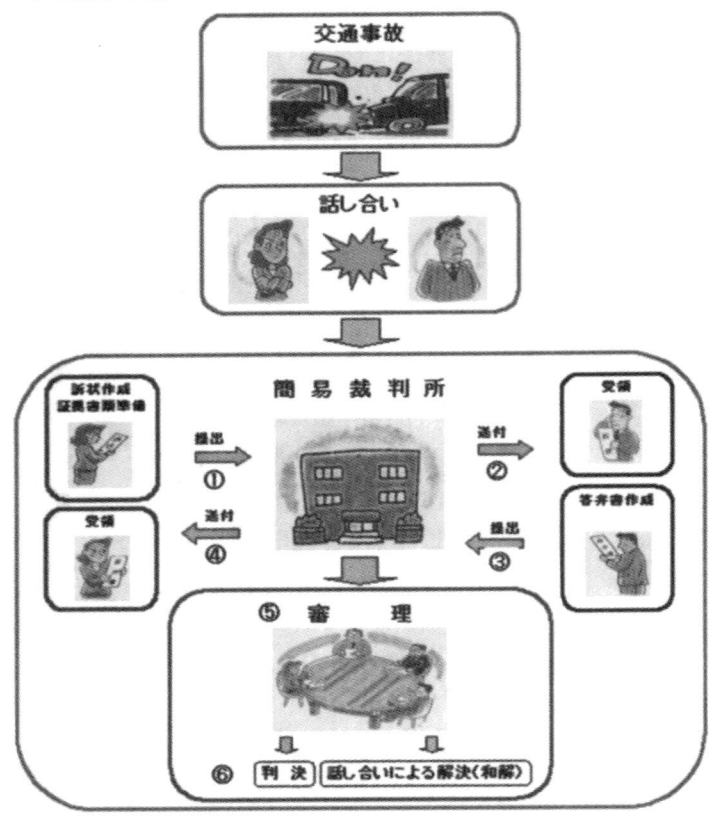

出典：裁判所のウェブサイト（http://www.courts.go.jp）

少額訴訟を提起された場合の対応策

　以上を踏まえると，前述のような架空請求に関する少額訴訟を提起された場合には，ちゃんと応訴することが重要です。そして，通常訴訟への移行を申し出ることが重要です。

　また，裁判所から送られてきた呼出状について，以下の点に注意を払う必要があります。裁判所からの呼出状は，内容証明郵便と同様に郵便局員により直接配達されるものです。すなわち，特別送達郵便といって，その郵便物を配達したことについて郵便配達員が送達報告書を作成して裁判所へ送付することとなっており，いつ，どこで，誰に対して郵便物を交付したのかが，その報告書に記載されることとなっています。したがって，偽造されていない本当の特別送達か否かという点や，郵便受けに入っていただけなのかといった点に注意を払う必要があります。

　裁判所から特別送達の形で呼出状が届いた場合には，すぐに国民生活センター，消費生活センター，弁護士，警察署等に相談してください。なお，日本弁護士連合会は，全国で一斉に「架空請求110番」を設置し，無料相談窓口を置いて，対策にあたっています（http://www.nichibenren.or.jp）。

事件の行方

　前述の事例では，その後Yは，架空の訴訟を起されて精神的被害を受けたとして，Xに対する請求額110万円の損害賠償請求訴訟を反訴の形で東京地方裁判所に2004年9月に提起し，2004年9月27日に東京地方裁判所で審理が開始され，通常訴訟に移行しました。Y側には，18名もの弁護士からなる弁護団が結成されました。数回にわたる口頭弁論に原告Xは出席しないまま，2005年3月22日東京地方裁判所は，Xの請求に関して，以下の内容の判決を言い渡しました。

　本判決は，Yは当該有料出会い系サイトを利用していないこと，登録したことを理由に請求することはできないことなどに基づき，Xの請求を棄却しました。また，Yからの反訴請求については，XはYに対し慰謝料として

30万円，弁護士費用として10万円，および遅延損害金を支払えとの判決を下しました。

　このような判決が出たことから，今後は，少額請求を悪用して架空請求をする業者が増えるとは考えられません。もっとも，架空請求業者は，本稿で取り扱った少額訴訟制度を悪用するだけではなく，正式な「支払督促」（金銭の支払い等といった給付を求める訴訟と同一の目的を迅速かつ低廉に達成するための特別の訴訟制度）を申し立てることや，「支払督促」の書式を偽造して消費者に送付する場合もありますので，支払督促制度についても学んでおくと良いでしょう。また，出会い系サイトやアダルトサイトを「無料お試し」「サンプル」といったように何らかの形で利用した人が架空請求されており，全く利用したことのない人は架空請求されていないとのことです。「君子危うきに近づかず」ですね。なお，本稿は，特に，佐伯幸子氏による「防犯」ガイド（http://allabout.co.jp）を参考にしました。

◇この法分野を学びたい！◇

　本講で取り上げたのは，少額訴訟制度といって，いわゆる通常の民事訴訟とは異なる特別の制度でした。どういう意味で特別であるのかは，いくつかの点について，すでにお分かりいただけたとは思いますが，より正確にそして深く理解するためには，通常の民事訴訟制度を学ぶ必要があるといえるでしょう。一般的に，実際に必要とされたり，目を引くことは，特別のルールや制度だったりします。もちろん，それをきっかけとして，いろいろなことを学び始めることは素晴らしいことですが，特別のルールや制度を正しくそして深く理解するには，通常のルールや制度を理解する必要がありますよね。訴えの提起に関していえば，どこの裁判所に提起することができるのかといった裁判管轄の問題，誰に提起すればいいのかなどに関する当事者の確定の問題，未成年でも訴訟を提起できるのかといったことなどに関係する誰が訴訟を提起することができるのかという当事者能力や訴訟能力の問題があります。また，証拠調べについていえば，相手方の持っている証拠を見てみたい場合に利用できる当事者照会制度や，自分が証明したい事実に関し必要な文書について裁判所に文書の提出を命じてもらう文書提出命令制度など，多くの問題があります。こういった問題について興味をもった読者の皆さんは，「民事訴訟法」の受講をお勧めします。初めてお読みになられるのでしたら，中野貞一郎『民事裁判入門〔第2版補訂版〕』（有斐閣，2005），谷口安平『口述民事訴訟法』（成文堂，1987），伊東乾『弁論主義』（学陽書房，1975）が，非常にわかりやすく，お勧めです。

【参考文献】
・中野貞一郎ほか編『新民事訴訟法講義〔第2版補訂2版〕』（有斐閣, 2008）
・中野貞一郎『民事裁判入門〔第2版補訂版〕』（有斐閣, 2005）
・上原敏夫ほか著『民事訴訟法〔第6版〕』（有斐閣Sシリーズ, 2009）

宗田 貴行（そうだ たかゆき）

Part 3　社会との接点2　―トラブルと法―

§3　アルバイト中のケガも労働災害

はじめに

　まず次の2つの例題を読んでください。

　高校生のA君は，放課後と週末に飲食店でアルバイトをしている。器用なところを見込まれて，先月から厨房で調理も担当するようになった。ある日，フライパンで油を使っていたところ，食材の水気が十分に切れていなかったみたいで，油が大きく跳ねてしまった。A君は慌てて手を引っ込めたけど間に合わず，油が利き手である右手に広範囲にかかってしまった。全治3週間の大火傷。その間，アルバイトはできなくなってしまった。

　大学生のBさん。コンビニでアルバイトをしている。シフトはだいたい早朝か，講義が終わって夕方から晩のあたり。ある日，講義終了後に先生に質問していたら，思ったより時間が経ってしまった。大学から直接バイト先に行ってもよかったのだけど，辞書や専門書など授業の荷物が多かったから，結局いったん家に帰ってからバイトに行くことにした。バイト先に向かって自転車を一生懸命こいでいたところ，目の前にとび出してきたネコを避けようとして転倒。腕や足をかなり擦りむいてしまった。全治1週間。

　皆さんは普段の生活でケガや病気をしたらどうしていますか。保険証を持って病院に行きますよね。治療を受けて，窓口で代金（一部自己負担）を支払って帰ってきます。それは公的医療保険の仕組みです。

　一方で，上の例題の場合は，アルバイトをしていて，つまり働いていて，負傷したということですので，病院等で治療を受けても自己負担は，基本的にゼロ（後で解説する通勤災害について，200円の初診時一部負担があるだけ）。公的医療保険とは全く別の「労働者災害補償保険」（以下「労災保険」と書きます）を利用することになります。

　ここまで読んでいて，高校生や大学生のアルバイトでも労災保険の対象に

なるの？　治療費がタダになるほかに何かあるの？　Ｂさんは仕事中のケガじゃないけど労災保険でカバーされるの？　など様々な疑問が出てきますよね。

労働者災害補償保険のあらまし

アルバイトも対象　労災保険は，社会保障制度の１つです。労働者災害補償保険法（以下「労災保険法」と書きます）に基づく，その名のとおり「労働者」のためのものです。「災害」とは，業務災害や通勤災害のこと。「補償」は後で説明しますが，言葉の意味としては損害を事後的に埋め合わせること。社会保障の「保障」と音は同じですし，何だかややこしいですね。

　Ａ君やＢさんが労災保険の対象になるかは，「労働者」に当たるかどうかで決まります。この「労働者」は，労働基準法９条で「事業に使用される者で，賃金を支払われる者」と定義されています。そもそも，法律上は，正社員，アルバイト・パート，嘱託などの区別が定められているわけではありません。指揮命令を受けて労務を提供し，それに対して給料やバイト代が支払われていたら，それらの呼び名に関係なく，等しく「労働者」です。

　したがって，Ａ君やＢさんも「労働者」。労働基準法だけでなく，労災保険法の適用対象となり，いざというとき労災保険を利用できます。

　なお，労働者ではないけれど，個人事業主や一人親方などを対象とした労災保険の特別加入制度もありますが，ここでは割愛したいと思います。

保険料は　次は保険料の話です。労災保険は「保険」だから，保険料を納めないといけません。えっ保険料いつ払ったっけ？　バイト代からも保険料は引かれてないよ？　その疑問はもっともです。

　保険料は，実は事業主（経営者側のこと）が，労災保険を運営する保険者である政府に対して全額を納めます。労災保険以外の公的な保険制度（「社会保険」といいます）には，年金保険，医療保険，介護保険，雇用保険がありますが，どれも，労働者が自ら保険料を納めますし，一定以上働いている労働者については，事業主が保険料の半分を負担することになっています。

労災保険の場合は，なぜ保険料の全額を事業主が負担するのでしょう。それは，事業主が労働者を「使用」するなかで発生するケガや病気，死亡に対しては，事業主が補償すべきだという考え方に基づいています。少し堅い説明になりますが，具体的には，労働基準法に業務上の災害に関する事業主の補償責任が定められています。この「**災害補償**」は，通常の損害賠償とは異なって，事業主に落ち度が無くても補償しなければならないという「無過失責任主義」がとられています。その代わり，損害の全額を賠償するわけではなく，定率的な補償をすればよいことになっています（ただし，治療費については全額です）。そして，その補償責任を担保するための**責任保険**として，労災保険が存在しています。わかりやすくいうと，例えば企業規模が小さい，業績が悪化している等の理由で十分に補償できないといったことを避けるために，事業主が保険料を出しあうことで，いざというときの補償に備える保険だということです。つまり，事業主が労災保険の加入者，労働者は保険給付の対象者という関係です。
　これで，なぜ労働者は保険料を納めなくてよいかがわかりましたね。

医療保険は使えない　　事業主は労働者を1人でも雇っていたら労災保険の保険料を納める義務があります。これは**強制保険**です。ちなみに，仮に事業主が保険料を納めていなかったとしても，労働者は労災保険の給付を受けることができます。安心してくださいね。後から保険給付分が事業主に対して請求されます。そもそも医療保険と労災保険では制度の目的が違うので，同じケガであっても，医療保険は使えないし，使ってはいけないのです。

どんな給付が受けられる　　では，いったいどのような給付が受けられるのでしょうか。2つの主要な保険給付，①業務災害に関する給付と②通勤災害に関する給付について説明します。なお，請求先は労働基準監督署です。
　①と②の具体的な保険給付の種類や内容は同じです。①の給付の名称には「補償」が入りますが，②の給付には入らないという違いだけです。
　治療を受けるときは「**療養補償給付**（通勤災害だと**療養給付**）」。基本的には，治療そのものが保険給付になります。

治療のため働くことができず、そのため賃金を受けられないときは、休業4日目から「休業補償給付（休業給付）」。金額は、およそ賃金の60％ですが、休業特別支給金としてさらに20％が上乗せされます。休業3日目までは、労働基準法に基づいて事業主から補償されます。

　また、障害が残ったときは、「障害補償給付（障害給付）」。これには障害の程度によって年金型と一時金型があります。

　死亡したときは、「遺族補償給付（遺族給付）」。死亡した労働者によって生計を維持されていた遺族に対しては年金型になっています。死亡の際は、「葬祭料（葬祭給付）」も出ます。

　その他にも、傷病が1年6か月経っても治らないときに休業補償給付（休業給付）に代えて支給される「傷病補償年金（傷病年金）」や、在宅介護が必要な場合の「介護補償給付（介護給付）」があります。

　こうみると、療養（治療）や障害年金、遺族年金など、医療保険や年金保険と同じような給付があることがわかります。それなのに労災保険にあえて設けられているということからも、保険料のところでお話ししましたが、他の社会保険とは異なる性格を持つことがわかります。

　ところで、例題のA君が受給できそうなのは療養補償給付、それと、手の火傷のせいで飲食店のアルバイトがしばらく無理だとすれば休業補償給付。Bさんの場合は通勤災害。コンビニのアルバイトには支障がない程度のケガのようですから、受給できそうなのは療養給付になりそうですね。

業務災害とは

　A君の事例は典型的な業務災害です。業務災害とは、正確には、業務上の事由による（業務が原因となった、という意味です）、労働者の負傷、疾病、障害、死亡をいいます。

ケガの場合　まず、A君のような業務上のケガ（負傷）については、①就業時間内に事業所施設内（職場の建物や敷地内）で業務に従事している場合、②休憩時間や就業時間前後で事業所施設内にいて業務には従事していない場合、③出張や外勤等で事業所施設外で業務に従事している場

合の3つのパターンで業務災害に該当するかどうかを考えます。

　A君の場合は，厨房で調理中に油が跳ねて火傷したということですから，①に当てはまりますね。②のうち，休憩時間中については，休憩時間は自由に利用できるのが原則ですから，職場の施設・設備や管理状況等が原因で発生したものでない限り，業務災害に当たらないことになります。例えば，A君が休憩中に単にケガした場合は業務災害にはなりません。しかし，厨房の床が油で汚れていて足を滑らせてケガをしたような場合には休憩時間であっても業務災害になります。③については，外回りの営業や配達などが典型的なものとして考えられます。アルバイトでいうと，ピザの宅配中の事故でケガをした，といった例だとイメージしやすいでしょうか。

業務上の病気　業務災害としては，ケガ以外に病気（疾病）もあります。例えば，アスベストを吸い込む環境で働いていたとき，数十年経って中皮種という悪性の腫瘍を患うことがあります。首・肩や腰に過度に負担がかかる仕事で，頸肩腕症候群や腰痛を生じることもあります。そのような医学的な経験則に基づいた，いわゆる<u>職業病</u>（<u>職業性の疾病</u>）は従来から多くのものが例示されています。

過労死・過労自殺　近年では，長時間労働などによる過労や過労死，過労自殺が問題になっていますが，これも業務災害の認定の対象です。その原因となる疾患として，具体的に，脳出血やくも膜下出血，心筋梗塞，狭心症などの脳血管疾患や心疾患，あるいはうつ病などの心因性の精神疾患が認定の対象となっています。精神的ストレスについては，最近では，職場の人間関係のトラブルが原因となった例がみられます。上司からの嫌がらせ（パワーハラスメント）だけでなく，部下から上司に対する嫌がらせや，同僚によるいじめ。それらを原因とするうつ病や自殺にも給付が認められています。

判断の難しさ　ところで，ケガについては，その原因となる出来事は，A君の「油が跳ねた」みたいに特定しやすく，業務上かどうかは，比較的，判断しやすいといえます。他方で，病気については，その判断が難しいという特徴があります。なぜなら，発症まである程度の期間が経過していることが多く，その間，仕事以外にも様々な要因が発症に影響を

与えたと考えられるからです。例えば，度重なる出張が原因で脳出血になったけど，もともと高血圧症だった，あるいは，かなりのヘビースモーカーだった。例えば，長時間労働が原因でうつ病になったけど，その時期ちょうど大切な人が亡くなっていた，あるいは，もともとうつ病になりやすい性格だったなど。そのような場合，仕事が「相対的に有力な原因」かどうかが判断されます。

通勤災害とは

次に，通勤災害（通勤による負傷，疾病，障害，死亡）についてみていきましょう。通勤災害の制度は，通勤が業務と密接な関連をもつ行為であることから，業務災害に準じた保護を与えようという趣旨で設けられたものです。

「通勤」の5つの要件　事例のBさんのケースは通勤災害としてはわかりやすい例ですね。しかし，実は，通勤災害に当たるかどうかの判断には意外に細かいルールがあります。通勤災害といえるには，労働者の移動が，労災保険法で定義する「通勤」に該当する必要があります。この「通勤」には，5つの要件が存在します。順に説明していきましょう。

忘れ物をとりに帰るのは　1つ目は，就業に関して行われる移動であること（就業関連性）。例えば，仕事のない日にフラっと職場に行っても，通勤にはなりません。また，仕事が終わってから業務に関係ないことを長時間した後で職場から帰宅したような場合には，就業関連性は失われます。

通勤の途中で仕事に必要な忘れ物を取りに帰るための移動はOKです。

学校からの出勤は×　2つ目は，次の3つのパターンの移動であること。

a　一般的な通勤である「住居」と「就業の場所」との往復
b　複数就業者の「就業の場所」から「次の就業の場所」への移動
c　単身赴任者の「赴任先住居」と「帰省先住居」の間の移動

「住居」とは，労働者が居住して日常生活を営む拠点，「就業の場所」とは，

Part 3 社会との接点2―トラブルと法―

a 通常の場合

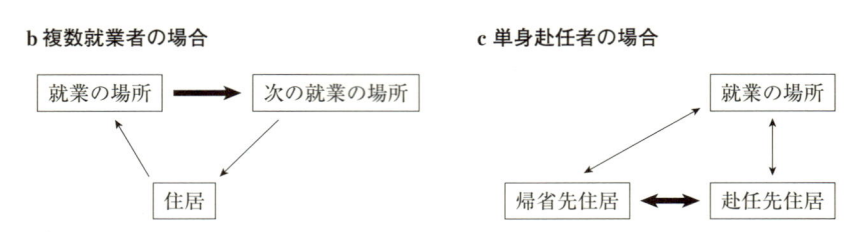

住居 ⟷ 就業の場所

b 複数就業者の場合

就業の場所 ⟹ 次の就業の場所
↑　　　　　　↙
住居

c 単身赴任者の場合

　　　　　就業の場所
　　　　　↗　　↕
帰省先住居 ⟷ 赴任先住居

※太い矢印は新しく通勤災害の対象に加わった移動

会社や工場など業務を開始または終了する場所のことです。

　ちなみに，bとcは，2005（平成17）年の労災保険法改正で2006（平成18）年度から加わりました。それまでは，bのような「就業の場所」間の移動や，cのような「住居」間の移動は，通勤とは認められませんでした。しかし，近年，非正規労働者の増加に伴って，複数の職場で働いて生計を立てる労働者が増加しています。また，単身赴任については，労災保険の給付を求めて裁判にまで発展した事例も生じました。そこで，bやcのパターンも通勤に加えられることになったのです。

　Bさんは，自宅にいったん戻ってからバイト先に向かったので，aに該当します。仮に，大学から直接バイト先に向かったとしたら？　その場合は残念ながら通勤にはなりません。学校では1日の多くを過ごすので，家と同じく生活拠点のように感じるかもしれませんが，あくまで住居ではないわけです。早朝のバイトをしてから通学する場合も同じように考えてください。

届け出ている経路・方法以外でもOK　3つ目は，「合理的な経路および方法」により行われる移動であること。「経路」については，通勤のために通常利用する経路であれば，複数あっても，いずれも合理的な経路です。勤務先に届け出ている経路に限られるわけではありません。交通事情のため迂回する場合なども合理的な経路になります。しかし，特に理由もなく遠回りすると合理的経路とはならないので注意が必要です。

「方法」についても，徒歩，鉄道・バスなど公共交通機関の利用，本来の用法に従った車・バイク・自転車などの使用であれば，勤務先に届け出ている方法でなくても OK です。したがって，B さんが，仮に，いつもは徒歩で，その日だけ自転車だったとしても合理的方法として認められます。

ただし，慌てて信号無視など大きな交通違反で事故を起こしてケガをした場合は，「重大な過失」として，休業給付や傷病給付，障害給付については減額されるので注意してくださいね。「保険」ですから，基本的に，偶発的な出来事ついて給付が行われるのです。この考え方は業務災害でも同じですよ。

寄り道はキケン 4つ目は，移動行為に，合理的な経路の「逸脱」または移動の「中断」のないこと。これは，実際の通勤でとくに気をつけたいところです。というのも，逸脱・中断があると，その時点から「通勤」ではなくなってしまい，ケガをしても通勤災害とは認められないからです。経路に復帰したり移動を再開したりした後でもダメです。例えば，バイトまでまだ時間があるから出勤途中でショッピングを楽しむ。帰宅途中にバイト仲間とファストフード店に寄って話し込んだり，カラオケに行ったり。皆さん寄り道していませんか？ 社会人になれば，飲みに行くことも多いかもしれませんね。

もっとも，通勤経路上の売店での飲み物や雑誌の購入などは，「ささいな行為」として，そもそも逸脱・中断とは考えないことになっています。

ところで，例外的に，逸脱・中断があっても，合理的経路に復帰し移動を再開した後は再び通勤として認められるケースがあります。ただし，逸脱・中断が「日常生活上必要な行為」で「やむを得ない事由により行うための最小限度のもの」に限られます。具体的には，夕食の材料を購入する，書店で本を購入する，散髪に寄る，別に住んでいる家族の介護をする，病院等で受診する，投票に行くなどが認められています。この場合も逸脱・中断の間，例えば，本屋さんに行くため通勤経路を外れている間は，やはりダメです。

緊急の呼び出しは 最後の5つ目は，業務の性質を有する移動行為ではないこと。業務としての性質があれば業務災害となります。例えば，休日に緊急に呼び出し（業務命令）を受けて，出勤するよう

な場合が当たります。

以上，労働者災害補償保険の基本的な内容をひととおり紹介しました。皆さん，興味はもてましたか。この知識を実生活にぜひ役立ててください。

◇この法分野を学びたい！◇

　社会保障制度には，公的扶助（具体的制度としては生活保護），社会保険（年金・医療・介護・雇用・労災の5種類），社会手当（児童手当，児童扶養手当など），社会福祉サービス（高齢者福祉，児童福祉，障がい者福祉などの分野）があります。幅広いですね。ニュースでよく見聞きするのは年金や医療保険でしょうか。確かにその2つで，社会保障の給付にかかる費用全体の約85％を占めています。急速な少子高齢化のなか，給付費はますます膨らむばかりで，政府の一般会計を超える規模となっています。

　社会保障法には，「法」としてだけでなく「（法）政策」としての性格があります。また，内容としては，私達の生活や人生に密接に関わるものです。そこで，人々の生活という視点から，広く社会の仕組みや問題点を学びたい人にとって，お薦めの法分野といえるでしょう。

　社会保障法を学ぶ際の特徴としては，「すそ野が広い」ということでしょうか。様々な一般知識が必要なのはもとより，具体例を挙げると，本文で紹介した労災保険だと労働法の知識が必要ですし，児童福祉分野に含まれる児童虐待防止制度だと民法の知識が必要になってきます。他にも，全体として憲法や行政法などの知識も必要です。

　将来，公務員を目指す人は，ぜひ，本格的に社会保障法を学んでください。その知識や考え方を発揮する機会が必ずくるでしょう。福祉分野を目指す人もそうですね。

　そのほか，保険（民間保険）を扱う仕事を目指す人にとっては，社会保険の知識が役立ちます。また，社会保険に関係する資格には社会保険労務士があります。

　いずれにせよ，仕事や資格のためだけでなく，普段の生活に役立つ実用的な知識が得られるのが，この法分野の魅力だと思います。

【参考文献】

（社会保障そのものを学びたい）

・椋野美智子＝田中耕太郎『はじめての社会保障〔第7版補訂版〕』有斐閣アルマ Basic（有斐閣，2010）
・社会保障入門編集委員会編集『社会保障入門』（中央法規出版）…毎年発行されます。

(社会保障法を学びたい)
・西村健一郎『社会保障法入門』(有斐閣，2008)
・加藤智章＝菊池馨実＝倉田聡＝前田雅子『社会保障法〔第4版〕』有斐閣アルマ Specialized（有斐閣，2009）

衣笠　葉子（きぬがさ　ようこ）

Part 3 社会との接点2 ―トラブルと法―

§4 もしかして…振り込め詐欺？

「振り込め詐欺」とは？

　Aさんは一人暮らしの毎日を送る老人。普段から親類縁者と会うこともなかなかままなりません。そんなところへ突然の電話。受話器を取ると，
「俺だよ，俺。」
　何かあわてた様子の口調ですが，声の様子はどうやら孫のようです。Aさんは思わず久しぶりに聞く孫の声に興奮すると同時に，何があったのかと心配にもなりました。電話口の声は，
「実は急に困ったことになった。お父さんが急病で倒れて，当面の入院費用がいるんだ。お金を何とかしてもらえないか。」
　Aさんはびっくり。息子が病気で倒れて，お金の準備もできないほどあわてているのか，これは大変だ，一刻も早く用意しなければ，と大慌て。
「ひとまず50万円を銀行で振り込んでほしいんだ。口座番号のほうを今から言うから。」
　すっかり頭の中が真っ白になったAさんは，口座番号と，息子の同僚とおぼしき口座名義人の氏名を聞き取って，急いで銀行へ行って50万円を振り込みました。それから，息子を一目見ようと，入院先の病院を確認するため連絡を取ろうとしましたが，なかなか連絡がつきません。家族みんな手が離せないほど慌しいのだろうかと，Aさんの不安はおさまりません。
　夜になって，ようやく娘夫婦と連絡が取れました。入院先のことをたずねると，
「お兄さんが入院したって。そんなこと初めて聞いたよ。」と驚いた様子。それを聞いて今度はAさんがびっくり。慌てて息子宅に電話してみると，息子の元気な声。
「入院してたのじゃなかったのか。」

§4 もしかして…振り込め詐欺？

　Aさんは何がなんだかわかりません。孫に聞いてもそんな電話自体覚えがない，という答え。それではあの電話の声は孫ではなかったのか。
　翌日銀行に問い合わせると，振り込んだ50万円は昨日のうちに引き出されていて，口座名義人に連絡しようにも電話はまったく通じません。
　「だまされた。」
　こんな手口の詐欺が2005年頃から増えてきています。親類縁者になりすまして，急に金が要ると告げて，犯人の指定した口座に金銭を振り込ませて騙し取るのです。その際，自分の名前を名乗ることなく，なれなれしい声で「俺だよ」と言ってくることから，「オレオレ詐欺」と呼ばれるようになったものです。
　その後，この手口の詐欺は，さまざまな変種が出現しましたが，共通点としては，指定された預金口座に金銭を振り込ませるという形がとられる，ということがあることから，これらを総称して「振り込め詐欺」といっています。

「振り込め詐欺」の手口

　「振り込め詐欺」は，上で述べた事例のような急病のほか，交通事故・使い込みの発覚・痴漢容疑での逮捕・借金の取り立てなど，様々な事件・事故を仮装し，かつ親類縁者等を装って，緊急に必要だとされる金銭を振り込ませる，という形から始まりました。その後，被害者を信用させるための手口もどんどん巧妙化して，電話口に弁護士役・警察官役・職場の上司役など複数の人物による役割分担がなされるケースも出てきました。
　次に，架空の料金等の請求書を送りつけたり，家賃の振込先の口座が変更になったとの虚偽の通知を行うことにより，指定口座に請求金額を振り込ませる，という手口が出現します。とりわけ，インターネットのサイトを閲覧中，興味本位でクリックしたことから「情報提供料」なるものの請求書が来ることがあります。この場合は，被害者において架空請求であることに気づかない場合もありますが，身に覚えのない請求だと気づいても，後日「振込がない場合は法的手段に訴えます」という脅し文句が来て，結局仕方なしに

振り込んでしまうケースも少なくありません。

　支払請求とは逆に，資金繰りに困っている者に対して，「融資してくれるところがある」と持ちかける手口もあります。相手方がこの話に乗ってくると，「融資の紹介に当たって，保証金が必要なので，こちらの口座に振り込んでほしい」と指示して振り込ませた上で，姿をくらませるのです。

　さらに，租税の還付・年金その他の公的給付金の支給に関して，「給付を受けるには，手続き上，金融機関に設置されたATMの操作が必要だ」と電話で連絡し，所定の金融機関のATMへと行かせた上で，携帯電話で指示したとおりにATMを操作させる手法も多発しました。この場合，被害者はATMの操作に慣れていない高齢の者が選ばれがちです。被害者としては，ATMを操作することにより所定の給付金がやがて振り込まれると思っているのですが，実際は逆に，被害者の口座から犯人側の口座に一定の金額が振り込まれるような操作をさせられているのです。

　以上のような「振り込め詐欺」の遂行に当たっては，振込先の預金口座を準備する必要がありますが，当然のことながら犯人側は自己名義でない口座を用いることにより，その発覚を防ごうとします。そのような口座を調達する手法としては，他人の名義を無断で用い，あるいは架空人名義で口座を開設する，使っていない他人の口座を譲り受け，あるいは他人に口座を開設してもらった上で，これを譲り受ける，といったものがあります。

　さらに，「振り込め詐欺」においては，被害者側の年齢・職業・資産・収入・家族構成・平素の行動パターンなど，情報収集が重要な意味をもっています。このため，さまざまな名目にかこつけて，これらの個人情報を収集するといった準備行為がなされ，これに基づいてターゲットが決定され，「振り込め詐欺」が遂行されるのです。

「振り込め詐欺」と詐欺罪の成立

　「振り込め詐欺」は，刑法上は，文字通り**詐欺罪**（246条）が成立する場合が多いといえます。刑法の詐欺罪の成立要件を見てみましょう。

　刑法246条1項　人を欺いて，財物を交付させた者は，10年以下の懲役

に処する。

2項　前項の方法により，財産上不法の利益を得，又は他人にこれを得させた者も，同項と同様とする。

すなわち，詐欺罪は，条文を形式的に見ると「人を欺く行為により」「財物を交付させるか，財産上不法の利益を自己又は他人において得る」ことによって成立することになりますが，解釈上は次の要件を満たす必要があるとされています。

① 人を欺くこと（嘘の事実を告げ，又は真実を隠して説明すること）
② それによって，相手方が錯誤に陥ること（何らかの勘違いをすること）
③ そのような勘違いのもと，相手方が金品を犯人側に交付し，又は犯人側に財産的利益を与えるに至ること
④ その結果，犯人側において金品を取得し，又は財産的利益を得ること

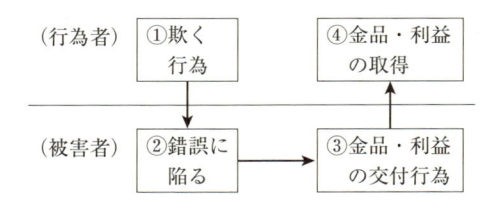

```
(行為者)   ①欺く         ④金品・利益
           行為           の取得
          ↓              ↑
(被害者)   ②錯誤に  →   ③金品・利益
           陥る           の交付行為
```

例えば，代金を支払うつもりのない者が，代金を支払って商品を仕入れるかのように装って，商品を自分のもとに届けさせ，その後商品を速やかに処分して姿をくらませる場合，①売主に対し，代金を支払うつもりがないのに支払うように見せかけて，②売主をそのように勘違いさせて，③商品を届けさせ，④犯人においてこれを受領することが246条1項の詐欺罪（財物詐欺罪）に当たります。また，宿泊施設を利用した者が，出発に際して料金をごまかそうと企て，嘘の内容の領収書を見せて，差額相当分だけを請求させ，その請求額を支払って出発することにより，領収書記載額の支払を免れる場合，①宿泊施設の職員に対し，料金をまだ支払っていないのに一部支払ったと見せかけて，②職員をそのように勘違いさせて，③差額のみの請求をさ

せ，④犯人において領収書記載額相当分の支払を免れることが246条2項の詐欺罪（**利益詐欺罪**）に当たります。

　この要件を「振り込め詐欺」に当てはめて考えよう。

　まず，いわゆる「オレオレ詐欺」の場合，①相手方に対して，近親者でもないのにそうであるかのように見せかけ，かつ，急に金が必要になったとの虚偽の事実を告げて，②相手方をそのように誤信させて，③所定の金額を所定の口座に振り込ませ，④犯人において払戻が可能な状態におく，ということにより詐欺罪が成立することになります。この場合，犯人は正確には自らの口座に預金残高を獲得したのであって，現金を直接手渡しにて得たわけではありませんが，預金口座に振り込まれたのはまさしく現金であって，かつ，振り込まれた金額は犯人において速やかに現金として払戻を受けることができるのですから，財物であるところの金銭を振り込みという形で取得したとして，財物詐欺罪を認めてよいと考えられます。もっとも，すでに預金口座にある残高をそのまま振り込んだ場合は，③所定の残高を所定の口座に振り込ませ，④犯人においてその残高を取得したことが，利益詐欺罪に当たることになりますが，いずれにしても言渡せる刑の範囲は同じく10年以下の懲役となります。

　保証金を装った詐欺や，架空の請求による詐欺についても，③相手方に所定の金額を振り込ませ，④犯人がこれを取得する，という点は同じであって，欺く行為の内容が異なっているにすぎません。前者は，①融資話がそもそも存在せず，したがって保証金の提供が無意味であるにもかかわらず，それが必要だと見せかけて，②相手方にそう誤信させる手段により，後者は，①犯人において何らの請求理由もないのに，情報提供料等の請求理由があるかのように見せかけて，②相手方にそのように誤信させた，という手段により，それぞれ財物詐欺罪ないし利益詐欺罪を犯したことになるのです。

「振り込め詐欺」とその他の財産に対する罪の成立

　ただし，詐欺罪の適用ができない場合もあります。架空請求の場合において，相手方が「この請求には身に覚えがない」と考えた場合，①犯人側によ

る架空請求はなされているが，②相手方がそのように誤信したのではありません。それにもかかわらず，しつこく請求が繰り返され，あげくに「裁判所に訴えます」「職場に連絡します」などと脅し，結局それに屈して請求金額を振り込む場合もあります。この場合は，

　刑法249条1項　人を恐喝して，財物を交付させた者は，10年以下の懲役に処する。

　2項　前項の方法により，財産上不法の利益を得，又は他人にこれを得させた者も，同項と同様とする。

により，財物恐喝罪又は利益恐喝罪として処罰されることになります。この場合は，①相手を脅して，②怖がらせることにより，③所定の金額を振り込ませて，④犯人において当該残高を取得するわけです。このうち，③④の点は詐欺罪と共通であるが，①②の部分すなわち手段としての行為が異なるのです。

　また，①架空請求をしたところ，②相手が請求を受けるいわれはないと気づいたが，③面倒だと思ってそのまま振り込み，④犯人がこれを取得するに至った場合には，③④は相手方の勘違いにもとづくものとはいえませんが，犯人がともかく①の手段にでていることから，

　刑法43条　犯罪の実行に着手してこれを遂げなかった者は，その刑を減軽することができる。（以下略）

　刑法250条　本章の罪の未遂は，罰する。

により，詐欺未遂罪としてなお処罰されることになります。

　次に，租税還付・給付金支給を装って，ATMを操作させる場合にも問題があります。行為者は，①給付金等の支給と無関係であるにもかかわらず，そのために必要だと見せかけて，②相手方にそのように誤信させて，③相手方が犯人の指示通りにATMを操作することにより，④犯人の口座に預金残高が移動した，という手口を用いていますが，問題は③の点です。相手方は預金残高を犯人側に移動するつもりなどそもそもありません。すなわち，財産上の利益を「交付させた」とはいえないのではないか，という疑問が生じます。結局この類型においては，残高を移動させているのは電話で指示を出している犯人側であって，ATMを操作している被害者側ではない，とい

うことになります。つまり，犯人が被害者に無断でATMを操作して預金残高を移動するのと同じです（いわば被害者は犯人の道具として利用されているに過ぎないのです。このような場合を間接正犯といいます）。これは，

　刑法246条の2　前条（246条）に規定するもののほか，人の事務処理に使用する電子計算機に虚偽の情報若しくは不正な指令を与えて財産権の得喪若しくは変更に係る不実の電磁的記録を作り，又は財産権の得喪若しくは変更に係る虚偽の電磁的記録を人の事務処理の用に供して，財産上不法の利益を得，又は他人にこれを得させた者は，10年以下の懲役に処する。

という条文の前段に当たります。すなわち，犯人が相手方をしてATMを操作させることにより金融機関のコンピュータに事実に反する預金残高の移動情報を与え，これを記録させることによって自己の口座に預金残高を取得したものとして処罰されるのです。これを電子計算機使用詐欺罪といいます。ちなみに本条の後段部分は，磁気部分を改変した（すなわち磁気記録が虚偽内容である）鉄道乗車券を，運賃徴収の事務処理に用いる自動改札機に投入して，不正に鉄道の利用という財産上の利益を得る場合などを処罰するものです。

「振り込め詐欺」における複数人の関与

　なお，「振り込め詐欺」においては，上に述べたように，事件・事故を仮装する者，振り込み先を指示して振り込み金額を受領する者，振り込みに必要な預金口座を調達する者，これらの者をいわば総元締めとして取り仕切る者など，複数の者が手分けして犯罪を遂行する場合が少なくありません。この場合，架空の事件・事故の発生を知らせる者は，①②の部分を遂行していても，③④は自分では行っていません。他方，振り込みの指示を行う者は，③④の部分を遂行しながら，①②は自分で行っていません。さらに，預金口座の調達者や，総元締めに至っては，①②③④いずれの部分についても自分で行っているとはいえないのです。しかしこれらの者はいずれも，一連の「振り込め詐欺」に必要な行為を分担して行っています。このうちのいずれの行為が欠けても，「振り込め詐欺」は成り立たないのです。すなわち，複数の者が自らの分担部分を実行することによって，初めて，1人ではできな

いような大掛かりな犯罪が可能になるのです。このような場合を処罰するために，

　刑法60条　2人以上共同して犯罪を実行した者は，すべて正犯とする。
という規定があり，これによって全員が詐欺罪の共同正犯として処罰されることになります。特に，口座調達者や総元締めのように，条文上詐欺罪の成立要件とされる①②③④のいずれの行為をも分担していないが，実質的に犯罪の実現に不可欠な関与をしているために，共同正犯として扱われる場合，これを共謀共同正犯といっています。

　さらに，これが団体の活動として，当該行為を実行するための組織により行われたときは，「組織的な犯罪の処罰及び犯罪収益の規制等に関する法律」（組織犯罪処罰法）3条1項9号により，1年以上20年以下の懲役で処罰されることになります。

「振り込め詐欺」と預金口座の不正利用

　この他，他人ないし架空人名義の預金口座を用いることにより，金銭を振り込ませた場合には，その金額について，誰が実際にこれを取得したのかが不明になってしまいます。そこで，組織犯罪処罰法10条は，これを犯罪収益隠匿の罪として，5年以下の懲役・300万円以下の罰金・又はこれら双方をもって処罰することとしていることから，これと詐欺罪との関係が問題となります。このような場合，

　刑法54条1項　1個の行為が2個以上の罪名に触れ，又は犯罪の手段若しくは結果である行為が他の罪名に触れるときは，その最も重い刑により処断する。
という規定により，1個の行為により複数の罪を犯した場合（観念的競合）として，刑法246条と組織犯罪処罰法10条とを比較して重いほうの刑，すなわち，10年以下の懲役のみで処罰するか，これに300万円以下の罰金を併せて科すこととなります。

　なお，預金口座を不正に取得する行為については，「犯罪による収益の移転防止に関する法律」（犯罪収益移転防止法）26条において，不正取引に用い

る目的で他人から口座を譲り受ける行為が50万円以下の懲役で処罰される（そのような事情を知って譲り渡した者も同じ。なお、これらの行為を職業的に行った者は2年以下の懲役・300万円以下の罰金・又はこれら双方で処罰される）ほか、他人ないし架空人名義で、あるいは他人に不正に使用させる目的を隠して、正常な預金者を装って、金融機関に口座を開設し、預金通帳の発行を受ける行為については、判例によればそれ自体が財物詐欺罪に当たるとされています。

◇この法分野を学びたい！◇

刑法は、どのような行為が犯罪となるのか（例えば窃盗＝他人の財物を窃取すること）、そして、それに対してどのような刑罰が科されるべきなのか（例えば窃盗罪に対しては、1ヶ月から10年までの懲役か、あるいは1万円から50万円までの罰金が科される）、ということを規定する法分野です。その中心となるのは「刑法」という名称の法律ですが、これ以外にもさまざまな法律において、犯罪とされる行為に対して刑罰を定める規定がおかれています。

①「刑法」（刑法典）

第1編（総則）と、第2編（罪）からなります。第1編は、刑罰制度（死刑・懲役・罰金などの内容、有罪になっても刑が執行されない場合など）についてと、一般的な犯罪の成立要件（例えば、通常は犯罪とされる行為であるが防衛行為・精神病などを理由に処罰されない場合、犯罪行為に取りかかったが成し遂げられなかった場合、二人以上で犯罪に当たる行為をした場合など）について定めています（刑法総論）。第2編は、殺人・傷害・窃盗・強盗・詐欺・放火・偽造など、主要な犯罪の成立要件を定めています（刑法各論）。

②その他の法令の刑罰規定

刑法典以外に、犯罪となる行為を定める多数の法律があります。組織的な犯罪の処罰及び犯罪収益の規制等に関する法律（組織犯罪処罰法）、児童買春・児童ポルノに係る行為等の処罰及び児童の保護等に関する法律（児童買春処罰法）、不正アクセス行為の禁止等に関する法律（不正アクセス禁止法）など、新たな犯罪現象に対処するための法律はもとより、道路交通法（自動車・自転車・歩行者の通行のしかた）、覚せい剤取締法（薬物乱用の防止）、廃棄物の処理及び清掃に関する法律（ごみの処分）、金融商品取引法（株の売買）などのさまざまな生活分野について規律する法律の多くは、犯罪となる行為を定めています。

【参考文献】

・佐久間修＝高橋則夫＝宇藤崇『いちばんやさしい刑事法入門〔第2版〕』（有斐閣、2009）
・木村光江『刑事法入門〔第2版〕』（東京大学出版会、2001）

伊藤　渉（いとう　わたる）

Part 3　社会との接点2―トラブルと法―

§5　犯罪の被害を受けてしまったら？

被害者学とは

　みなさんもテレビや新聞等で，犯罪，自然災害や権力の濫用等のなんらかの被害を受けた人は心身ともに傷つき，受けた被害の回復が大変であることを知ることがあるかと思います。被害者学は，このような被害を受けた被害者の特徴，その被害予防，被害者が被害を受ける前の状態になるように立ち直りを支援するといった広い内容を研究する学問です。

　この被害者学のなかで，その被害者が受けた被害を犯罪に限られずに，自然災害や権力の濫用等の被害者を含むものを一般被害者学と言い，犯罪だけに限定する学問を犯罪被害者学と言います。犯罪ではない被害を受けた人は，犯罪被害者学の対象にはならないでしょう（台風で土砂崩れになって体育館で避難生活をする人は，犯罪被害者ではなく，一般被害者学で研究されることになります）。以下，犯罪被害者学についてみてみましょう。

　まず，被害者学はどのように誕生したのかをみてみましょう。一般に，殺人や窃盗といった犯罪が発生すると，私たちは，その犯罪を行った犯人は悪い人だ，犯人を懲らしめるために死刑にしたり，刑務所に入れたりといった刑罰を科さなければならないと考えることが多いと思います。そう考える前提には，そのような犯罪を生じさせた原因が加害者にあると考えるからであろうと思います。犯罪と刑罰に関する刑事法学の中には，犯罪が発生する原因やどのような環境等で犯罪が発生しやすいのかといったテーマ等を研究する犯罪学という学問があります（例えば，男性が犯しやすい犯罪は，殺人，傷害，強盗といった犯罪が多く，女性が犯しやすい犯罪は，生まれてきた赤ちゃんを殺害する嬰児殺が多く，社会的な地位の高い人（例えば企業の重役等）が犯しやすい犯罪は，殺人や強盗よりも横領や背任であったりすることが多いです）。この犯罪学においては，犯罪発生原因が加害者側にある生い立ち，境遇，環境にあると考えられてきま

した（この理論を犯罪原因論といいます）。しかし，第2次世界大戦前後，犯罪発生原因は，加害者側だけではなく，犯罪の被害を受けた者が加害者を挑発したり，被害者の側に何らかの落ち度があるから犯罪が発生するのではないかという仮説が提唱されました。例えば，Aさんが彼女と道を歩いていたところ，昨日彼女に振られたばかりの見ず知らずのBさんにすれ違いざまに，「馬鹿野郎！」と言われて，かっとなって殺意を覚え，また，Aさんが彼女の前でかっこいいところを見せようと思って，Bさんに回し蹴りをしたら足がBさんの頭にあたってBさんが死亡したとします。この場合には，Bさんが死亡したことに着目すれば，回し蹴りをしたAさんが悪いのですが，もし，Bさんが「馬鹿野郎！」と言わずにAさんとすれ違っていたのならば（私たちが街を歩いていて，見知らぬ人とすれ違ったら，いつも回し蹴りをされたりするわけではないですから），Bさんが死亡した原因は「馬鹿野郎！」と言った被害者のBさん本人にあることになるでしょう（だからといって「馬鹿野郎！」と言われて回し蹴りをして良いわけではありません）。

　また，犯人は自分が行った犯罪が成功するように，犯罪を行う際に，抵抗を受けないあるいは抵抗を受けても自分のほうが強くて抵抗に対応できると考えられる被害者を狙って，犯罪を行うことがあります（これを，指名性の理論と言います）。例えば，前の籠に財布を入れて自転車に乗っている人を後ろからバイクで追いかけて，追い越し様に，財布を籠から抜きとるような犯罪（窃盗または強盗）が行われ，逮捕された犯人が「この被害者（例えば，子ども，女性や老人であることが多いです）だったら，引ったくりをしても捕まらないと思って狙った」といったことを供述することがあります（だからこそ，最近では，加害者の行動や供述等から，犯罪を予防しようとする考えが強くなってきており，例えば，自転車の防犯ネットを籠にかぶせましょうとか，泥棒に狙われないように家の鍵を変えましょう等ということがよく言われていますよね）。

　これらの例からも明らかなように，誕生当初の被害者学は，被害者の側にある何らかの落ち度，軽率な行動や被害を受けやすい状況にあることが犯罪を引き起こす原因の1つであるということを明らかにしました。その後，犯罪被害者の落ち度や軽率な行動を指摘することは，犯罪被害者に対して酷なことであること等から，このテーマについての研究はあまり行われなくな

り，他方では，被害者学の対象が犯罪被害者以外の被害者にも広がるようになってきましたし，犯罪被害者学のなかでも，刑事裁判で犯罪被害者が辛い状況に置かれていることを改善することが研究されるようになってきました。

刑事裁判と犯罪被害者

　刑法で定められている犯罪の被害を受けた人は，まぎれもなくその被害者本人です。しかし，わが国の刑事裁判では，検察官が犯人を起訴するかどうかを決め，起訴する場合には，起訴状に書かれた過去に行われたとされる犯人の犯罪行為を，検察官が証拠を用いて犯罪があったことを立証していきます。検察官により訴えられた犯人は被告人と呼ばれ，憲法で保障された権利として，弁護人による弁護を受けながら，検察官の主張に対して，そもそもそのような犯罪行為がなかった，もしあったとしても，被告人が受ける刑事責任は軽いこと等を主張することができます。そして，検察官からも被告人・弁護人からも中立的な立場に立つ（よくスポーツの審判であるとも例えられる）裁判官によって，検察官の主張が証拠によって，被告人が犯人であることが合理的な疑いを超える程度（90％以上の確率で被告人が犯人であることと言われます）に立証された場合には，被告人に有罪判決が言い渡され，そうでない場合には，被告人に無罪判決が言い渡されます。

　この刑事裁判の流れを，先程の回し蹴りを例にして説明しましょう。AさんがBさんに回し蹴りをした場面がCさんに目撃され，110番通報され，警察官がAさんを逮捕したとします。回し蹴りでBさんが死亡したことは，刑法199条で規定されている「人を殺した者は，死刑又は無期若しくは5年以上の懲役に処する」ことに当てはまりますので，Bさんを殺したAさんには，刑事裁判で「死刑又は無期若しくは5年以上の懲役」の範囲の中で最もAさんが行った犯罪とバランスの採れた判決が言い渡されることになります。この刑事裁判では，検察官が起訴状に書いた過去に行われたとされるAさんの犯罪行為を，検察官が証拠を用いて，それがあったことを立証していき，Aさんに殺意があったこと，AさんがBさんに回し蹴りをした結

果Bさんが死亡したこと，Aさんが法廷にいる被告人であること，Bさんがすれ違いざまに「馬鹿野郎！」とAさんに言ったことが，証拠によって合理的な疑いを超える程度に立証されている場合には，被告人のAさんに有罪判決（例えば，懲役5年）が言い渡されます。しかし，この刑事裁判では，被告人（＝Aさん）は，Bさんを回し蹴りで死亡させたことは確かだったとしても，すれ違った見ず知らずの人をいきなり回し蹴りをする場合と，そうではなくて，見ず知らずのBさんからすれ違いざまに「馬鹿野郎！」と言われて，かっとなってBさんに回し蹴りをした場合には，Aさんに科せられる刑事責任は同じでしょうか（一般に，被告人の刑事責任が重い場合には言い渡される判決が重く（例えば，懲役10年の実刑判決），軽い場合には言い渡される判決が軽くなります（例えば，懲役2年執行猶予5年））。法律学においては，社会で何らかの法律問題が発生したときに，例えば，人の命を奪う死刑，人の自由を奪う懲役刑のように，人に対して最も強い義務を課すものが刑法ですから，その人が行った犯罪行為によって発生した結果とバランスのとれた刑罰を科さなければなりません（急に雨が降ってきたので，高校の玄関の傘立てにあった誰のものかわからないビニール傘を使って帰宅して，翌日，気づかれないように傘を戻した場合と猟奇的な趣味から猟銃で20人を次々と殺害した場合に，両方のケースの被告人に同じく死刑判決を言い渡すことにはバランスが取れているでしょうか？）。

　しかし，刑事裁判では，起訴された被告人に無罪判決が言い渡されることがあります。正義感の強い人であれば，起訴された犯人に無罪判決が言い渡されるのはおかしいと思う人もいるでしょう。例えば，皆さんも満員電車のなかでお尻を触られるといったいわゆる痴漢事件で，被告人に無罪判決が言い渡されることを知っているかもしれませんが，無罪判決が言い渡される理由の1つは，被害者は痴漢の被害を受けたことは明らかだけれども，法廷にいる被告人が本当に被害者のお尻を触った犯人であるのかを合理的な疑いを超える程度に立証できなかったことから，疑わしきは被告人の利益という原則を適用したからです。また，その一方で，残念なことに，痴漢で逮捕されたり起訴されたくない心理状態に付け込んで，本当は痴漢の被害がなかったのに痴漢の被害を受けたとしてうその申告をして，加害者とされる人から告訴をしないから示談金を支払ってもらいたいという虚偽告訴や恐喝といっ

た犯罪をする「被害者」を装う犯人がいることもあります。このようないわゆる痴漢狩りによって起訴された犯人は，犯罪を行っていないのに刑罰を受けることは正義に反するでしょう。このような事件の場合には，犯人として起訴された被告人には，弁護人の力を借りながら，裁判で無実を主張することができるような機会を保障しなければならない場合もあるのです。刑事裁判では，色々なケースを考え，被告人に憲法上の権利を保障しながら，証拠によって被告人が有罪か無罪かを判断されるようなシステムを採用しています。

　被害者も犯罪の当事者ではありますが，このようなシステムでは，犯罪を行ったとされる加害者を逮捕したり証拠を収集する捜査手続と犯人に刑罰を科すかどうかを決める刑事裁判（公判手続）は，国と加害者の間の関係になり，被害者は蚊帳の外に置かれることになります。というのも，わが国では検察官しか起訴をすることができませんので，検察官が合理的な理由があって起訴しない場合には，その犯罪を行ったとされる加害者には刑罰を科すことができません。また，刑事裁判では，検察官が被告人の犯罪を立証するので，犯罪被害者は法廷の柵の中には入れず，被告人の犯罪行為を立証したり，被告人に質問をしたり，被告人に懲役10年にするようにと裁判所に主張すること（これを求刑と言います）ができませんでした。しかし，2007（平成19）年の法改正によって，殺人事件といった特に重大な事件の犯罪被害者は，一定の条件がある場合には，法廷のバーの中に入り，検察官の横に座って被告人や証人に質問をしたり，求刑をすることができるようになりました。

　ところで，刑事裁判では，犯罪被害者は犯罪という事件の当事者で，事件についてよく知っておりますので，証人として裁判に参加することが求められます。日本の刑事裁判は，密室で裁判が行われないようにするために，憲法では，被告人が出席している法廷で，誰でも傍聴できるような状態で裁判が行われなければならないとしています。しかし，犯罪被害者が証人となった場合には，被告人の前で，また事件と関係のない人も傍聴していることもある法廷で，例えば被害者が犯人に恐怖心を抱いていたり，性犯罪の事件のように，自分のデリケートでプライベートな点について証言することは，そ

の被害者である証人にとっては，多大な精神的な負担であり，思い出したくもない犯罪を思い出させることにもなりかねません。このような証人の負担を軽減しながら，被告人が本当に犯罪を行ったかどうかを明らかにするために，証人と被告人や傍聴人との間にアコーディオンカーテンを置いたり，証人を法廷とは別の部屋で証人尋問ができるようにするためにモニターを法廷に設置するといった証人保護策が採られています。

　実際の刑事裁判では，被告人は検察官の起訴状に書いた犯罪行為がなかったことを前提として，検察官の立証にアリバイ証人やアリバイの証拠を出しながら，検察官の主張が誤っていると主張することができます。しかし，このような点が，犯罪被害者の立場から見たときにはどうでしょうか。例えば，街で大学生のDさんが一目ぼれをしたEさんをナンパして，居酒屋でお酒を飲んで，その後，Eさんの家まで送っていったら，Eさんが「コーヒーでも飲まない？」と言ってDさんをEさんの部屋に招き入れたところ，Eさんの部屋に入ったDさんがいやがるEさんを強姦したとします。強姦罪は，刑法177条で，「暴行又は脅迫を用いて13歳以上の女子を姦淫した者は，強姦の罪とし，3年以上の有期懲役に処する。13歳未満の女子を姦淫した者も，同様とする」と規定されています。この強姦罪が成立するための重要な条件の1つには，被害者のEさんがセックスをすることを拒絶していなければなりません。被告人は，刑事裁判では，Eさんが自分の部屋に招き入れたから，てっきりセックスをすることに同意したと思ったと裁判で言ったりすることがあります。自分の扱う事件について見たり聞いたりした裁判官は裁判を行うことができませんから，裁判官は，このような事実があったのかどうかを，検察官および被告人・弁護人が出してくる色々な証拠から判断して，被告人の有罪・無罪を判断します。その際に，犯罪が発生したときの被害者の態度が，犯罪が成立するかどうか，または，刑が重くなるか軽くなるかといったかたちで，クローズアップされてきます。そのため，被告人・弁護人が被害者の落ち度や有責性といったものが裁判で主張される場合には，被害者にとっては辛いのですが，裁判官が，直接，被害者を証人として法廷に呼んで，本当に犯罪という事件があったのか，あったとしたら，被告人の刑を軽くするか重くするかを裁判官が直接判断するために，被害者の

落ち度や有責性といったものがあったのかどうかを調べられることもあります。そうだからこそ，証人保護が重要になってくるのです（例えば，強姦罪は密室で行われることが多く目撃者が少ないために，裁判で，被害者と加害者の間で合意があったかどうかが問題となることがあります。2人の間で合意があった場合には強姦罪は成立しませんし，初めて会った男性を自宅に招き入れることが女性の無用心であったと評価される場合と女性がドアを閉めようとしたら無理やり部屋に入ってきて強姦の被害を受けた場合では，後者のほうが重い判決が言い渡されるでしょう）。

児童虐待

みなさんも児童虐待という言葉を聞いたことがあると思います。児童虐待は，子育てをする権利と義務を持っている（これを親権と言います）父親や母親といった身近な人によって，殴打や骨折をさせたり，子どもをポルノグラフティに使用したり，育児放棄をしたり，言語によって（例えば，お父さんやお母さんが注意するときに，度を越して「言うことをきかないと橋の下に捨てるから！」と言うことも，虐待にあたることもあります）子どもを虐待したりして，引き起こされることがあります。子どもは幼ければ幼いほど父親や母親に依存しなれば生きて行けないので逃げられにくいこと，虐待はしつけと区別できなかったり，虐待が行われていることか外から分かりづらい家のなかで行われ，児童相談所の職員や警察官が家の中に入りにくく，児童相談所の職員が虐待の被害を受けた児童を発見したときには，すでに死亡していたり重体であるケースがあったりします。虐待を受けた児童を保護しても，親権があるからと言われると，その児童を引き渡さざるをえないこともありますので，この問題は深刻です（最近では，児童虐待を行った親から親権を剥奪できるように法改正をすることも議論されています）。しかも，非行を行って少年院に入っていたり，児童虐待を行っている加害者の中には，幼少の頃に虐待を受けた経験のある被害者であったりすることもあります（これを虐待の連鎖と言います）。そのため，このような犯罪を減らすためには，このような虐待の連鎖を断ち切ることをしなければならないのです。

犯罪被害者の支援

　犯罪の被害を受けた被害者は，犯罪により，身体が傷付いたり，障害が残ったり，精神的なショックから外に出られなくなったり，他人との付き合いができなくなったり，失業することもあります。また，犯罪被害者の家族等にも，家族や知人の対応でさらに傷付いたり（慰めようとしたところ，かえって傷付けてしまうケースもあります），家族の調和が乱れたり，近所のうわさ話や変な目で見られる，マスコミによって犯罪とは直接に関係のない家族関係といったプライバシーが暴かれる報道がされたり，誤った内容の報道がされたりすることがあります（みなさんもテレビを見てますと，インタビューを受けた人が「あそこの娘さんは可愛かったからたくさんいい男を連れて歩いていたのに，犯人に殺されるのはひどい」といったことを言ったりしますよね）。また，犯罪被害者は刑事裁判に協力する必要があるので，事情聴取で警察や検察に行ったり，証人として裁判所に行かなければならないこともあります。例えば，子ども2人のいる専業主婦の一家の大黒柱の父親が犯罪により死亡した場合には，その後の生活が大きく変わることもあるでしょう。例えば，子どもの学費を支払うために，また，もしローンが残っていれば，ローンを返済したりするために，専業主婦は働かなければならない場合も出てくるでしょう。最近では，このような犯罪被害者が被害を受けた後に，犯罪被害を受ける前の生活状態にスムーズに戻ることをサポートするために各地に**民間支援団体**が設立され，それぞれの犯罪被害者の状況に応じて，警察や検察での事情聴取，裁判所への出廷への付添い，民事訴訟の準備や加害者との和解，被害者の治療（心理カウンセリング等も含む），葬式，引越，家族のまとまりの回復や保険会社への請求，失業・再就職やマスコミの取材対応等といった多くの分野の支援策が提供されています。

さいごに

　犯罪被害者は被害を受けた苦しみがあります。社会のなかで被害者が再び犯罪を受ける前の生活状態になるように社会全体で被害者をサポートする社

会を実現するようにしなければなりません。まず犯罪が発生しないように，犯罪予防をさらに進める必要があります。また，不幸にも犯罪が発生してしまったならば，その犯人の有罪・無罪を明らかにする刑事裁判では，被害者の立場を考えれば被告人を重く処罰することは一面では正しいのですが，刑事法の世界では，有罪判決を言い渡された被告人（加害者）を懲らしめるだけではなく，社会に戻って犯罪をしないようにすることも考えて，刑罰という峻厳な制裁を加えるものです。犯罪被害者の問題を考える場合には，被害者の尊厳を保障しながら，被害者の支援と犯罪者（被疑者・被告人）の社会復帰といったことも同時に考えなければなりません。

```
─────刑事裁判のレベル─────
被害者は参考人や証人として事件
の事情を聴かれることがある

犯罪の発生 ──刑事裁判（犯罪捜査・公判手続）──→ 犯罪の被害を受ける以前の生活

─────被害者の生活のレベル─────
被害者の死亡
被害者の受傷・後遺障害・精神的なショック等の治療
葬式，引越，家族のまとまりの回復，保険会社への請求，失業・再就職，マスコミの取材対応等

犯罪被害者の支援の対象とその範囲
```

◇この法分野を学びたい！◇

　殺人や強盗といった犯罪が発生すると，被害者は多くの被害を受けます。犯人が有罪判決を受けて刑務所で刑罰を受け終われば，その加害者はその犯罪の責任を果たしたことになります。しかし被害者はどうでしょうか。加害者が逮捕されたり，起訴されたり，有罪判決を受けたからといって，殺人事件で殺された被害者が生き返るように，犯罪で受けた被害が全て回復されるわけではないでしょう。なにょりも犯罪によって今までの生活が送れなくなったり，裁判に協力したりしなければならないこともあります。ここでは，犯罪被害者について研究する新しい学問の被害者学について勉強しましょう。被害者学を勉強するときには，デリケートな問題を扱うものという意

識を持って,どちらか一方の立場に偏ることなく,現行法制度の基本的な価値観を前提とした上で,広い視点から冷静に勉強しましょう。ちなみに,被害者学は,憲法,民法,刑法,刑事訴訟法といった色々な法律が関わってくる複雑な学問です。

【参考文献】
・小西聖子『犯罪被害者の心の傷』(白水社,1996)
・地下鉄サリン事件被害者の会『それでも生きていく』(サンマーク出版,1998)
・河原理子『犯罪被害者』(平凡社,1999)
・酒巻匡編『Q&A 平成19年犯罪被害者のための刑事手続関連法改正』(有斐閣,2008)
・内閣府編『平成21年版犯罪被害者白書』(2009)

滝沢　誠(たきざわ　まこと)

Part 3

社会との接点3
―社会問題と法―

§1 生命(いのち)は自分のものか,みんなのものか？―臓器移植―
§2 薬の安全を守る仕組みと行政の賠償責任
§3 医療過誤における被害者の救済
§4 私はやってない！―なぜ冤罪(えんざい)がうまれるのか？―
§5 ドメスティック・バイオレンス(DV)をなくすために

Part 3　社会との接点3 ―社会問題と法―

§1　生命(いのち)は自分のものか，みんなのものか？ ―臓器移植―

はじめに

　以前と比べて，殺人行為などが必ずしも増えているわけではありませんが，最近は，凶悪な犯罪が多く報道されています。大学生を殺害し，バラバラにして山中に遺棄したり，歩行者天国の繁華街で自動車を暴走させて，無差別に人を轢いたり，歩行者を刺殺したりするといった痛ましい事件も起きました。皆さんは，「人の生命」が最も重要な価値であることはわかっているでしょうし，改めて教えられる必要はないでしょう。刑法199条は「人を殺した者は，死刑又は無期若しくは5年以上の刑に処する」と規定し，殺人行為に対して厳しい刑罰を科すことにしていますが，このような刑法の条文を知らなくても，「人を殺すことはいけないことだ」ということは，万国共通の常識に属するはずです。そして，近代国家においては，「人の生命」が最も重要な価値であることも，独自の宗教観，政治観をもっている人以外にとっては常識です。

　近代国家における法は，この常識通り，憲法においても，刑法，その他の法においても「人の生命」に最も重要な価値をおいて，保護しようとしています。しかし，「人の生命」を保護するのは当然のこととしても，単純に解決できない問題が生じることもあります。本講では，「人の生命」を救うことを究極の使命とする医療の場面において，法が「人の生命」をどのように保護しているのかを考察してみることにします。

　さて，「生」の反対は「死」ですが，皆さん自身，「死」はテレビや新聞では知ることがあっても，自分自身の「死」については，思い浮かべたことすらないかもしれませんし，家族や肉親などの「死」にも直面したことがないとすれば，「死」は未知のできごとということになります。法が「生」「死」をどのように扱い，また，扱うべきかについて考えることは，法を学ぶ際に

必要とされる想像力を働かせる訓練にもなるでしょう。

医療と法

　厚生労働省の調査によれば，日本の平均寿命（0歳児の平均余命）は，第2次世界大戦後の1947（昭和22）年では男性50.06歳，女性56.96歳であったのに対し，2008（平成20）年には男性79.29歳，女性86.05歳となっており，飛躍的に伸びています（平成21年版厚生労働白書）。これには様々な要因が考えられますが，人の健康に医療が果たしている役割が大きいことはいうまでもありません。

　インフルエンザにかかれば病院に行って注射をしてもらうでしょうし，大けがをしたり，がんなどの病気にかかったりすれば，手術をしてもらうことになります。これによって健康を回復したり，痛みを和らげたりします。現代の生活では，病院が欠かせませんし，何かあれば，医師の診断と治療を受けることができると考えるので，私たちは安心して生活ができるのです。

　さて，医療と法は，一見するとまったく関係ないように思えるかもしれません。医療に従事する人は医学部などで勉強するわけですし，法に携わろうという人は法学部，法科大学院に進学するのが普通であり，学問分野としても接点がないように思えるかもしれません。ところが，みなさんは，「病院で手術ミスをしたために，患者が死亡した」とか，「薬害のために患者が肝炎やHIVに感染した」という話を聞いたことがあるでしょう。このようなことが生じたときには，医師や製薬会社は，民事上の損害賠償責任を負いますし，刑法上も，不注意に人を傷つけ，生命を奪ってしまったことを理由に，処罰されることがあるのです（たとえば，業務上過失致傷罪（刑法211条1項）として）。これは，外科手術や薬自体が患者の生命や身体に対して危険性をもっていることと関係するわけです。

　このような医療事故の場合に，民法や刑法が関係してくることは，何となくわかるかもしれませんが，実は，このような「事故」の場合以外でも，医療に法が関わってくる場面があるのです。本講では，医療において，「生」と「死」に直接的に関わる例として，「臓器移植」を挙げて，刑法の観点か

ら検討してみることにしましょう。

臓器移植と法

(1) 臓器移植の必要性

2009（平成21）年の国会で、いわゆる臓器移植法の改正法が成立しました。臓器移植法は、1997（平成9）年に制定された法律であり、一定の条件の下で、他の人から臓器を移植することを許容するものです。

人の臓器には、腎臓などのように2つあって、その1つを摘出したとしても、残りの1つが正しく機能していれば、ほとんど支障なく生きていけるものや、胃のように、切除した場合には、他の機関がその代わりをすることで、生命を維持できるものもありますが、他方で、心臓のように、1つしかなく、それを取り出してしまうと、基本的に生きていけないものもあります。それでは、心臓に重大な病気があり、もはやそれを治すことができない場合には、死を待つしかないのでしょうか。人工の臓器があって、機械の部品を取り替えるように、使えなくなった心臓と入れ替えることができればいいのですが、残念ながら、現在の科学は、そこまでは到達していません。一時的に心臓に代わる人工心臓は開発されていますが、それを埋め込んで、本物の心臓と同様に長期間にわたって働かせることはできないのです。

それでは、治癒することのない心臓病にかかってしまい、それが機能しなくなるのが時間の問題となってしまうと、もはやあきらめるしかないのでしょうか。

他の人の心臓をもらってくるという手が残されています。しかし、心臓を移植してもらった人（レシピエント）はそれで助かるかもしれませんが、心臓は1つしかなく、それがないと生きていけないわけですから、心臓を提供した人（ドナー）は、自分の身体から心臓を取り出すことによって、もはや生きていけなくなってしまうのです。つまり、ある人の生命と引き替えに別の人の生命が救われることになるのです。

(2) 殺人の禁止と臓器摘出・移植

本講の冒頭で述べましたように，現代社会において，「生命」は最も尊重され，人の生命を故意に奪った場合には，殺人罪として処罰されることになります。そうだとすると，ある人の生命を救うためであっても，別の人の生命を犠牲にすることは許されないことになりそうです。それでは，ある人が別の人（家族，親族であるかもしれないし，全くの他人であるかもしれませんが）を救うために，自分の心臓を提供する，すなわち，自分の生命を犠牲にすると申し出たとすれば，その申し出に従って，心臓を取り出し，移植することは許されるでしょうか。

日本では，刑法202条で「人を教唆若しくは幇助して自殺させ，又は人をその嘱託を受け若しくは承諾を得て殺した者は，6月以上7年以下の懲役又は禁錮に処する」（自殺関与・同意殺人罪）と規定しています。自殺をするように唆したり，自殺の手助けをしたりすることは処罰されますし，本人が承諾した場合や，さらには，積極的に頼んだ場合でも，その人の生命を奪うことは禁止されており，処罰の対象となるのです。そうすると，犠牲的精神によって自分の心臓を提供しようと申し出たとしても，心臓が摘出されれば死亡してしまうわけですから，摘出した医師は処罰されることになります。

(3)「死」の概念

それでは，処罰されることなく，心臓を移植することは，不可能なのでしょうか。まず考えられるのは，死亡した人の心臓を提供してもらうことです。そうすれば，「死んでいる人を殺すこと」はできませんから，死体損壊罪（刑法190条）が成立する可能性はあったとしても，殺人罪や同意殺人罪が成立することはありません。しかし，心臓が止まってしまってから，それを取り出して，移植したとしても，それが十分な働きをすることはできないのです。やはり，動いている心臓をもらってこなければ，重い心臓病に苦しんでいる人の生命を救うことができないことになります。

ここでちょっと立ち止まって考えてみましょう。私たちは，何をもって「人の死」と考えているのでしょうか。近親者の「死」に立ち会ったことがない人も多いかもしれませんが，従来は，①脈拍が停止している（心臓停

止）、②呼吸が停止している、③瞳孔の反射が消失していることによって、「死亡した」とされ（いわゆる三徴候説）、それらの状態が発生したことで、近親者も「死」を受け入れてきました。

ところが、人工呼吸器（生命維持装置）の発達によって、脳の病気、脳に対する外部的損傷を原因として、脳が機能しなくなっても、人工的に呼吸と血液循環を一定期間維持できるようになりました。「死」に至る人の数％にしかすぎませんが、まず、脳の機能停止が生じ、あるいは、脳の組織が破壊されても、人工呼吸器によって血液循環、呼吸が維持された「脳死状態」が生じるようになりました。

このような「脳死状態」は、従来の三徴候説によれば「生」ですが、正しく判定されている限りでは、「脳死状態」になった以上、この状態から脱し、元の状態に戻ることはないとされていますので、この状態は「死」であると考えることも可能となります。このように、心臓や肺が機能していても脳が機能しない状態を「死」とする考え方は、「脳死説」と呼ばれています。脳死説によれば、「脳死状態にある人」は「死者」になるわけですから、心臓が動いている脳死者（＝死者）から心臓を提供してもらうことは、殺人罪、同意殺人罪にはあたらないことになります。

(4) 立法による解決

現行法では、何をもって「人の死」とするかの規定が欠けており、従来は三徴候説が慣習的な「死の概念」を示すものとされるにとどまっています。先ほど述べましたように、心臓が動いていても、脳の機能が消失した（脳が死んだ）状態を「死」として、「死者」から心臓を取り出すことができるようにするためには、「脳死をもって人の死とする」ことを法律で定めるのが最も明確なはずです。

他方、「脳死状態」を生じるのは全体の数％にすぎませんから、それ以外の場合には、やはり、脈拍が止まり、呼吸が止まり、瞳孔の反射が消失したことで「死」が訪れると考えられます。また、脳死状態になっても、人工呼吸器を用いれば、一定限度で心臓が動き、呼吸が継続しますし、体温も維持され、血色もいいわけですから、この状態を「死」であると法律で決められ

（臓器移植ネットワーク・ホームページ）

ることには抵抗を感じる人も多いのではないでしょうか。

(5) 1997年の臓器移植法

そこで、法律で「死」を明確に定義することなく、どのような条件がそろえば臓器を取り出すことが許されるのかを明確にしたのです。

1997（平成9）年に制定された臓器移植法は、臓器は「死体」から取り出す（摘出する）ことができること、そこでいう「死体」には脳死した者の身体を含むことを規定し、脳死状態の人から臓器を摘出することを認めました。その際に、臓器を提供する本人が、提供する意思（法律用語では、「意志」の代わりに「意思」を用いることが多いのです）を書面で表示していることを前提とし、そのうえで、遺族が臓器提供を拒まないこと、または、遺族がいないことを臓器摘出のための条件としたのです（臓器移植法6条1項）。みなさんも、「ドナーカード」を見たことがあるのではないでしょうか。そこには、「脳死になった場合に提供する臓器」、「心臓死に至った場合に提供する臓器」に○印をつける欄があり、本人の署名と日付を書くことによって、「書面による提供の意思表示」ができるようになっているのです（上図を参照して下さい）。また、インターネットによる意思登録も可能です。

(6) 1997年臓器移植法の問題点

1997年に臓器移植法を制定した際に、施行後3年を目処に検討を加え、必要な措置を取ることを定めました（同法附則3条）。当初の予定からかなり年月を経て、国会でも問題点の検討が行われることになりました。

1997年の臓器移植法制定から2009年3月までの臓器提供者は，心臓65名，肺51名，肝臓59名とされています（「平成21年版厚生労働白書」による）。この数字の評価は分かれると思いますが，約13年の数字としては少ないとされるのが一般です。また，1997年制定の規定では，前に述べましたように，提供する人（ドナー）の書面による意思表示が臓器を摘出するための必要条件となっていたわけですから，自分の臓器を提供できるのは，有効な意思表示ができる人に限られることになるのです。この法律には，何歳になれば臓器提供の意思表示ができるのかは規定されていません。厚生労働省の運用ガイドラインが，「民法の遺言ができる年齢とされている15歳から有効な意思表示ができると取り扱う」としたことから，実質的に15歳未満の人は臓器を提供できないことになりました。

　報道で見聞きしたことがあると思いますが，重い心臓病にかかっていて，心臓移植を待っている小さな子どもも多くいます。日本では自分の身体に適合した心臓移植を受けることができないために，外国に出かけるという選択肢しか残されていないのです。

　このように，1997年臓器移植法では，十分な臓器提供・移植が難しく，また，外国に移植を受けに行くことは，費用等の負担が大きいだけではなく，外国に頼ることの問題性もあることから，より容易に臓器提供・移植ができるよう改正すべきだという声が大きくなったのです。

(7) 2009年の臓器移植法改正

　このような理由で，臓器移植法の改正についての議論が高まり，2009(平成21)年に，衆議院に4案が提出され，その中で最も臓器提供（摘出）の可能性を広く認めた法案が可決されました。参議院では，この法案の他に別の法案も提出されましたが，結局は，衆議院で可決した法案が，修正されることなく参議院も通過し，改正臓器移植法として成立しました。主な改正点は次の通りです。

　改正以前の規定によれば，臓器を提供する人の書面による明示の意思表示が必要条件でしたが，改正法によれば，提供者本人の意思が明確でない場合でも，遺族が書面で摘出について承諾すれば，臓器を提供（摘出）できるよ

うになりました（6条1項2号）。また、その前提としての「脳死」の判定も、臓器提供者本人の意思が明確に表示されていなくても、その家族が書面によって承諾している場合には、行うことができるようになりました（6条2項2号）。

　これにより、本人の積極的な臓器提供の意思表示がなくても摘出することが可能になりましたし、また、「書面による臓器提供の意思表示」を必要条件としないことで、「有効な意思表示ができない」とされていた15歳未満の人からも臓器が摘出できるようになりました。また、親族に優先して臓器を提供する意思表示ができるようになりました（6条の2）。

臓器移植法を手がかりとして考えるべきこと

　このように、改正臓器移植法によって、それ以前の法律と比べて、臓器摘出（提供）が容易になり、臓器移植も促進されることが考えられます。臓器移植が促進されることによって、これまで移植を受けるのを待ち続け、あるいは、多額の費用と労力を使って海外に移植を受けに行っていた人たちは、大きな希望をもつことができるでしょう。

　ここで、本講で扱った「臓器移植」の問題を1つの手がかりとして、法的な思考をめぐらせてみましょう。

　まず第1に、法的な思考をするためには、想像力を豊かにすることが必要です。はじめにも述べましたように、多くの皆さんにとっては、「死」は身近なものではないでしょう。自分自身はもちろん、家族も健康であれば、「死」は頭ではわかっていても、実感できないのではないでしょうか。つまり、「他人事（ひとごと）」なのです。あまりに感情移入をしてしまうのは、合理的な判断を失う可能性があり、危険なのですが、問題になっている両方の立場から物事を考えていくことは必要です。

　臓器移植法の改正によって、臓器移植が促進され、移植を待っている人たちにとっては希望の光となると述べましたが、これは、臓器提供を受ける人の立場からの見方です。法律制定、改正の議論が報道され、これに接した多くの人は、自分自身が実際にはその立場になかったとしても、臓器提供を受

ける人の立場でこれを受け止め，評価したのではないでしょうか。

これに対して，臓器を提供する側は，少し異なった見方をすることでしょう。もちろん，臓器移植法は，基本的には，提供者の承諾を前提としていますから，本人が拒否しているのに無理矢理摘出されることは，理論的にはありえません。しかし，本人の自由意思で積極的に提供する場合だけ摘出するといっても，周囲の目にさらされれば，「自発的に」，「積極的に」ということが確保されるかどうかわかりません。臓器移植を待っている人がたくさんいるということ自体，無言の圧力になるでしょうし，脳死状態に至った患者に対し，医師がどのような「治療」を継続するかどうか，疑念を抱く人も多いでしょう。さらに，改正法では，場合によっては本人の意思を確認することなく，家族の意思によって摘出することが可能となっているのです。本人と家族の意思はいつも一致しているとは限りません。

法を学ぶためには，結論的にどちらを合理的と考えるかは別としても，両方の立場に立って考えることが重要です。

第2に，人の生命は最重要であり，現代法では，これに対して手厚い保護を与えていると述べましたが，ある人の生命と別の人の生命が，場合によっては対立関係に立つので，どちらを優先するかという問題は，なお解決が難しい課題として残ります。そもそも，「『人の生命』は誰のものか」という根本問題に立ち返って考える必要があるかもしれません。「『人の生命』は，『その人』のものに決まっている」という答えが返ってくるかもしれませんが，臓器移植を容易にするための法整備・法改正には，これと違った答えが潜んでいるかもしれません。ドナーカードによる意思表示方式が変更されるとすれば，「生命は自分のものである」という原則が修正されないように注意を払わなければなりません。

医療は，人々が健康で，安心して生活していくうえでは，なくてはならない存在になっていますし，医学の発達によって，人類はこれまでとは違った可能性を手に入れるようになりました。その恩恵を，公平に，公正に配分していくためには，法が重要な役割を果たすということを理解していただきたいと思います。

◇この法分野を学びたい！◇

　法は，人の権利や義務を定め，このルールに違反した場合に，何らかの制裁を科すことによって，その実効性を保っています。医療も，同様に，人の一生と深く関わっていて，医療のおかげで，より安心で快適な生活ができるわけです。ところが，医療の場面でも，様々な利害関係が生じますし，医療を受ける人も選択の前に立たされることが少なくありません。そこで，法を用いて，このような理解関係を調整し，患者にとってもよりよい医療を受けることができ，医師にとっても，適切な医療行為をすることができるのです。

　本文でも述べましたが，医療は，究極的には「人の生命」に関わります。そして，人の始まりから終わりまで，医療と関わりをもち続けます。法は，主に利害対立が生じる場面に登場します。その対立は，医療を受ける患者と医療行為に携わる医師との間で起きるのが典型的かもしれませんが，臓器を提供する人と提供を受ける人の間や，場合によっては，妊婦と胎児の利害が対立することさえあります。

　医療が刑法と関わりをもつのは，医療が患者の生命を左右するものであること，また，手術などの治療行為自体が患者の身体に負担を課すものであり，それを通じて健康状態を維持・回復をさせる性質があることから来るものといえるでしょう。刑法は，個人に関わる利益を多く保護していると考えられていますが，その中でも，「生命」，「身体」は，刑法が特に厚く保護することが必要な利益だと考えられています。刑法というと，凶悪な犯人像を思い浮かべますが，私たち全員の生活に深く関わり，不可欠な医療従事者，特に医師の行為を，ときには「犯罪」として扱うことになる点で，皆さんが抱いていたイメージとは異なる場面であるかもしれません。これは，法が，「人の生命」を最重要なものと考え，それに対する侵害に対しては刑罰をもって対応することで，より手厚く保護しようとしていることの表れなのです。

　医事刑法として扱うのは，医療事故を含めた治療行為，人を死の苦痛から解放し，または，人間らしい「死」をもたらす安楽死・尊厳死，また，本文で説明した臓器移植の他，人工妊娠中絶，胎児・胚の保護などです。これらを考えるにあたっては，患者の生命，身体，また，受けるべき治療方法の選択に関わる患者の自己決定権などが重要なキーワードとなります。

【参考文献】
・甲斐克則編『ブリッジブック　医事法』（信山社，2008）
・甲斐克則『医事刑法への旅Ⅰ［新版］』（イウス出版，2006）
・戸波江二＝棚村政行＝曽根威彦＝甲斐克則＝岩志和一郎『生命と法』（成文堂，2005）

　　　　　　　　　　　　　　　　　　　　　　　　　武藤　眞朗（むとう　まさあき）

Part 3　社会との接点3 ―社会問題と法―

§2　薬の安全を守る仕組みと行政の賠償責任

はじめに

　皆さんは日頃，薬局で薬を買ったり病院で薬をもらったりすることがあるでしょう。皆さんは，こうした薬は決められた用法・容量を守って飲んでいる限り安全なものだと考えて服用していますね。こうした薬の安全性はどのような仕組みによって守られているのでしょうか？　また，もし安全でない薬が市場に出回って，それを服用した人が生命・身体・健康に関わる被害を受けた場合に，誰がその責任を追うべきなのでしょうか？　この問題を法学的に考えるとどのようなことになるのか以下で学んでいきましょう。

行政も薬の安全を守っている

　薬の安全は，まず製薬会社によって守られています。製薬会社は自らの作った薬剤がそれを服用する人の生命・身体・健康に害を及ぼさないように，実験を重ね，その薬を販売してよいかどうか慎重に判断します。ただし，製薬会社が常にこうした判断を適切に行うとは限りません。利益を追求するあまり，時間もコストもかかる実験をなるべく省いて，本当は十分な安全性があるとはいいきれない薬品を販売したりするかもしれません。安全性が十分確保されていない薬品が出回ると，それを服用した人の生命・身体・健康に重大な影響を生じさせることになりかねません。そこで，薬の安全を確保する第二の仕組みとして，行政による規制と監督が必要となるのです。行政は，製薬会社が製造する薬が安全かどうかきちんとチェックすることによって，国民を安全でない薬による被害から守っているのです。このように，私たちの使用する薬の安全は，製薬会社と行政とによって守られているのです。

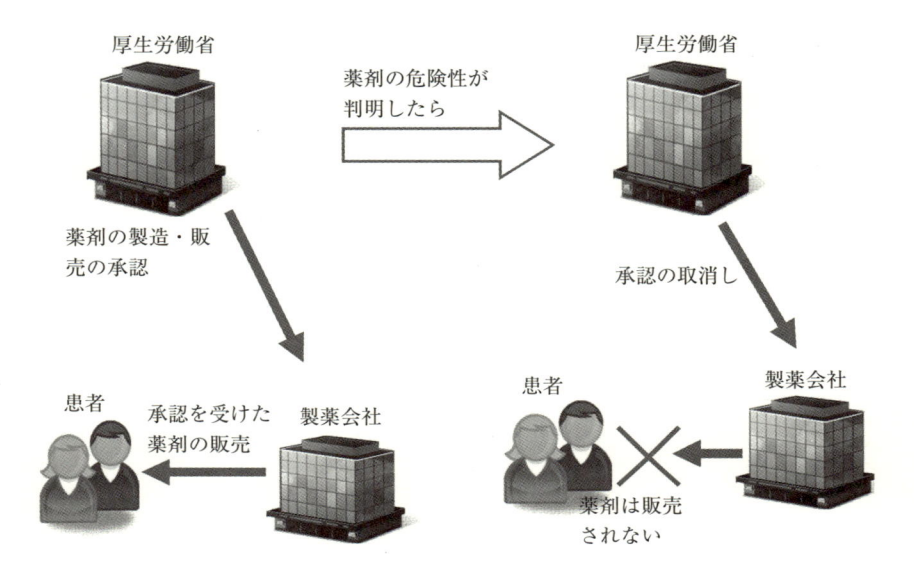

170　Part 3　社会との接点3―社会問題と法―

[図：厚生労働省が薬剤の製造・販売の承認を行い、製薬会社が承認を受けた薬剤を患者に販売する流れ。薬剤の危険性が判明したら、厚生労働省が承認を取消し、製薬会社から患者への薬剤は販売されない。]

　では，行政が薬の安全性を守る仕組みは，具体的にはどのようなものなのでしょうか。行政が薬の安全性を守る仕組みは「薬事法」という法律に定められています。薬事法は薬の他に，シャンプー，歯磨き粉，化粧品などに関する規制も定めています。そしてこの規制は，行政の機関のなかでも「厚生労働省」が担当することになっています。薬事法のなかで，薬は「医薬品」というくくりで規制を受けます。薬事法による医薬品の規制の仕組みは簡単に説明すると以下のようになります。まず，医薬品を製造し，病院やドラッグストアー等に販売する事業を行うためには，厚生労働大臣の許可を受けなければなりません。私たちが手にする薬を製造・販売している製薬会社はすべてこの許可を受けて事業活動を行っているのです。製薬会社はこの許可を受けた上で，個別の薬ごとに，厚生労働大臣から製造・販売の承認を受けなければなりません。厚生労働大臣は，製薬会社からの医薬品の製造・販売の承認申請に対して，薬の効き目が本当にあるか，有害な副作用はないかなどを審査して，有効で安全と判断した場合に承認を行います。つまり，日本で流通する薬はすべて，厚生労働大臣のお墨付きをうけたものということになります。

こうして薬は私たちの手元に届くことになるのですが，行政の規制・監督はいったん薬の安全性を認めて市場に出すことを認めたところで終わるわけではありません。薬の副作用や有害性のなかには，長い時間をかけて明らかになってくるものもあるのです。そこで，製造・販売承認後に薬の危険性が明らかになった場合には，厚生労働大臣がその薬の製造・販売の停止を命令したり，製造・販売の承認を取消したりすることができる仕組みなどが設けられています。このようにして，行政が薬に関して規制・監督を行うことによって，私たちは安全な薬を手にすることができているのです。

薬の安全確保に失敗したら

　ところで，皆さんは「薬害」という言葉を耳にしたことがあるはずです。薬害とは，製薬会社が製造・販売した薬が安全でなかったことによって，重大な副作用等を引き起こし，それを服用した人の生命・身体・健康が害されることをいいます。最近話題になった薬害としては，薬害エイズ，薬害肝炎などが挙げられるでしょう。薬害エイズでは，血友病の患者に投与された非加熱性血液製剤がHIVウイルスに汚染されていたことにより，血液製剤の投与を受けた患者がHIVウイルスに感染してしまいました。薬害肝炎の場合は，出産や手術の際に止血剤として使用された血液製剤がC型肝炎ウイルスに汚染されていたことで，投与を受けた患者がC型肝炎に感染しました。さらに過去に遡ると，つわりを抑える薬として販売されていたサリドマイドが胎内の胎児に異常を引き起こし，手足が未発達な状態で生まれる被害がありました。その他，有名な薬害事例として，リウマチや腎炎の薬として使用されていたクロロキンによって，網膜症が引き起こされたり，整腸剤のキノホルムによって下肢の麻痺（スモン）が発生したりした事例があります。こうした薬害の結果として，多くの人が薬を投与されなければ罹らなかったはずの病に苦しみ，障害を抱え，場合によってはそれが原因で死亡することもあるのです。

　薬害が発生したということは，結果的にその原因となった薬は安全ではなかったということになります。つまり，製薬会社と行政が薬の安全確保に失

敗したわけです。

行政も損害を賠償する？

　薬害が発生した場合，被害の原因となった薬を製造・販売した製薬会社は，薬の安全性の確保にミスがあれば，被害者に損害賠償を支払う義務があります。これは民法の不法行為の問題になります。ところで，製薬会社は薬の製造・販売について行政の監督を受けていましたね。薬害の原因となった薬は行政が販売したものではありませんから，行政は直接の加害者ではありません。しかし，一方で，行政がきちんと監督を行ってくれれば，薬害は防げたかもしれません。そうすると，行政も薬害の被害者に対して賠償責任を負わなければならないことになりそうです。では，行政が賠償責任を負うのはどのような場合で，またどのような法律に基づいて賠償が行われるのでしょうか？

　例えば，私たちが交通事故を起こして他人に怪我を負わせてしまった場合には，被害者に対して治療費などを賠償しなければいけません。これと同じように，行政活動の結果として国民に損害が発生した場合には，行政が賠償責任を負わなければならないことになっています。このことは「**国家賠償法**」という法律に定められています。公立の学校で先生の不注意が原因で事故が発生した場合や，警察のパトカーが一般市民をはねて怪我を負わせてし

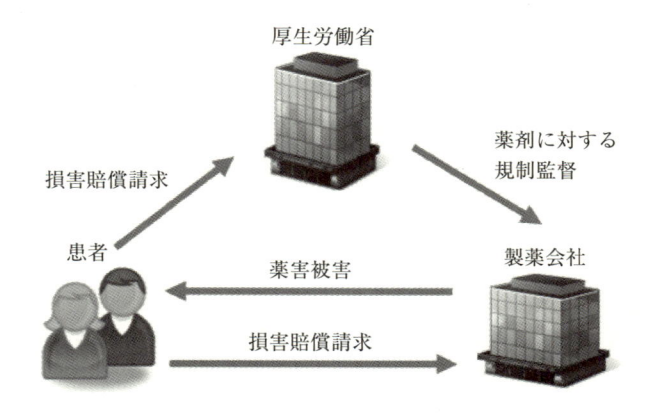

まった場合など，被害者が行政に損害賠償を請求する場合にはこの法律に基づいて賠償が行われます。もっとも，行政の活動のせいで損害が発生したからといって，どんな場合でも行政が責任を負わなければならないわけではありません。国家賠償法1条1項は，行政活動を行う公務員の「故意又は過失」によって「違法」に損害が発生した場合，行政が賠償責任を負うことを定めています。「故意」とは知っていてわざとやったこと，「過失」とは不注意でやったことをさします。つまり，学校で事故が発生しても，先生がいくら注意しても防げなかった事故については行政は責任を負いません。先生に「過失」がなかったと考えられるからです。また，例えば厚生労働大臣が製薬会社に対して危険性が疑われる薬の製造・販売の承認の取消しを行った場合，製薬会社には薬を販売することができなくなったことで損害が生じます。しかし，実際にその薬が危険なものであれば，行政が製薬会社に賠償責任を負うことはありません。なぜなら，厚生労働大臣は，国民の生命・身体・健康を薬害の被害から守るために，薬事法が大臣に認めている製造・販売承認の取消しを適切に行っただけで，それは「違法」ではないからです。

薬害と行政の賠償責任

　そうすると，薬害が発生した場合に，被害者が行政に対して行う賠償請求が認められるためには，行政が製薬会社をきちんと規制・監督しなかったこと（規制権限の不行使）が，「違法」であり，「故意・過失」があったことが必要になるわけです。では，どんな場合に規制権限の不行使が「違法」で「故意・過失」があったと判断されるかというと，簡単に言うと，行政の規制・監督にミスがあったといえる場合です。この規制・監督のミスということを少し難しく言うと，行政が危険を防止するために規制を行わなければならなかった（作為義務があった）にも関わらず，これを行わなかったということです。つまり，行政の規制・監督のミスによって薬害が発生したといえるためには，厚生労働大臣に問題となった薬を規制すべき義務があったといえることが必要になります。実際に薬害が発生しているのだから，厚生労働大臣には薬を規制する義務があったのは当たり前ではないかと思われがちです

が，話はそんなに簡単ではありません。厚生労働大臣は確かに，医薬品を規制する権限を持っていますが，実際にその権限をいつ，どのようなかたちで使うかは大臣の判断に委ねられていると考えられています（このことを「裁量」と呼んでいます）。例えば，ある医薬品について，副作用がいくつ報告された時点で製造承認を取消すかは，大臣が一定程度自由に判断してよいということです。ですから，薬害が発生したからといって，大臣が問題の医薬品を規制すべきだったとはすぐには結論できないわけです。しかし，いくら大臣が自由に判断してよいといってもその判断の自由には一定の限界があるはずです。そう考えないと，大臣が医薬品を規制する権限を持っておきながら，これを行使しないで薬害を発生させても行政は何の責任も負わなくてよいということになってしまいます。そこで，一定の条件が揃った場合には，医薬品の規制について大臣は自由に判断してよいとはいえず，問題となった医薬品を規制する作為義務を負っているのだと考えられるようになりました。

行政が賠償責任を負う場合とは……

では，どのような条件が揃えば，行政に作為義務があったと判断されるのでしょうか？　一般的には①危険が迫っていたこと②行政がその危険をあらかじめ知ることができたこと③行政がその危険を防止することが可能だったこと④国民が自力で危険を回避することができなかったこと，の4つの条件が揃えば行政に作為義務が認められると考えられています。まず危険が存在しないのなら行政が行動をおこす理由がありません（①の条件が必要な理由）。さらに，危険が存在していても，行政がそれに気づくことが不可能だった場合にまで行政に責任を負わせるのは不合理です（②の条件が必要な理由）。また，行政が危険を知っても，その危険を防止するために打つ手がない場合や，仮にすぐに手を打っても被害発生の防止に間に合わなかったと考えられる場合には，そもそも行政が危険を防止することは不可能です（③の条件が必要な理由）。そして，危険が存在して，行政が打つ手を持っている場合でも，国民が少し注意を払えば損害を受けないですんだような場合には，行政が責任を負う必要はないと考えられています（④の条件が必要な理由）。こうした理

由から，行政に作為義務を認めるためには，4つの条件が必要とされているのです。行政がすべきことをしなかったせいで損害を被ったと主張して，国民が賠償を求める裁判では，この4つの条件を満たしているかがカギになるわけです。

　薬害訴訟の場合にこれを当てはめてみると，まず，薬の安全性を患者自らがチェックすることは不可能ですから④の条件は当然満たされています。同様に，厚生労働大臣は医薬品の製造・販売承認を取消す権限を持っていますから③の条件も満たされていると一応考えていいでしょう。実際に薬害が発生しているのですから①の条件も満たされます。そうすると薬害訴訟で1番問題となるポイントは②の条件になります。つまり，いつ厚生労働大臣が被害を知って，被害の原因が薬だと気づくことができたかです。これがなかなか難しい問題で，薬害訴訟において裁判所は医者や薬の専門家を証人に呼んだりして判断を行っています。薬害が発生した時点では，厚生労働大臣が薬害の原因が薬だと断定して，規制すべきだという判断を行うには情報が足りなかったなどと裁判所が判断すれば，患者の請求は認められないことになります。また，一定の時点で厚生労働大臣が薬の規制の必要性を認識すべきだったと認められた場合でも，それ以前の時点で問題の薬の投与を受けた患者は救済されないことになります。同じ薬によって被害を受けたのに，薬を使用した時期によって，行政からの賠償を受けられる人と受けられない人がでてくる場合もあるのです。

おわりに

　これまで見てきたように，薬害が発生した場合でも，行政は必ず賠償責任を負うとは限らないのです。みなさんのなかには，こうした結果に納得できない人もいるかもしれません。もちろん，裁判所や学者の言っていることは絶対ではないですから，薬害の被害者は全員絶対に救済されるべきだという意見も間違っているというわけではではありません。問題は，その際の根拠です。みなさんの多くはきっと「被害者がかわいそうだから救済しないとダメだ」と思ったのではないでしょうか。しかし，法学で必要なのは「被害者

がかわいそう」という感情論ではなく，法律の規定やそれについての議論を理解した上で結論を導き出すことです。そのためには，ここまでお話ししてきたような既存の法律論の考え方をきちんと理解しておく必要があります。今回学んだことが，法的にものを考えることの1つの足がかりになれば幸いです。

ところで，ここでお話ししたのはあくまでも国家賠償法という法の枠組みのなかで，行政の規制権限の不行使が「違法」であったことを理由として，行政が薬害に責任を負うのはどのような場合かについてです。実際には，裁判の途中で行政と被害者が話し合ってお互い納得のいく条件で合意したり（和解）することがあります。また，行政の責任が認められるかどうかとは関わりなく，国が政策として被害者に対する補償を行う場合もあります。薬害の問題を考えるにあたっては，裁判による解決が，被害者救済の唯一の道ではないことも頭に入れておく必要があると言えるでしょう。

◇この法分野を学びたい！◇

本講では，行政の誤った活動によって損害を被った国民に行政が賠償金を払って償う場合を問題としました。もっとも，行政の活動が違法とされて賠償金が支払われるだけでは，国民が完全には救済されない場合もあります。例えば，行政が誤ってある人の運転免許を取消してしまった場合，この処分が違法とされて賠償金が支払われても，運転免許が戻ってこなければその人は運転ができるようにはなりません。そのためには，行政が誤って行った運転免許の取消処分をなかったことにしてもらう必要が

あります。このような場合は「行政事件訴訟法」というまた別の法律のお話しになります。こうした行政の活動の結果生じた損害や不都合をうけた国民をいかに救済するかに関する法分野は「行政救済法」と呼ばれています。「行政救済法」を理解するには「行政法総論」の知識が不可欠になりますので，両方併せて学ぶことが必要です。また，今回詳しくふれなかった薬害における製薬会社の責任については「民法」の「債権各論（特に不法行為法）」において学ぶことができます。

【参考文献】
・宮田三郎『行政法の基礎知識(4)―国家賠償法を学ぶ―』（信山社，2005）
・高木＝櫻井＝常岡＝橋本『行政救済法』（弘文堂，2007）
・原田尚彦『行政責任と国民の権利』（弘文堂，1979）

府川　繭子（ふかわ　まゆこ）

Part 3　社会との接点3―社会問題と法―

§3　医療過誤における被害者の救済

はじめに

(1) データで見る医療関係訴訟事件数

近年，新聞やテレビで，医療事故や医療過誤が取り上げられる機会が多くなりました。たとえば平成11年にY大学病院で起きた患者取り違え事件や都立H病院の消毒液誤投与事件は社会的にも注目され，大きな関心をよびました。医療過誤が生じた場合，医師らは，刑事責任，民事責任，行政責任を問われる可能性があります。多くの場合，医師らの民事責任のみが問われ，民法における債務不履行や不法行為責任が問題になります。患者が医療過誤により損害を被った場合には，最終的には裁判を利用するという解決方法があります。図1は医療関係訴訟事件の新受件数です。我が国の司法統計では，平成11年には678件でしたが平成20年には877件になっています。9年間に多少の増減はあるものの医療関係事件訴訟は増加しています。また，医療関係訴訟事件の認容率（原告が勝訴する確率）は，平成20年で26.7％ですが，地方裁判所の民事第一審通常訴訟事件の認容率が84.2％であることと比較すると，著しく低いことが分かります（最高裁判所ホームペー

図1　医事関係訴訟事件の処理状況

（平成11年～平成20年）

年	新　受
平成11年	678
平成12年	795
平成13年	824
平成14年	906
平成15年	1,003
平成16年	1,110
平成17年	999
平成18年	913
平成19年	944
平成20年	877

（注）　1　医事関係訴訟事件には，地方裁判所及び簡易裁判所の事件が含まれる。
　　　2　本表の数値のうち，平成16年までの各数値は，各庁からの報告に基づくものであり，概数である。
　　　3　平成20年の数位は，速報値である。
（出典：最高裁判所ホームページ）
　　　医事関係訴訟委員会から一部抜粋

ジ　医事関係訴訟委員会より）。

(2) 医療関係訴訟事件に関する改革

このような実状と審理期間の長期化を鑑みて，平成13年に東京地裁と大阪地裁に，その後，横浜，さいたま，千葉，大阪，名古屋，広島，福岡，仙台，札幌地裁に医療訴訟を集中的に取り扱う部が設けられました。これらの裁判所では，医療訴訟の審理を改善するための工夫や運営が行われ，審理期間の迅速化がはかられています。また，平成15年の民事訴訟法改正において，専門委員制度の導入や鑑定人質問の創設などが行われたことにより，医療関係訴訟事件の特殊性への対応も進んでいます。

医療関係訴訟事件には，医師の注意義務違反や医師の説明義務違反に関する事件や患者のプライバシーに関わる事件など様々な事案があります。本稿では，主に医療過誤訴訟を例にして，我が国の不法行為制度について学び，被害者救済の在るべき姿を考えましょう。

不法行為とは何か

不法行為とは何でしょうか。不法行為とは，故意または過失により違法に他人に対し損害を与える行為のことをいいます。たとえば，医師が過失によって患者を死亡させる医療行為を行ったならば，それは不法行為と言えるでしょう。民法では，不法行為については，民法709条で定められています。不法行為は債権発生原因の1つとして位置づけられています。

医療過誤の被害者が，医療機関や医師らに損害賠償請求する場合には，①不法行為構成と②債務不履行構成という2つの法的構成があります。①不法行為構成の場合には，民法709条や715条に基づき，債務不履行構成では，415条に基づき損害賠償を請求することになります。両者は要件と効果に違いがありますが，現在の多くの学説や判例では，どちらの構成をとるかについては大きな違いはないとされており（請求権競合説），実務では，「不法行為または債務不履行」により損害賠償を請求されることが多くなっています。

不法行為が成立するために何が必要か

　不法行為が成立するためには，加害者が次の要件を満たすことが必要です。①加害者に故意または過失があること，②権利または法律上保護される利益が侵害されていること，③損害が発生していること，④加害行為と結果との間に因果関係があること。このほか，加害者が責任能力を有していることや違法性阻却事由がないことも必要になりますが，ここではそれらの説明は執筆枠上省略します。医療過誤訴訟では主に上述①と④が争点になります。以下では，不法行為が成立するための4つの要件を具体的に説明しましょう。

（1）故意または過失

故意または過失とは何か　不法行為が成立するためには，加害者に故意または過失があることが必要です。故意とは，その行為が違法行為であることを認識しながらあえてそれを行うことをいいます。他方，過失とは，その行為が違法行為であることを認識すべきであるのに認識しないで行うことをいいます。たとえば，医療過誤などにおいて医療側の不法行為責任が認められるためには，医療機関や医師らに過失がなければなりません。

　今日では，過失は法律上要求される客観的な注意義務違反と考えられています。通常の注意義務違反の場合には，その者が社会的に要求される通常人の注意義務を欠いた場合に，過失が認められます。他方，医師のような専門家の注意義務違反の場合には，注意義務の程度が強化されています。たとえば，東大輸血梅毒事件判決では，医業に従事する者が払うべき注意義務の程度について，業務の性質に照らし，「危険防止のために実験上必要とされる最善の注意義務が要求される」と述べています（最判昭和36年2月16日（民集15巻2号244頁））。医師はどの程度の注意義務をはたさなければならないのでしょうか。最善の注意義務の内容については，実施された治療が「診療当時のいわゆる臨床医学の実践における医療水準」に照らし適当であったか否かで判断するとされています（医療水準論）（最判昭和57年3月30日（判時1039号66

頁))。また，医師が医療慣行に従い治療していたとしても，それは医師の責任を否定する根拠にはならないとされています（最判平成8年1月23日（民集50巻1号1頁））。

故意・過失の証明責任 　過失の証明は被害者側が行わなければなりません。医療過誤訴訟の場合には，証明に際して医療の専門性という大きな壁があります。たとえば，医師の治療直後に患者が死亡したという結果があっても，医師のどの治療に過失があったのかを証明するのはとても難しいことです。被害者は，「この症状の時にはこの治療をするべきだったのに，それが行われなかった」ことを証明しなければなりません。それは，本人が医療従事者でない限り不可能に近いと言えます。そのため，判例では，訴訟上の法技術によって，原告側の証明上の責任が軽減されています。被害者側が，ある程度の状況事実を証明すれば，加害者に過失があったものと一応推定し，加害者側が故意または過失がないことを認めさせるに足りる蓋然性の存在を証明しなければ，加害者の過失が認められます。これは，「過失の一応の推定」と呼ばれ，医療過誤などで被害者の証明責任の軽減に役立っています。

（2） 権利または法律上保護される利益の侵害とは何か

平成16年の民法改正によって709条には，「権利」に「法律上保護される利益」の侵害が付け加えられました。これは，後述する判例を受け明文化されたと解されています。改正前は，709条において，不法行為が成立するためには「他人ノ権利」を侵害することが必要とされていました。大正時代の判例では，この規定が厳格に解釈されていました。雲右衛門浪曲事件判決では，著名な浪曲師・雲右衛門のレコードを複製販売し製造販売権を有するレコード会社に多額の損害を与えても，「著作権」を侵害したとはいえないとして不法行為責任は認められませんでした（大判大正3年7月4日（刑録20輯1360頁））。当時の学説は，この判決を厳しく批判しました。その後，判例も，「老舗」の侵害が問題となった大学湯事件判決において，「権利」というものを広く解釈し，法律上権利として地位が確立していないものについても，「法律上保護に値する利益」が侵害されれば不法行為が成立すると述べ

ました（大判大正 14 年 11 月 28 日（民集 4 巻 670 頁））。

　他方，学説では，権利侵害を違法性と置き換え，権利侵害があれば原則として違法であるが，権利を侵害していなくても違法性があれば，不法行為を認めると解釈してきました。そのように解釈すると，違法性とは何か，違法性の有無の判断が問題になります。この問題については色々な学説が主張されていますが，ここではその説明は省略します。

(3) 損害の発生とは何か

　不法行為が成立するためには，被害者に，損害が発生していることも必要です。これは，財産的損害だけではなく精神的苦痛といった精神的損害も含まれます（710 条，711 条）。財産的損害には，物の修理費や治療費といった積極的損害だけではなく，休業による収入の減少といった消極的損害もあります。違法行為がある場合には，ほとんどの場合，何らかの損害が生じることになります。たとえば，医療過誤の場合には，損害の発生が前提になっている場合が多く，いかなる法益が侵害されたかが論じられています。

(4) 因果関係

　不法行為は，加害行為と損害との間に因果関係がなければ成立しません。因果関係の有無は，一般的には，当該行為がなければ損害もなかったと言えるかどうかで判断されます。因果関係を証明する責任も，被害者側にあります。これは，交通事故などにおいては比較的容易でしょうが，医療過誤や公害などの場合には，過失にあたる行為（義務違反）と患者の病気の悪化や死亡といった損害との間の因果関係を証明することはきわめて困難です。

　そこで裁判所は，被害者の救済に努めています。たとえば，ルンバール事件最高裁判決では，因果関係の立証について，「一点の疑義も許されない自然科学的証明ではなく，経験則に照らして全証拠を総合検討し，特定の事実が特定の結果発生を招来した関係を是認しうる高度の蓋然性を証明することにあり，その判定は，通常人が疑を差し挟まない程度に真実性の確信を持ちうるものであることを必要」であると述べています（最判昭和 50 年 10 月 24 日（民集 29 巻 9 号（判例集 439 頁））。このような判例理論が確立されてもなお医療

過誤では因果関係が認められるのは難しい場合が多いと指摘されています。近年は，因果関係が証明されていない場合でも，「医療水準にかなった医療が行われていたならば患者がその死亡の時点においてなお生存していた相当程度の可能性の存在が証明される」場合には，患者に対する損害賠償責任を負うとしています（最判平成 12 年 9 月 22 日（民集 54 巻 7 号 2574 頁））。

不法行為の効果

（1）金銭賠償の原則

　不法行為が成立した場合には，被害者に損害賠償を請求する権利が生じます。我が国では，金銭賠償が原則とされています（民法 722 条 1 項，417 条）。被害者に生じた損害を加害者に金銭で償わせるということです。どんな損害が賠償されるのでしょうか。たとえば，被害者は，治療費，休業による収入減少といった財産的損害だけではなく，精神的損害も慰謝料として請求することができます。医療過誤では，被害者が以前から治療を行っている場合も多く，病気の予後が良くない場合には，医師の治療に過失がなかったとしても患者の状態が改善されたかどうかが分からない場合があります。そのような場合には，収入減少といった損害が認められなかったり，その期間が短く認定される場合があり，責任が認められても，損害額が著しく低い場合があります。

（2）損害賠償の範囲

　不法行為に基づく損害賠償の範囲は限定されているのでしょうか。債務不履行では，民法 416 条により賠償範囲が限定されますが，不法行為による賠償の範囲については，416 条のような明文の規定がありません。判例では，不法行為における損害賠償の範囲について，416 条が類推適用され，不法行為と相当の因果関係がある範囲だけ賠償すればよいとされていますが，学説では様々な議論があります。

(3) 原状回復と差止

　これまで説明してきたように，不法行為に対する被害者の救済の基本原則は，金銭賠償です。原状回復や差止は認められないのでしょうか。民法では，名誉毀損（民法723条）や損害賠償の方法について特約がある場合に（民法722条1項，417条），原状回復という救済手段も認められています。また，民法上は規定がありませんが，判例では，公害訴訟などにおいて差止請求が認められています。

おわりに

　医療過誤において，裁判による解決方法は，被害者の救済という観点から考えると最善の方法なのでしょうか。裁判は，時間と費用がかかるうえに，医療過誤訴訟では，医療という専門性の壁があり，通常の訴訟と比較すると審理時間が著しく長くなっています。また，医療過誤の被害者のすべてが訴訟を提起することができるわけではありません。

　上述のとおり，医療過誤では，被害者側が医師らの過失や因果関係を証明することは大変難しいことです。裁判所は，不法行為における被害者の過失や因果関係の証明責任を軽減していますが，それでもなお医療の専門性が大きな壁になっています。被害者の救済という観点から考えた場合に，どのような制度が望ましいのでしょうか。我が国には，民事責任を支配する「損害の公平な分担」という考え方があります。学説では，医療過誤については，社会がそれを負担するべきではないかという考え方も示されています。

◇この法分野を学びたい！◇

　本講では，主に医療過誤訴訟を例にして不法行為について勉強してきました。裁判による解決方法は，医療過誤の被害者の救済や医師と患者のより良い関係の構築にとって最善でしょうか。裁判による解決方法では，過失責任主義が維持される限り，被害者にとっては大きな負担になるでしょう。また，近年，医療関係事件訴訟が増加したことを一因として医師と患者の関係に問題が生じていると指摘されています。医師に対する不信感が増す一方で，医師が，医療訴訟を恐れることによる，過剰な検査と治

療も問題になっています。このような実状は、医療事故・過誤の再発防止の観点から考えても、望ましいものではありません。医療過誤における被害者の救済のあるべき姿を考える場合には、医師と患者の信頼関係の再構築、医療事故の予防の観点も重要なのではないかと思います。

　医療過誤における被害者の救済はどうあるべきなのでしょうか。様々な方法が模索されています。現在、医療事故・過誤では、裁判外の紛争解決の方法として、産科医療補償制度、医療ADR、医療事故調査委員会などが設けられています。このうち、産科医療補償制度は、医療過誤訴訟が多い産科において2009年に導入されました。この制度は、出産に伴う医療事故の被害者を救済するために、新生児脳性まひを対象に医師の過失の有無にかかわらず、被害者を救済するための制度です。このような医療事故に関する補償制度は、スウェーデンにおいて初めて導入された制度です。近年、日本だけではなく欧米諸国においても導入されはじめています。スウェーデンの制度では、補償制度と医療者の責任を問う制度が分離されています。そのため、患者らによる補償の申立ての際には、医師が全面的に協力し患者に医療事故に関する情報を提供しています。その結果、医師と患者の信頼関係が再構築されるだけではなく、医療事故の再発防止にも役立っています。我が国の産科医療補償制度では、新生児脳性まひのみがその対象とされていますが、今後の動向が注目されています。

【参考文献】
・川井健『民法入門〔第6版〕』（有斐閣，2007）
・五十嵐清『私法入門〔第3版〕』（有斐閣，2007）
・野村豊弘『民事法入門〔第5版〕』（有斐閣，2007）
・甲斐克則編『ブリッジブック医事法』（信山社，2008）
・手嶋豊『医事法入門〔第2版〕』（有斐閣，2008）
・久々湊晴夫＝旗手俊彦編『はじめての医事法』（成文堂，2009）

千葉　華月（ちば　かづき）

Part 3　社会との接点3―社会問題と法―

§4　私はやってない！―なぜ冤罪がうまれるのか？―

足利事件とは

2010（平成22）年3月26日，1つの判決が大きく報道されました。宇都宮地方裁判所が，わいせつ目的での誘拐，殺人などの罪で無期懲役の判決を受けて刑務所に服役していた菅家利和さんに対して，過去の有罪判決は間違いであったとしてやり直した裁判において，無罪を言い渡したのです。

足利事件と呼ばれるこの事件は，1990（平成2）年5月に，栃木県足利市で行方不明になった4歳の女の子が，その翌日，河川敷で遺体となって発見された事件です。警察は，1991（平成3）年12月に幼稚園バスの運転手をしていた菅家さんを犯人として逮捕しました。その理由は，①当時，犯罪の捜査に導入されたばかりだった**DNA型鑑定**という技術を使ったところ，犯人が残した体液のDNAの型と菅家さんのDNAの型が一致したこと，②警察が菅家さんを警察署に任意で連れて行って取調べたところ，犯行を**自白**したことの2つでした。

菅家さんは，逮捕から19日後，宇都宮地裁に起訴されました。最初は公判でも罪を認めていたのですが，審理の途中から「自分は犯人ではない」と主張しました。しかし，1993（平成5）年，宇都宮地裁は，菅家さんが犯人だとして無期懲役の判決を言い渡します。菅家さんは，これを不服として上訴（上級の裁判所に判決を見直すように求めること）を申し立てますが，第二審の東京高等裁判所も，上告審の最高裁判所も，第一審の宇都宮地裁による判決の正しさを認めたため，2000（平成12）年に無期懲役の有罪判決が確定しました。これによって，菅家さんは刑務所で服役することになりました。

菅家さんと弁護団は，その後も，裁判が間違っていたことを主張し，無実であることを明らかにする新たな証拠を提出するなどして，**再審**（すでに確定した裁判のやり直し）を請求しました。そして，2009（平成21）年6月に東京高

足利事件の経緯

1990年 5月	4歳の女の子の遺体が発見される
1991年 11月	科学警察研究所のDNA型鑑定で、被害者の肌着に残っていた体液と菅家さんの型が一致
1991年 12月	警察が菅家さんを任意で同行して取り調べる。自白。翌日に逮捕。
1991年 12月	殺人、死体遺棄、わいせつ目的誘拐の罪で起訴。
〃	宇都宮地裁で初公判。菅家さんは犯行を認める。
〃	第6回公判で菅家さんが犯行を否認。
1993年 1月	第7回公判で再び犯行を認める。
1993年 6月	第10回公判で犯行を否認。
1993年 7月	宇都宮地裁が無期懲役の有罪判決を言い渡す。
1996年 5月	東京高裁が控訴を棄却。
2000年 7月	最高裁が上告を棄却。有罪が確定。
2002年 12月	菅家さんと弁護団が宇都宮地裁に再審を請求。「不一致」とする独自のDNA型鑑定の結果を新しい証拠として提出。
2008年 2月	宇都宮地裁は、再審請求を棄却。
2009年 12月	東京高裁がDNA型の再鑑定を決定。
2009年 5月	再鑑定で「不一致」の結果が出る。
2009年 6月	菅家さんを刑務所から釈放。東京高裁が再審の開始を決定する。
2009年 10月	宇都宮地裁で再審の初公判。
2010年 3月	宇都宮地裁で再審による無罪判決。

裁が，宇都宮地裁の有罪判決が間違っていた可能性が高いとして再審の開始を決定しました。これを受けて，宇都宮地裁が審理をやり直した結果，ようやく菅家さんの無実が明らかになったのです。

　無実の人が誤って罪に問われることを冤罪といいます。菅家さんは，逮捕されてから17年半もの間，判決が確定するまでは警察の留置施設や拘置所で，判決が確定した後は刑務所で身体を拘束され続けました。再審によって無実を明らかにできたのはよいとしても，45歳から62歳までの失われた貴重な時間は，二度と戻ってきません。また，その結果として，この事件の真犯人を取り逃がしてしまうことにもなりました。

　冤罪は，何も足利事件に限ったものではありません。中には一度は死刑が確定した後に再審で無実が明らかにされた事件もあります。免田事件（1983（昭和58）年に再審で無罪），財田川事件（1984（昭和59）年・同），松川事件（1984（昭和59）年・同），島田事件（1989（平成元）年・同）です。これらは死刑事件ですから，もし刑が執行されていたとしたら，取り返しのつかないことにな

っていました。この他にも，最近では強姦事件で被告人が懲役3年の実刑判決を受けた氷見事件について，真犯人が発見されたため再審が開始され，2007（平成19）年10月に無罪が言い渡されました。さらに，強盗殺人事件で被告人が無期懲役の判決を受けて服役した布川事件についても，足利事件の後を追うようにして2009（平成21）年12月に再審を開始することが決定されています。

　はるか昔の話であればともかく，現在の日本においてもなお，冤罪がいくつも発生している事実を，私たちは，どのように理解すればよいのでしょうか。そして，このような悲劇が発生してしまうのは，いったいなぜなのでしょうか。

自白は証拠の女王！？

　足利事件について，宇都宮地裁が最初に有罪判決を出したとき，一番の決め手になったのは，おそらく，逮捕前から裁判の途中まで続いていた菅家さんの自白です。

　自白は，自分が過去に行った犯罪を他人に告白する行為です。自白をすればそれが有罪の証拠となり，自分が処罰されることになります。ですから，無実の人があえて自白をすることは考えにくく，逆に自白をした以上はその人が真犯人である可能性が高いとみるともできるかもしれません。古くは，そのような考え方によって，自白は，他の証拠よりも一段高いレベルの証拠として評価されていました。「自白は証拠の女王」とまで呼ばれていた時代もあるのです。

　しかし，現在では，自白は，そのように，確実に処罰しようとする側にとって魅力的な証拠であるがゆえに，裁判ではむしろ慎重に取り扱うべきだと考えられています。自白の価値を高く評価してしまうと，結局は自白があるかどうかで被告人を有罪にできるかどうかが決まってしまうことになります。そうすると，捜査を行う警察や検察官は，無理をしてでも自白をさせようと考えることになるでしょう。すなわち，拷問や脅迫によって自白を強要する取調べが行われることになるのです。また，裁判官も，ひとたび自白が

証拠として目の前に登場すると、その自白が真実かどうかをきちんと調べずに有罪判決をしてしまうことになります。わが国においても、戦前の大日本帝国憲法と旧刑事訴訟法の下において、実際にそれが行われてきました。

そこで現在の憲法および刑事訴訟法では、自白はむしろ、その証拠としての価値を過大評価しないように、あるいは、捜査において自白が強要されることがないように、法律によって規制が加えられます。たとえば、自白以外の証拠（補強証拠）が存在しないとき、裁判所は、たとえその自白がどんなに信用できると思えたとしても、有罪判決をすることは許されません（憲法38条3項、刑訴法319条2項）。また、強制や拷問など任意になされたものでない疑いがある自白は、裁判において証拠として使うことが許されないのです。（憲法38条2項、刑訴法319条1項）。これを自白法則といいます。こうした規定があることによって、捜査を行う警察や検察官は、自白に依存することなく、それ以外の証拠を多く集めることになるはずなのです。

しかしながら、自白に対するこれらの規制は、捜査や裁判の現場において、必ずしも十分に機能していないとの指摘があります。警察における捜査の中心は、現在もなお、被疑者（犯人であると疑われている者のこと。事件が起訴されるまでの間は、このように呼ばれます。なお、容疑者という言い方がありますが、これはマスコミ用語で、法律用語ではありません）の取調べです。警察は取調べによって被疑者に自白をさせたうえで、裁判所に証拠として提出する調書を作成することを極めて重視しているのです。また、裁判所において、被告人（犯人であるとして裁判所に起訴されている者のこと。被疑者が起訴されると被告人へと呼び名が変わります）が、捜査のときにした自白が任意ではなかったと主張しても、それが認められるのは極めて稀です。どうしてなのでしょうか。

なぜ自白してしまうのか？

足利事件において、菅家さんは、逮捕される前に、任意で警察署に同行したとき、警察の取調べを受けて、犯行を自白しました。では、そもそも、無期懲役に値するような重大な犯罪について、何ら身に覚えがないのに、なぜ菅家さんは自白してしまったのでしょうか。

警察の取調室は，外の世界から完全に遮断された密室です。たとえば，被疑者が**弁護人**（刑事事件について，被疑者や被告人を弁護する人のこと）に弁護を依頼していたとしても，わが国では，警察での取調べに同席することは認められていません（ちなみにアメリカ合衆国では，一般論として，弁護人の同席が権利として認められています）。菅家さんによれば，そうした密室の中で，警察官は，被害者の女の子の写真を菅家さんに見せて「謝れ！」と怒鳴ったり，「お前が殺したんだな」「お前はもう絶対逃げられない」「早く白状すれば楽になる」と厳しく責め立て，髪の毛を引っ張ったり，テーブルを叩いたり，足を蹴ったりして，乱暴に威嚇したといいます。心理学者の研究によれば，こういう状況に置かれると，人間は「自白してしまうと無期懲役になるかもしれない」という少し先の大きな不利益よりも，「自白しない限りこの取調べが終わらない」という目先の（無期懲役になることに比べれば）小さな不利益から逃れることのほうを選んでしまうものだそうです。菅家さんも「とにかく早くこんな恐怖から逃げ出したい」という気持ちで「自分がやりました」と口にしてしまったといいます。

　そのようにしてなされた菅家さんの自白の内容は，本当は自分では体験していないわけですから，上手なストーリーにはなりません。自白の内容は，現場の状況や菅家さんの当日の行動と矛盾していました。また，自白調書に書かれているやり方では実際には犯行が困難だったのです。警察官の誘導に従っただけの自白は，結局，きわめて不自然なものとなりました。

　ところで，被疑者が**逮捕**されたとき，一般にどのような手続が行われるのでしょうか。逮捕された被疑者は，最初に警察の留置施設で72時間以内の身体拘束を受けます。その後，容疑が晴れなければ**勾留**という手続に進みます。勾留された場合は，起訴されるまでの間，原則として10日間，延長が認められればさらに10日間（特殊な事件ではさらに5日間），身体を拘束されることになります。この間，被疑者はずっと警察の留置施設に入れられることがほとんどです（起訴されたのち，他の犯罪の捜査まですべて終了したところで，初めて拘置所に移されるのが通例です）。そうなると，被疑者は，**通算で23日間**にわたって身体を拘束され，その間24時間ずっと，捜査を行っている警察の手元に置かれ続けることになります（警察内部では，留置されている人の管理を担

当する係と，捜査を担当する係とは，いちおう分けられています。しかしそれは，警察の中での役割分担に過ぎません）。このような状態で，朝から夜まで長時間の取調べを受け続けたとすれば，その辛さから逃れるために，身に覚えのない自白をしてしまう人がいたとしても，まったく不思議ではないでしょう。

　そして，このように，警察が，被疑者の取調べによる自白の追及に偏った捜査を行うのは，足利事件に限らず，ほとんどの冤罪事件に共通してみられる特徴なのです。

DNA 型鑑定は「魔法の鑑定」？

　宇都宮地裁が，最初の裁判で菅家さんを有罪としたもうひとつの根拠は，被害者の着ていた衣類に残された犯人のものと思われる体液の DNA 型と，菅家さんの DNA 型とを鑑定したところ，両者が一致したことでした。ここでいう **DNA 型鑑定** とは，細胞にある遺伝子の一部分について，塩基と呼ばれる物質の並び方の違いを利用して，個人を識別しようとするものです。足利事件においては，科学警察研究所という警察の機関が開発した MCT-118 法というやり方で鑑定が行われました。

　ところで，遺伝子の情報が 1 人 1 人異なることは，みなさんもご存じでしょう。そうすると，DNA が一致したならば，「これこそまさに動かぬ証拠！　百発百中の決め手が登場したぞ！」と思うかもしれません。しかし，DNA 型鑑定は，遺伝子に含まれるすべての情報を検出して行うものではなく（もしも国がそのようなことすれば，別の意味で大きな問題になるに違いありません），DNA のごく一部分（MCT-118 という箇所）について，一定の操作を加えたときにできるバーコードのようなパターンを，いくつかの型（血液「型」のようなものをイメージしてください）に分類して，その型が一致するかどうかを判定するものに過ぎません。この点は注意しておく必要があります。

　当時のこの方法によれば，菅家さんと犯人の DNA 型と血液型の組み合わせは，1000 人に 1.2 人の確率で一致するものと判定されました。この数字をひと目だけ見ると，極めて精密に個人が識別されているような印象を受けます。しかし，よく考えてみましょう。当時の足利市の男性人口（8 万 2788 人）

や，周辺の地域から足利市に来る人の多さを考えれば，この結果だけから「菅家さんが犯人として特定された」とまでは決して言えないことがわかるはずです。しかも，この1000人当たりの確率も，後になって，科学警察研究所によって，1.2人から6.23人へと修正されているのです。

さらに，この鑑定には，その方法にも大きな欠陥がありました。DNAに一定の操作を加えた後に出現するパターンを計測してDNAの「型」を判定するときに用いるマーカーにも誤りがあったことが分かったのです。つまり，そもそも間違った基準で「型」を判定していたことになります（もっとも，宇都宮地裁の有罪判決を支持した控訴審判決は，マーカーに誤りがあったとしても，DNA型鑑定は，なお信用できるとしましたが）。のちに東京高裁が再審を行うことを決めたときには，弁護団の求めに従って，DNA型鑑定のやり直しが行われました。その結果によれば，MCT-118法とは別の新たな鑑定方法によって菅家さんと犯人のDNA型が一致しないことが明らかになりました。そして，この新たな方法による鑑定結果が，菅家さんの再審が認められる直接の理由になりました。それだけではなく，このときの鑑定では有罪判決の根拠となったMCT-118のDNA型についてさえも，犯人のDNA型が捜査のときに行われた鑑定結果とは別のものであったことが明らかにされたのです。

DNA型鑑定は，最新の科学技術を応用した客観的な証拠です。取調べで自白を追求することによって犯人を特定してきたこれまでの捜査や裁判のあり方を思えば，このような技術が活用されることは，好ましいことというべきでしょう。足利事件で最初の有罪判決が出たときには，従来型の自白に偏った捜査から科学的で客観的な証拠による捜査へと進化したものとして，マスメディアも好意的に報じたのでした。ただ，その際に，マスメディアも，警察も，そして裁判所も，DNA型鑑定があたかもが百発百中の「魔法の鑑定」であるかのように錯覚してしまったような節があります。新しい科学技術については，それが「新しいもの」であるからこそ，①その鑑定で用いられている原理が本当に科学者たちの世界で承認を得られたものなのか，また，②そのときの鑑定でとられた具体的な手順に間違いはなかったのかを，厳しくチェックしなければいけなかったのです。

足利事件では，捜査においてDNA型鑑定の結果が一致したことが，警察

が菅家さんに強く自白を迫ったひとつの根拠になっていました。「ここに動かぬ証拠があるのだから，無駄な抵抗はやめて自白しろ！」というわけです。実は間違いだらけだったこのDNA型鑑定は，自白に偏った捜査からの脱却どころか，むしろ間違った自白を引き出すための道具として使われてしまったことになります。皮肉なことといわざるを得ません。

冤罪を防ぐために

　最後に，足利事件を教訓にしながら，このような冤罪が発生するのを防ぐために，刑事裁判のあり方を，どのように変えていくべきなのかを考えてみましょう。

　自白については，何よりもまず，取調室が密室であることを改める必要があります。拷問や脅迫など任意になされたものでない疑いがある自白は，裁判において証拠として使ってはならないという法の規制は，実際にはあまり機能していません。その理由は，密室である取調室の中で警察や検察官が自白を強要したかどうかを裁判のときに判断するのが，およそ不可能に近いからです。たとえば，取調べを行った警察官を証人として，自白を強要したかどうかを尋問するとします。しかしそれは，結局のところ，「やった」「やらない」の水掛け論になってしまうでしょう。

　そこで，対策としては，警察や検察官が取調べを行う場合には，その様子をすべて映像と音声で記録することが考えられます。これを取調べの「可視化」といいます。映像と音声で残しておけば，自白を強要されたかどうかは後からでも容易に判断できるでしょう。そして，そのような状況になれば，取調べにおいて拷問や脅迫を行うことは，そもそもできなくなっていくでしょう。取調べに偏った捜査のあり方そのものが変化していくことが期待できます。すでに民主党は可視化を内容とする刑事訴訟法の改正案を用意しており，近い将来には，国会で話し合われるかもしれません。

　実は，現在でもすでに取調べの一部分を録音・録画する運用は行われています。しかし，これは，逮捕された被疑者について，すでに自白がなされて調書がすべて出来上がったあとに，その調書の内容を読みながら「おさら

い」をする形で，被疑者に確認をとっている場面だけを録画するものです。これだけでは，そもそも自白をした時点でどのような取調べがなされていたかを知ることができませんから，自白が強要されることを防ぐためには役に立たないでしょう。また，足利事件での菅家さんがそうであったように，拷問や脅迫によって自白を強要する取調べは，逮捕された被疑者だけでなく，警察署に任意で同行した人に対しても行われます。そうであれば，任意同行してきた被疑者の取調べについても，すべてを録画・録音する必要がありそうです。

DNA型鑑定については，今後，さらなる技術の進歩によって，これまで以上に活発に活用されていくことになるでしょう。しかし，足利事件から学んだとおり，新しい科学的な証拠を活用するときには，「科学」という言葉の目新しさに騙されることなく，その正しさを十分に検討することが必要です。そして，科学は日進月歩ですから，将来になって，その鑑定方法の誤りが発見される可能性も十分にあります。そうした場合に備えて，鑑定を事後的にやり直すことができるようにする（たとえば，鑑定に使う資料をすべて使い切らずに，あとで別の鑑定ができるように保管しておくことを義務づける）必要があるでしょう。もしも，足利事件の再審請求において，資料がなかったり保管状態が悪かったりしてDNA型鑑定のやり直しができなかったとすれば，菅家さんを冤罪から救うことはできなかったかもしれないからです。

　冤罪の原因は，ここで挙げたものだけではありません。警察や検察官の捜査方法だけが悪いのではなく，間違った証拠を見抜くことができない裁判のやり方にも様々な問題があるはずです。また，弁護人による十分な弁護がなされていない場合もあるでしょう。冤罪という悲劇を生むことなく，刑事裁判が本来の役割を正しく実現していくために，どのような対策をとる必要があるのか。法律家はもちろんのこと，私たち市民が果たすべき役割も含めて，みなさんもぜひ，考えてみてください。

◇この法分野を学びたい！◇

　本講では，足利事件を素材として，刑事裁判における最大の病理現象である冤罪について考えました。足利事件には，日本の現在の刑事裁判に問題点が凝縮されているだけでなく，今後の刑事裁判に求められる改革の道筋もまた垣間見ることができます。

　この問題に関心を持った皆さんは，大学の講義で「刑事訴訟法」を受講してください。刑事訴訟の具体的な手続について学ぶとともに，その中に貫かれている原理・原則をしっかりと掴むことが重要です。もっとも，多くの大学では，「刑事訴訟法」は，早くても2年生，遅ければ3年生向けの科目として開講されていると思います。そのかわり，入学して間もなく「憲法」の授業が始まるはずです。刑事訴訟法は，犯罪の処罰に向けた国家の権力行使と，被疑者・被告人の基本的人権の保障とをどのように調整するかが問われる分野です。したがって，「憲法」のうち，とりわけ基本的人権についての理解をきちんとしておかないと，勉強するのが大変になります。冤罪や刑事裁判に関心をもった皆さんは，1年生のうちに，まず「憲法」をしっかり学習しましょう。

　もうひとつ。ぜひとも一度，最寄りの裁判所に足を運んで，実際の刑事裁判を傍聴してください。地方裁判所における第1回公判期日の事件がおすすめです。裁判の流れがわかるだけでなく，法曹や裁判所で働く人たちの存在が，ぐっと身近になるでしょう。また，法廷で見聞きする様々な人たちの人生模様は，法を学ぶことの意味を，皆さんに強く深く問いかけてくれるはずです。

【参考文献】
・菅家利和＝佐藤博史『尋問の罠―足利事件の真実』（角川書店，2009）
・浜田寿美男『取調室の心理学』（平凡社新書，2004）
・秋山賢三『裁判官はなぜ誤るのか』（岩波新書，2002）
・映画「それでもボクはやってない」（監督 周防政行）（フジテレビジョン，アルタミラピクチャーズ，東宝，2007）
・井田良『基礎から学ぶ刑事法〔第4版〕』（有斐閣，2010）
・三井誠＝酒巻匡『入門刑事手続法〔第5版〕』（有斐閣，2010）

中島　宏（なかじま　ひろし）

Part 3　社会との接点 3 ―社会問題と法―

§5　ドメスティック・バイオレンス(DV)をなくすために

はじめに

「ドメスティック・バイオレンス (domestic violence)」，略して「DV」――DV 夫とか DV 離婚など耳にすることがあると思いますが，DV とはどのような行為をいうのでしょうか。ドメスティックということですから，家庭内でふるわれる暴力を意味するものとしましょう。それでは，親から子への虐待（児童虐待 child abuse），また子から年老いた親への虐待（高齢者虐待 elder abuse）も含むのでしょうか。しかし，児童虐待や高齢者虐待の問題は，家庭内でふるわれる暴力だけにとどまらず，教師による児童への体罰や，児童や高齢者が暮らす施設における虐待も対象となるので，それぞれ別個の独立した問題としてとらえる必要があります。また DV を「家庭内暴力」と訳すこともありますが，この言葉は，日本では青少年の子が親に暴力を振るう事例を指すものとして使われていたこともあります。

　このように DV を明確に定義することは容易ではありません。ここでは，家庭内で行われる家族間の暴力のうち，配偶者の一方である夫から妻への暴力として DV を扱うことにします。すなわち，性暴力，セクシュアル・ハラスメントやストーカー行為などを含む「女性に対する暴力」の 1 つの形態とされる DV に焦点をあててゆきます。妻への暴力をなくすために制定された「DV 防止法」と呼ばれている法律が，2001（平成 13）年 4 月に議員立法により成立し，10 月から施行されている「配偶者からの暴力の防止及び被害者の保護に関する法律」です。同法にいう「被害者」とは妻に限定されている訳ではありません。けれども，同法前文には次のような一節があります。

「……配偶者からの暴力は，犯罪となる行為をも含む重大な人権侵害であるに

もかかわらず，被害者の救済が必ずしも十分に行われてこなかった。また，配偶者からの暴力の被害者は，多くの場合女性であり，経済的自立が困難である女性に対して配偶者が暴力を加えることは，個人の尊厳を害し，男女平等の実現の妨げとなっている。」

「個人の尊厳」と「両性の本質的平等」は憲法 24 条に示された家族法の基本原理です。DV 防止法においては，家庭で行われる暴力や虐待が人権を侵害する行為であること，したがって国と地方公共団体には配偶者からの暴力を防止し被害者を保護する責務があることが明確にされているのです。これまで親密な関係にある個人間の問題であり，「法は家庭に入らず」の原則のもとで不介入とされてきた DV に対して，たとえ私人による行為であっても国が必要な防止措置を講じなければならないとされたことは画期的なことだといえるでしょう。

なお，DV 防止法のもとで，婚姻届を提出して法律上の婚姻をしていなくても，内縁関係など事実上の婚姻のパートナーからふるわれる暴力も対象とされます。また妻への DV には，別居中や離婚後の妻も含むものへと改正がなされています。なぜならば，そのような妻こそ保護が必要とされる暴力をふるわれる可能性があるからです。一方で，親密な関係にある男女間であっても，婚約者や恋人間の暴力については，DV 防止法ではなく，ストーカー規制法が適用されます。

DV の実態は

夫もしくはパートナーからの暴力には，以下のようなものがあります。
①身体的暴力——殴る，蹴る，物を投げつける，突き飛ばしたりするなど。
②精神的暴力——人格を否定するような暴言，交友関係を細かく監視するなどの精神的な嫌がらせなど。
③性的暴力——暴力や脅迫を用いた性行為の強要など。

これらは，あとで説明する DV 防止法で扱われている暴力です。さらに次の形態を含むこともできるでしょう。

④経済的暴力——生活費を渡さない，お金を取りあげるなど。

　また夫やパートナーからの暴力は，子どもに向けられることも多いのです。子どもに暴力をふるったり，ふるうぞと脅すことは，女性に対する精神的暴力となります。一方で，子どもは直接暴力をふるわれなくても，DVを目撃することで影響を受けるおそれがあります。それゆえ，児童虐待防止法はそうした場合を「児童に著しい心理的外傷を与える言動」として児童虐待行為であると定義しています。

　次に，DVの実態を統計調査から見てゆくことにしましょう。内閣府「男女間における暴力に関する調査」(2008年) によれば，上記の①②③のいずれか1つでも受けたことのある配偶者 (事実婚，別居中の夫婦，元配偶者を含む) は，女性では33.2％ (うち「何度もあった」は10.8％) です。一方男性では17.7％ (うち「何度もあった」は2.9％) です。

　①の身体的暴力について，警察が受理したDV事案 (相談，援助要求，保護要求，被害届・告訴状の受理，検挙等) の件数から見ると，2003 (平成15) 年には1万2,500件ほどであったものから増加し続け，2008 (平成20) 年には2万5千件に達しています。その被害者の実に98.4％が妻です (婚姻中が7割強，離婚後が1割強，事実婚1割強)。犯罪として検挙された件数を見ると，2008 (平成20) 年では妻が被害者となった犯罪は，殺人126件，傷害1,268件，暴行975件で，1996 (平成8) 年から傷害・暴行の件数は増加傾向にあります。

　DVにより婚姻が破綻することもあります。家庭裁判所に対する妻からの離婚調停の申立て48,041件 (2008年) のうち，その理由となったのは，「暴力をふるう」が29.4％，「精神的に虐待する」が25％，「生活費をわたさない」が23.5％となっています (なお一番多いのが「性格が合わない」で44.2％，「異性関係」は26.1％です)。

DV防止法とは

　DV防止法のもとで，「配偶者からの暴力」とは，どのような行為をいうものと定義されているでしょうか。同法第1条は，「配偶者からの暴力」として，(i)「配偶者からの身体に対する暴力」(身体に対する不法な攻撃であって，

生命又は身体に危害を及ぼすもの），さらに（ii）「これに準ずる心身に有害な影響を及ぼす言動」であると定義しています。後者は，精神的暴力もしくは性的暴力のことをいい，刑法上の脅迫にあたる言動（軽微なものは除く）もこれに該当するとされています。

　DV防止法により，各都道府県には「配偶者暴力相談支援センター」が設置され，相談や相談機関の紹介，カウンセリング，自立支援についての情報提供，関係機関との連絡調整などの業務を行っています。ですから，暴力の被害者は，この配偶者暴力相談支援センターや警察を窓口として，必要とする保護を求めることができるのです。さらに緊急時の安全確保として，配偶者暴力相談支援センターでは，「一時保護」といって，他に行くあてがない被害者や子どもについて，危害が及ばないよう配偶者から離れた安全な施設（シェルターといい，公的な施設のほか，委託された民間シェルターもあります）で生活できるようにします。

　また家庭という密室で行われるDVは，発見が難しく，被害者も声をあげにくい状況があるため，DV防止法では，暴力を受けている者を発見した者に，配偶者暴力相談支援センターや警察に通報するように努める義務があると定めています。医師や看護師などの医療関係者は，業務を行う際に被害

<DV防止法の手続の流れ>

被害者 → 保護命令の申立て → 地方裁判所 → 保護命令 → 相手方（配偶者・元配偶者）

◇被害者への接近禁止（6か月）
◇子への接近禁止（6か月）
◇親族等への接近禁止（6か月）
◇電話等の禁止（6か月）
◇住居からの退去（2か月）

※<保護命令違反に対する罰則>
1年以下の懲役または
100万円以下の罰金

被害者 → 相談援助保護 → 配偶者暴力相談支援センター／警察
国民 → 通報

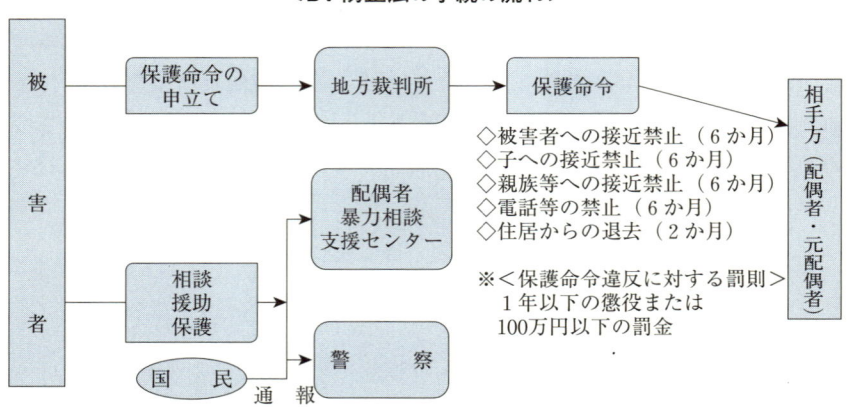

※内閣府男女共同参画局HPに依る
<http://www.gender.go.jp/e-vaw/law/haibouhou_pdf/200226dv_panfu.pdf>

者を発見した場合に通報することができるのですが、その際に被害者の意思を尊重するよう求められています。

保護命令

　DV防止法が被害者を保護するためにスタートさせた新たなしくみが、「保護命令」の制度です。同法にもとづき、被害者は、地方裁判所に対して、次のような内容を相手方の配偶者に命じる命令を発するよう申し立てることができます。

　①被害者への接近禁止命令——被害者につきまとったり、住居や勤務先などの被害者が通常いる場所の近くをはいかいすることを禁止するものです。

　②子への接近禁止命令——被害者と同居している子について、①と同様につきまといやはいかいを禁止するものです。

　③親族等への接近禁止命令——被害者の親族等に対し、①と同様につきまといやはいかいを禁止するものです。

　④電話等禁止命令——面会の要求、無言や夜間の電話・ファックス、著しく粗野・乱暴な言動など同法が定める行為を禁止するものです。

　⑤住居からの退去命令——被害者と配偶者が生活の拠り所としている住居が同じである場合に、配偶者がその住居から退去し、住居の付近をはいかいすることを禁止するものです。

　①から④までの禁止命令は6か月間、また⑤の退去命令は2か月間、有効です。

　これらの保護命令は、被害者がすでに配偶者からの身体に対する暴力または生命・身体に対する脅迫を受けていて、さらに暴力を受けることにより「生命又は身体に重大な危害を受けるおそれが大きいとき」に申立てをすることができます。裁判所に申し立てられた保護命令の件数は増加しており、それにともなって保護命令が発令された件数も、当初の千件台から2千5百件を越えるまでになっています。

　この保護命令に違反すると、1年以下の懲役または100万円以下の罰金に

処せられます（2008 年に保護命令違反で検挙されたのは 76 件です）。

DV の背景

　DV 防止法が制定されてから，状況は改善されたでしょうか。すでに触れたように DV の件数は増加傾向にあり，配偶者暴力相談支援センターへの相談も 6 万 8 千件を超えるほどです（2008 年度）。DV が起こる原因や背景について考えてみましょう。

　DV は家庭内で行われるため，外部からの発見が難しく潜在化しやすいという側面があります。また加害者に罪の意識が薄く，被害が重大なものとなることがあります。家庭という閉ざされた空間で発生するという点では，児童や老親への虐待もそうです。それゆえ，通報の制度が重要なのです。

　でも，DV を受けている妻は，なぜ自ら助けを求めることができないのでしょうか。子どものことや世間体を考えて躊躇したり，「自分さえ我慢すればよいのだ」とあきらめたり，また別れを切り出した後に夫から脅される場合もあるでしょう。DV のサイクルといって，暴力をふるったあと男性は優しくなるのですが，その後緊張が高まって暴力という形で爆発することが繰り返され，「殴られる妻症候群」に陥ってそこから自力で抜け出すことができなくなってしまうといわれます。

　また調査結果によれば，別れられなかった理由で最も多いのは「経済的な不安」となっています。「男は仕事，女は家庭」という性に基づく役割分業により，私的な領域である家庭における家事，育児や介護という無償労働に従事していることが，女性の男性への依存関係を生み，男性優位の社会構造が家庭のなかにも反映されているのです。

国際的な取組み

　DV 防止法の前文に「……人権の擁護と男女平等の実現を図るためには，配偶者からの暴力を防止し，被害者を保護するための施策を講ずることが必要であ」り，それは「女性に対する暴力を根絶しようと努めている国際社会

における取組にも沿う……」とあるように、DV の根絶は、国連を中心に世界中の国々が取り組んでいる重要課題なのです。世界の女性の権利章典「女性差別撤廃条約」(1981年発効)は「事実上の平等」の達成をめざし、私人間における差別も対象とし、女性に不利にはたらく社会的慣習を是正し、差別を是正する積極的な措置をとることを認めています。日本は、男女雇用機会均等法の制定や国籍法の改正など国内法を整備して、1985(昭和60)年に条約を批准しました(現在186か国が批准)。条約には女性に対する暴力に関して直接規定する条文はありませんが、条約の委員会である女性差別撤廃委員会は、1992(平成4)年に「女性に対する暴力に関する一般勧告第19号」をまとめています。同勧告は、女性が劣っているもしくは定型化された役割を有するとみなす伝統的な態度、偏見もしくは慣行が DV など女性に対する暴力を永続化させていること(para.14)、最も表面化されない女性に対する暴力の形態の1つである DV はすべての社会において広く行われているが、経済的独立の欠如のため多くの女性が暴力的関係の中に留まることを余儀なくされていること(para.22)を指摘したうえで、締約国が DV を含む女性に対する暴力を撤廃するために必要な措置をとるよう求めています。さらに1993(平成5)年には国連の「女性に対する暴力の撤廃に関する宣言」が出され、1995(平成7)年の第4回世界女性会議の北京宣言・行動綱領にも女性に対する暴力が取り組むべき課題の1つに挙げられました。こうした90年代の国際的な動きに連動して、日本では、**男女共同参画社会基本法**(1999年)にもとづく基本計画のなかに「女性に対するあらゆる暴力の根絶」が掲げられ、2001(平成13)年に DV 防止法が制定されたのです(ちなみに、家族間暴力に関する法整備としては、2000年に「児童虐待防止法」、2006年に「高齢者虐待防止法」が制定されたことも注目されます)。

国際社会によるモニタリング

女性差別撤廃条約のもとで、条約の締約国は、男女平等の実現をめざす条約の実施のためにどのような立法上、司法上、行政上その他の措置をとったか、およびそれによりどのような進歩が実現されたかについて、国連女性差

別撤廃委員会に定期的に報告する義務を負っています（第18条）。女性差別撤廃委員会による日本政府報告の審査は，これまで4回行われています（1988年，1994年，2003年，2009年）。2009（平成21）年の報告審査では，DV防止法を改正（2004年，2007年）して，「配偶者」や「暴力」の定義の拡大や保護命令制度の拡充により被害者の保護を強化したことが評価されています。一方で，意識啓発や被害者の相談・自立支援をいっそう強化するよう勧告されています。このように定期的な報告とその審査をつうじ条約の実施の進捗状況が国際社会からモニタリングされ，男女平等のさらなる実現が進められてゆくのです。

　女性差別撤廃条約には，この報告審査の手続のほかに，条約上の権利が侵害されたと主張して個人が女性差別撤廃委員会に直接訴えることのできる個人通報の制度もあります（オーストリアのDV殺人の事例では，3年にわたるDVの経緯を知りつつ警察・検察当局が妻を保護できなかったことについて，条約の違反が認定されています）。この女性差別撤廃条約選択議定書は2000（平成12）年に発効し，現在99か国が締約国となっていますが，残念ながら日本はまだ批准していません。

むすび

　「法は家庭に入らず」という原則のもと，これまでたかが夫婦げんかと放置されてきたDVについて，社会の関心も高まり被害の実態もしだいに明らかにされてきました。けれども，児童虐待や高齢者虐待とともに，家庭という閉ざされた場において家族の間でふるわれる暴力の問題は，法制度を整備するだけで決して解決するものではありません。その根絶に向けて，関係機関の連携強化，被害者や加害者へのカウンセリングなど総合的な施策の実施，そして人々の意識変革が求められています。

◇この法分野を学びたい！◇

　DVが原因で離婚した場合に慰謝料はどうなるのか，もしくは子との面会交流を認めるかなど，DVやDV防止法については家族法の授業やゼミで取りあげられることが多いでしょう。また裁判員制度のもとでDV殺人の事例が扱われた場合を考えてみましょう。たとえば，DVをふるわれていた妻が追い詰められ夫を殺害した裁判において，殺されないためにそうするしかなかったと正当防衛を主張したらどうでしょうか。そのような裁判で裁判員の男女の構成は関係がないといえるでしょうか。DVの被害者にとってケアや自立支援のサポートが重要であることを考えれば，社会保障法なども関連してきます。

　DVの問題は，憲法，刑法，民法などの法律学をジェンダー（gender：社会的・文化的性差）の視点から見直すというジェンダー法において，考察の対象とすべき重要なテーマの1つでもあります。さらに女性差別撤廃条約をはじめとする国際的な人権保障のしくみに関心があれば，憲法，国際法もしくは国際人権法の授業を受講されると良いでしょう。

【参考文献】
- 「夫（恋人）からの暴力」調査研究会『ドメスティック・バイオレンス〔新版〕』（有斐閣，2002）
- 浅倉むつ子監修『導入対話によるジェンダー法学〔第2版〕』（不磨書房，2005）
- 金城清子『ジェンダーの法律学〔第2版〕』（有斐閣，2007）
- 角田由紀子『性差別と暴力──続・性の法律学』（有斐閣，2001）

【関連サイト】
- 内閣府男女共同参画局 http://www.gender.go.jp/
（女性に対する暴力や女性差別撤廃条約に関する情報）

今井　雅子（いまい　まさこ）

Part 3

社会との接点 4
―裁判と法―

§1 皆さんは未来の裁判官
§2 有罪 or 無罪だけが裁判じゃない！
§3 「訴訟小国」日本と「訴訟大国」アメリカ

Part 3　社会との接点4 ―裁判と法―

§1　皆さんは未来の裁判官

はじめに

　2009（平成21）年5月21日に「裁判員制度」がスタートし，8月3日には東京地方裁判所において初の裁判員裁判が行われました。従来の刑事裁判は，裁判官のみで判断してきたわけですが，本制度の導入によって，国民が「裁判員」という判断者として，一定の重大事件に関与することになりました。いわば，皆さんは「未来の裁判官」なのです。それゆえ，裁判員制度の導入は，刑事司法における「戦後最大の改革」などとマスコミに取り上げられましたが，残念なことに世間の関心は高まりをみせませんでした。

　原因はどこにあるのでしょうか。裁判員制度は，「根なし草」などと評されるように，国民が熱望して勝ち取ったものではないことに一因があることは否定できないように思われます。制度の立ち上げ時に，世間の関心が「どういう場合に辞退できるか」というネガティブな話題に集まったことは，このことを裏付けているといえるでしょう。

　しかし，当初の不安をよそに，裁判員経験者の心境には変化がみられるようです。最高裁が開始以降の14事件の裁判員79名に実施したアンケート結果によれば，選任前にはネガティブな気持ちが56.9％であったのに対し，参加後は97.5％がよい経験であったとの感想になりました。裁判員制度についてはその評価も含め今後も活発な議論がなされていくでしょう。本講が，制度内容を把握する一助となり，「人が人を裁くこと」をアカデミックに考える契機になればと思います。

悪は御上(おかみ)が裁く

　テレビには色々な人気番組がありますが，世代を超えて支持を集めている

ものに時代劇があります。日本人は時代劇が好きなようで、「遠山の金さん」「大岡越前」「水戸黄門」「暴れん坊将軍」など挙げれば切がありません。なぜ時代劇に惹かれるのでしょうか。そこには，善を勧め悪を懲らすという「勧善懲悪」による「正義」の心地よさがあるように思われます。

では、時代劇において「正義」はどこで実現されるのでしょうか。それは現在の「法廷」にあたる「お白州」です。たとえば，遠山の金さんでは，桜吹雪の入れ墨をした遊び人という設定の金さんが，城下町で起こっている悪事を察知し（捜査の端緒），調査の末に現場に踏み込み（捜査），立ち居振る舞いの末，奉行所の者たちが駆け付けて悪人たちをお縄（逮捕）にします。次のシーンがお白州です。「北町奉行，遠山左衛門尉様，ご出座」「これより，○○について吟味を致す，一同の者，面を上げい」なんてセリフを聞いたことがあるのではないでしょうか。

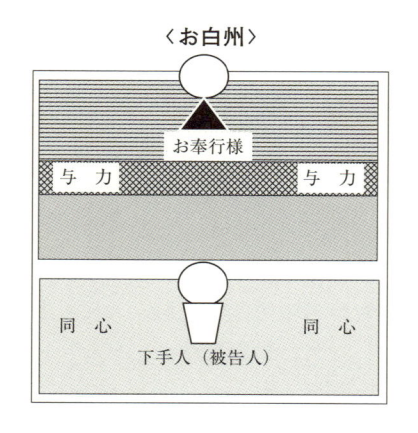

〈お白州〉

左図にあるように，お白州では，お奉行様が悪事を裁きます。被害者たちは，お奉行様に「金さんが悪事を全部知っています」などと訴えますが、悪人たちは「金さんなんてどこにいるんだ。いるなら連れてこい」と白を切ります。

こうしたやり取りの後，お奉行様は，決定的な証拠（桜吹雪の入れ墨）をつきつけ，自らが金さんであることを明かし，悪事を認定して刑を言い渡します。同様に，大岡越前の江戸町奉行大岡忠相の有名な「大岡裁き」も，お白州での話です。

このように，当時のお裁きは庶民が関与するものではなく，「御上」が1人で担当していたのです。こうしたシステムは，文化的・社会的背景も手伝って，日本人には馴染みやすいものだったのでしょう。その後，幾多の変遷をたどりつつも，「御上が裁く」という基本枠組みは変更されずに維持され，現代版の御上である職業裁判官のみによる裁判が展開されてきたのです。

国民は初参加ではない！？

　先ほど，裁判員制度は「戦後最大の改革」と紹介しましたが，実は，裁判に国民が参加するのはこれが初めてではありません。1928（昭和3）年10月1日から1943（昭和18）年4月1日にかけて，陪審制度が導入されていたのです（最初の審理は，東京地方裁判所1928年12月17日現住建造物放火未遂事件）。

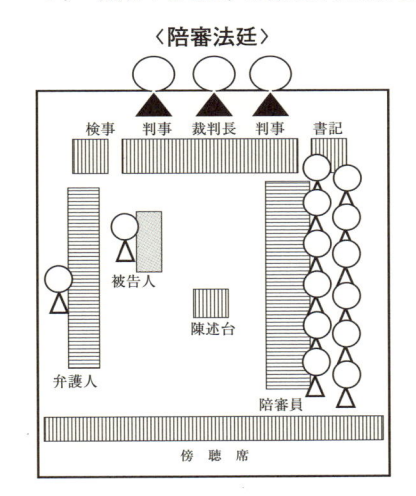

〈陪審法廷〉

　左図のような陪審法廷では，およそ15年間に，殺人などの重大事件（法定陪審事件）が484件，被告人の請求によるもの（請求陪審事件）が12件審理されました。しかし，制度発足から10年も経たないうちに，陪審裁判はほとんど利用されなくなり，停止に至りました。理由としては，①法曹三者（裁判官，検事，弁護士）の消極的姿勢，②被告人の費用負担に基づく陪審裁判の辞退，③戦渦における制度コストの過負担などが指摘されています。当初はあくまでも停止措置でしたが，戦後の混乱期の中で停止がとけないまま歴史に姿を消しました。

　なお，統計資料によれば，法定陪審事件の刑法犯は，無罪が17.6％，有罪が82.1％，公訴棄却が0.3％でした。この結果は，裁判員制度にとっても興味深い数値といえるでしょう。

裁判員制度が導入された理由

　では，なぜ再び国民が裁判に参加する制度が導入されたのでしょうか。1つの要因に絞ることはできませんが，刑事裁判との関係では，犯罪関連報道において犯罪被害者がクローズアップされ，世間に急速に認知されたことで，事案によっては「国民と司法との距離感」が指摘されるに至ったことなどが挙げられています。1999（平成11）年7月に司法制度改革審議会が設置さ

れ，2001（平成13）年6月12日には「司法制度改革審議会意見書——21世紀の日本を支える司法制度——」によって，刑事裁判に国民が参加する裁判員制度が提案されました。この提言を受けて内閣に司法制度改革推進本部が設置され，2004（平成16）年5月28日に「裁判員の参加に関する刑事裁判に関する法律」（以下「裁判員法」）が成立し，2009（平成21）年5月21日から新制度がスタートしました。ここに，「御上が裁く」ではなく，「御上と国民が一緒になって裁く」制度が誕生したのです。

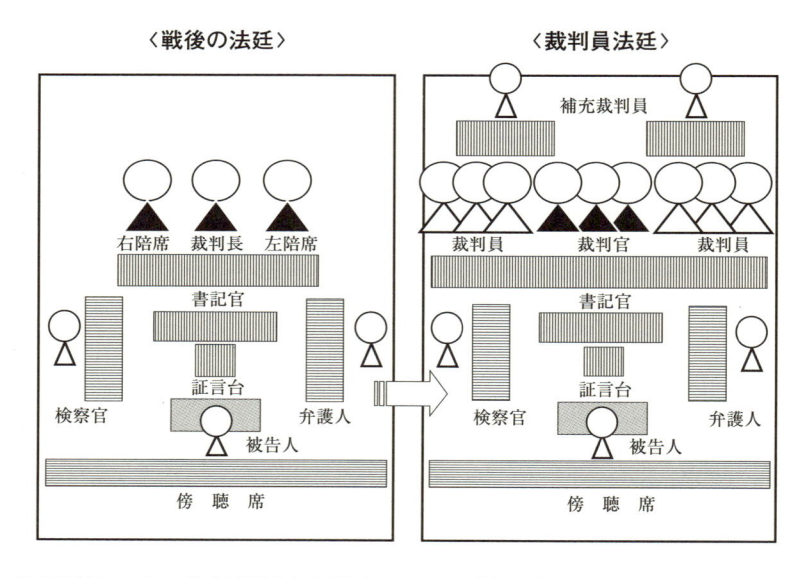

〈戦後の法廷〉　　　　　　　　〈裁判員法廷〉

（図：戦後の法廷では右陪席・裁判長・左陪席，書記官，証言台，検察官・弁護人，被告人，傍聴席。裁判員法廷では補充裁判員，裁判員・裁判官・裁判員，書記官，証言台，検察官・弁護人，被告人，傍聴席。）

　裁判員法には，裁判員制度が導入された趣旨が次のように説明されています。「……国民の中から選任された裁判員が裁判官と共に刑事訴訟手続に関与することが司法に対する国民の理解の増進とその信頼の向上に資する……」（裁判員法1条）。すなわち，これまで分かりにくかった裁判における意思決定過程を国民が直接見聞きすることによって，司法についての理解が進むとともに，司法機能を知ることで司法に対する信頼の向上につながることが趣旨であると理解できます（国民的基盤の確立）。また，より広範囲から捉えてみると，本制度には，「ガラパゴス」的状況と称される裁判の遅延などといった機能不全に陥っている部分を不可避的に打開することや，裁判員を

経験することで，社会で実際に起こっている様々な問題に対して関心をもつ人が社会に広がっていくことも期待されているといってよいでしょう。

裁判員の選ばれ方

　皆さんは，どのように裁判員に選ばれるのでしょうか。一連の流れをみておきたいと思います。

　まず，毎年 11 月頃，地方裁判所ごとに翌 1 年間裁判員に選ばれる可能性のある候補者を衆議院議員の選挙名簿から無作為に抽出し，裁判員候補者名簿を作成します。衆議院議員の選挙名簿がもとですから，20 歳以上の人なら誰でも登載される可能性があることになります。

　次に，裁判所から，翌年の裁判員候補者名簿に登載されたことが通知されます。この時点で，翌 1 年間は裁判所から裁判員候補者として呼び出しを受ける可能性が生じます。ただし，実際に事件を担当することになる裁判員候補者は，当該事件についての第 1 回公判期日が決定された後に名簿登載者から無作為抽出で 50 〜 100 名程度が選ばれることになります。また，この名簿に登載されたことの通知と併せて裁判員制度の概要などの説明書と調査票が同封されています。調査票によって，禁錮以上の刑に処せられた者であるなどの欠格事由（裁判員法 14 条）や国会議員であるなどの就職禁止事由（15 条），学生または生徒であるなどといった辞退事由（16 条）の有無が調査されます。

　具体的事件の候補者に当該法廷への呼出状が送付されるのは初公判予定日のおよそ 6 〜 8 週間前です。選任手続期日の通知の際には，呼出状と質問票が同封されています。呼出状には，審理に要する日数が記載されています。選任手続期日は，通常，公判初日の午前中に設定され，裁判員 6 名が選任される手続に入ります。選任候補者は，裁判所職員から手続の説明に加え，質問票への記載や裁判長から直接口頭で質問を受けることになります。ここでは，事件との関係の有無（17 条）や辞退したい理由などが聞かれます。これらの手続が終わると，裁判所は，諸事情を総合考慮し，裁判員 6 名（＋補充裁判員若干名）を選任します。

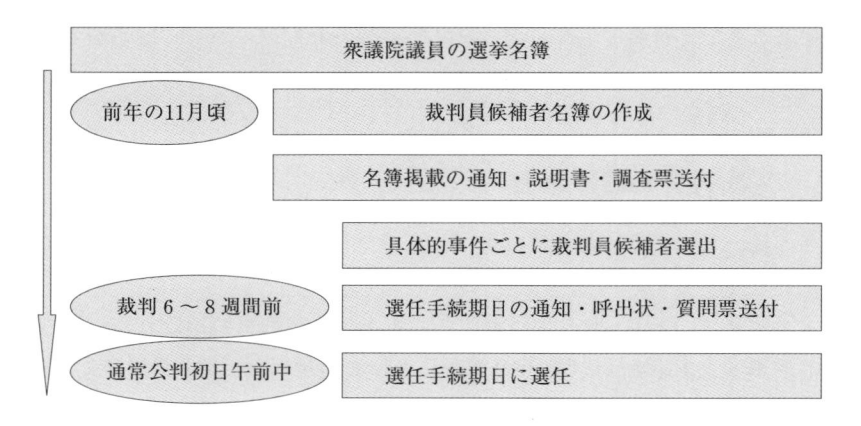

```
前年の11月頃  ┐   衆議院議員の選挙名簿
              │   裁判員候補者名簿の作成
              │   名簿掲載の通知・説明書・調査票送付
              │   具体的事件ごとに裁判員候補者選出
裁判6〜8週間前│   選任手続期日の通知・呼出状・質問票送付
通常公判初日午前中 選任手続期日に選任
```

　以上，選任手続を概観してきましたが，皆さんの関心は，選任手続に加え，実際に裁判員やその候補者に選ばれる確率にあるのではないでしょうか。平成19年度のデータをもとに試算すると，裁判員対象事件が全国で約2600件でしたから，1年間に13万人〜26万人が裁判所に出頭することになります。確率に直すと，全国で1年当たり，全有権者のうち，実際の事件ごとに裁判員候補者として裁判所に出頭する人が約400〜800人に1人程度（0.13〜0.25％），実際に裁判員または補充裁判員として裁判員裁判に参加する人が約5,000人に1人程度（0.02％）となります。日当は拘束時間に応じ，裁判員が1日上限1万円，候補者には1日8000円を上限に裁判長が決定して支払われます。

　なお，裁判員候補者が，裁判員の選任手続において，質問票に虚偽の記載をして裁判所に提出したり，質問に対して虚偽の陳述をしたときは，50万円以下の罰金に処されます（110条）。また，正当な事由なく出頭しなかった場合には，10万円以下の過料に処せられますので注意が必要です（112条）。

裁判員は何をすればいいのか？

　皆さんが裁判員に選ばれたとしましょう。裁判員にはどのような役割が期待されているのでしょうか。「裁判員は大変そうだ」という感覚のみが先行

§1 皆さんは未来の裁判官

し，それ以上に実際の役割が何なのかについては意外と知られていません。

裁判員の役割は，主に2点あります。**事実認定**と**量刑判断**です。国民が裁判に参加する制度というと，「十二人の怒れる男」「ニューオーリンズ・トライアル」などの映画で描かれているように，**米国の陪審制度**が想起されますが，陪審員と裁判員の役割は大きく異なります。陪審制度では，被告人が有罪か無罪かの事実認定は国民の中から選ばれた12名の陪審員のみによって行われ，他方，刑の量定は裁判官のみの役割とされています。これに対し，裁判員制度では，国民から選ばれた**裁判員6名が裁判官3名と一緒に評議**し，事実認定と量刑判断を行うのです。

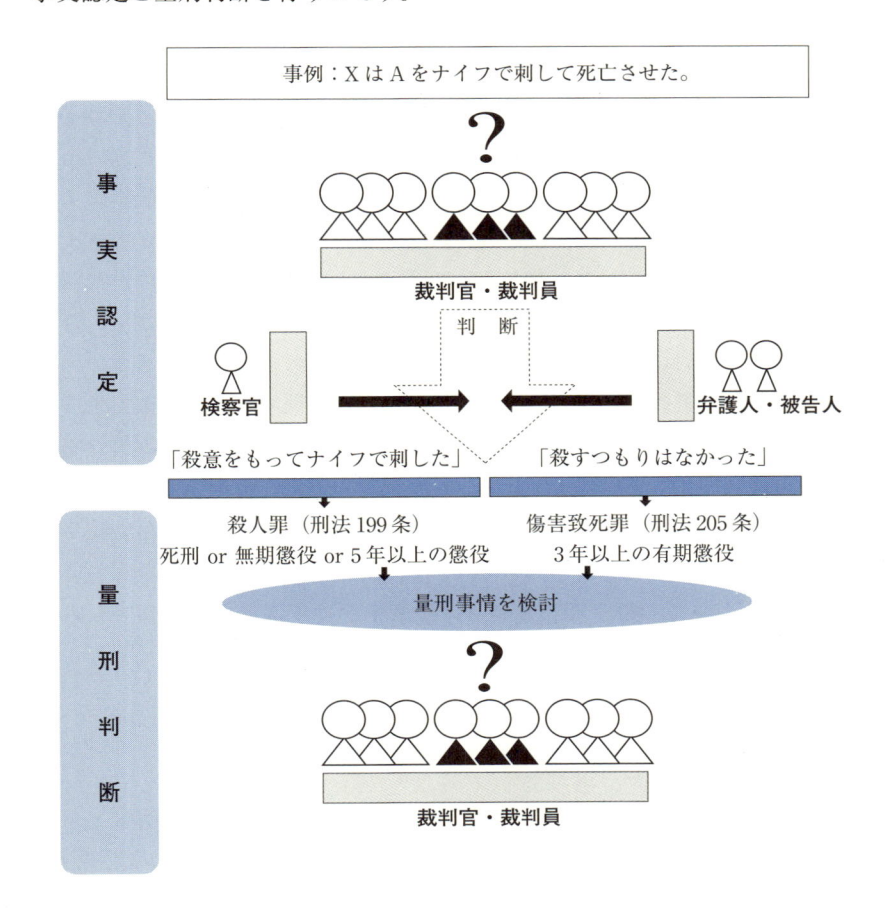

事例：XはAをナイフで刺して死亡させた。

事実認定

裁判官・裁判員

判　断

検察官　　　　　　　　　　　　弁護人・被告人

「殺意をもってナイフで刺した」　　　「殺すつもりはなかった」

殺人罪（刑法199条）　　　　　傷害致死罪（刑法205条）
死刑 or 無期懲役 or 5年以上の懲役　　3年以上の有期懲役

量刑事情を検討

量刑判断

裁判官・裁判員

皆さんが裁判員になり、物事の判断を迫られた際には、「タイムマシーンさえあれば……」「心を覗けるカメラがあれば……」と思うことが少なくないかもしれません。というのも、法廷では証拠に基づいて、いかなる犯罪が行われたのかということを検察官が立証していくわけですが、過去に起こったとされる出来事を証拠によって現在の法廷に再現していくことになるからです。裁判員は目撃証人や被害者の証言、凶器などの物証、供述などの書証によって判断していくことになるわけですが、もどかしさや不安を感じることもあるでしょう。タイムマシーンにのって事件当日の事件現場に行くことができれば、何が起こったのかは一目瞭然でしょうし、心を覗くことができれば「嘘か真か」がはっきりするのに……と。

しかし、皆さんが過度にプレッシャーを感じる必要はありません。裁判員に期待されているのは、皆さんの社会経験・社会常識などを活かしつつ証拠によって判断していくことなのです。ここで求められる真実は、実際の出来事に限りなく近いことに越したことはありませんが、あくまでも証拠によって過去を再現しているわけですから、自ずと限界があることは否定できません。社会経験・社会常識と証拠によって導かれる訴訟的真実の探求が裁判員に期待される役割であって、自然科学の意味での真実の探求ではないのです。裁判員は裁判官と一緒になって議論し、与えられた証拠と向き合い、そこから導きうる事柄をこれまでの経験等を通じて表明すればよいのです。

他方で、裁判員には守秘義務があります。皆さんにとって、ある種のプレッシャーになるとも思われますが、公正な裁判の実現、自由な意思表明および安全の確保などのために、裁判員には、評議の秘密やその他職務上知り得た秘密を漏らした場合には、6月（ろくげつ）以下の懲役または50万円以下の罰金に処せられます（108条1項）。守秘義務は、在職中だけではなく、在職後も処罰の対象になります（同条2項、3項）。

おわりに

裁判員は、裁判官と一緒に評決に向かって評議を重ねます。専門家と一緒であることは安心感を与えますが、その一方で、そもそも「法」や「裁判」

は難しいというイメージから，「間違ったことを言うのは恥ずかしい」といったネガティブな姿勢を生み出しかねません。しかし，プロの裁判官だって判断に迷い，ときには間違うことすらあるのです。裁判官の世界には，「乗り降り自由」という言葉があります。これは，裁判官3人が合議し，判決に至る過程で，他人の意見に乗ったり降りたりするのは自由であるという意味です。裁判官だって絶対ではないのです。ですから，不必要なプライドは捨て，他者の意見がよいと思えば乗り，違うと思えば降りながら議論を重ねることで，最終的によりよい評決に至ることを目指しているのです。

　同じことは，裁判員と裁判官が一緒に行う評議にも当てはまるでしょう。評決は，最終的には多数決によりますが，全員一致が目指されます。その趣旨は，「少数者の意見にも耳を傾ける」点にあります。議論して結論を出す方法としては，民主的な多数決が頭に浮かびますが，少数者の権利も保護の対象である裁判の場では，この方法は必ずしも正当性をもつとはいえません。多数派は少数派の意見を聴くことで，少数派は多数派の意見を聴くことで，お互いになかった視点を補い，両者が納得のいく結論に至ることが議論する利点のはずです。それにも関わらず，多数派＝正，少数派＝誤といった構図は，本当の意味で納得のいく結論とはいえないように思われます。ですから，法の専門家ではなく，視点，経験，立場の異なる皆さんの参加が重要な意義を有するのです。

　最後に，裁判員制度が成功する否かは，一般国民（裁判員）がカギを握っていることは言うまでもありませんが，裁判官，検察官，弁護士などの司法関係者のサポートや報道関係者の報道姿勢の工夫が不可欠です。また，各自治体による子供の保育，高齢者や障害者の介護サービスなどの取組みも，さらなる進展が望まれます。裁判員制度は社会が連携していかなければ，よりよい刑事司法制度の構築に向かって進んでいくことはできません。他方で，制度自体が目的化し，独り歩きする事態も避けねばなりません。本制度は，あくまでも「個人の基本的人権の保障とを全うしつつ，事案の真相を明らかにし，刑罰法令を適正かつ迅速に適用実現する」という刑事訴訟法の目的（1条）を阻害するものであってはならないのです。裁判員の負担を軽減しつつ，いかに審理を充実させるかが今後の克服すべき課題でしょう。

◇この法分野を学びたい！◇

　本講では裁判員制度についてみてきました。話題の中心は，裁判所の段階（公判段階）でしたが，事件は裁判所だけで完結するわけではありません。イメージしてみて下さい。裁判官や裁判員は何に基づいて判断するのでしょうか？直感でしょうか？直感で犯人とされては堪りませんよね。裁判官や裁判員は「証拠」に基づいて判断するのです。では「証拠」はどのように収集されるのでしょうか？証拠は「捜査」によって集められます。

　このように，犯人の有罪，無罪等は「捜査」で集められた「証拠」に基づいて，判断されるのです。さらに，事件はここで終りません。有罪となった者のその後の手続が残されています。有罪となった者には，皆さんが裁判員として裁判官と一緒に議論（評議）し，結論を下した評決に基づいて刑が科されることになります。その後も再審請求などの非常救済手続があります。

　これら一連の手続に興味をもった読者の皆さんは「刑事訴訟法」の受講をお勧めします。また，関連科目も併せて学習すると効果的です。たとえば，どのような行為が犯罪となるのかなどについて学習する「刑法」，「なぜ人は犯罪を犯すのか」といった犯罪原因論や犯罪予防対策，受刑者の処遇などについて学習する「刑事政策（刑事学）」，さらには少年が事件を起こした場合の手続などが定められた「少年法」を受講されるとよいでしょう。

　また，皆さんの進路との関係では，裁判官，検察官，弁護士，検察事務官，裁判所事務官，家裁調査官，法務教官，刑務官，警察官などを目指す方に役立ちますし，日常生活においても，ニュースや新聞の見方がきっと変わってくるでしょう。

【参考文献】
・村井敏邦『裁判員のための刑事法ガイド』（法律文化社，2008）
・池田修『解説裁判員法〔第2版〕』（弘文堂，2009）
・前田雅英『裁判員のための刑事法入門』（東京大学出版会，2009）
・最高裁判所 HP〈http://www.saibanin.courts.go.jp/〉

宮木　康博（みやき　やすひろ）

Part 3　社会との接点 4 ―裁判と法―

§2　有罪 or 無罪だけが裁判じゃない！

はじめに

「裁判」と聞いて多くの人がまず頭に浮かぶのは,「A 被告人は, 果たして本当に甲野太郎氏を殺したのだろうか？, もしそうだとして刑は, 懲役○○年？, はたまた死刑か？!」, といった事件に関するものかと思います。これは, 法廷モノの TV ドラマや映画であつかわれている事件がそういったものであることが多いことに加え, さらに, 最近では, わが国でも裁判員制度が導入されたこともあって, そういった事件に関する裁判報道に接する機会が増えていることにもその原因があるといえるでしょう。この手の事件に関する「裁判」は「刑事裁判」と呼ばれるものですが, 実は「裁判」にはこれ以外にも「民事裁判」と呼ばれる別の種類の裁判制度が存在しています。

ここでは, 一般市民の大半にとっては, あまりなじみのない「民事裁判」というものの役割や内容について勉強してみましょう。

民事裁判では, 何を「裁く」の？

民事裁判というものをイメージしやすくするために, ここで簡単な事例を 1 つあげてみましょう。

> [事例] X さんの言い分
> 　長年の友人である Y さんの事業がうまく行っていないことを知った私は, 当面の事業の運転資金として 1000 万円を Y さんに融通してあげた。このお金を元手として, Y さんの事業は次第に回復のきざしを見せはじめ, 経営状況も改善するようになったので, Y さんに自分が融通してあげた 1000 万円を返すよう求めたところ, Y さんはこれに応じなかった。

ここでまず、皆さんはこの事例におけるXさんの立場に立ってみましょう。もしかしたら皆さんの日常生活においても、学食でサイフを忘れた友人に昼食代として1000円貸してあげたけれど、数日たってもお金を返してもらえなかったという経験がある、という人もいるかもしれませんが、この事例と金銭の額こそ違え、「お金を貸したのに返してもらっていない！」というXさんの言い分と基本的には何ら変わりません。

このように、われわれの日常生活においては、①モノを買ったにもかかわらず代金を払ってもらっていない、とか、②アパートを貸してあげているのに賃料の不払いが続いている、とか、③車ではねられてケガをしたのに治療費とかを払ってもらえていない、といった、日々の生活圏に密着したところでのいわば「紛争」がいたる所で発生しているのです。

ここで、「紛争」という言葉が出てきましたので、この意味をもう少し説明しておきましょう。まず、さきほどの［事例］におけるXさんの言い分が、法的にはどのような意味合いを持つものか——小難しく言うと、どのような法的主張か——について考えてみますと、「XさんとYさんとの間においては、金銭消費貸借契約（民法587条）が締結されていたところ、弁済期が到来してもなおYさんが1000万円を返還しないので、XさんとしてはYさんに対して有する貸金返還請求権を行使したい！」、といったところでしょうか。このように、ここでいう「紛争」とは、「法的に保護されるべき何らかの権利があるにもかかわらず、その権利が実現されていない状況」と、ざっくりとした説明をしておきます。同様に、上記の①〜③の各例でも、それぞれ、売買契約（民法555条）に基づく代金支払請求権、賃貸借契約（民法601条）に基づく賃料支払請求権、不法行為（民法709条）に基づく損害賠償請求権、といった権利が実現されていない状況ということになります。

それでは、法的にも認められている権利がある以上は、それを現実のものとしたい（現金としての1000万円を回収したい）のがXさんの本音でしょうから、「借りたものは返すのが人としての道理！」とばかりに、Xさんが、「権利行使」の名の下に、力ずくでもYさんから1000万円を回収することは認められるでしょうか。答えはNOです。それは、わが国をはじめとする近代国家においては、自力救済の禁止という近代市民法の大原則が採用されて

いて，権利があるからといってそれを自力で権利実現することは国家によって禁止されているからです（自力救済を認めてしまうと，力の強い者が勝つという無法状態を引き起こすこととなり，「法の支配」という近代国家の理念に沿わない）。そのために，国家としては，権利があるにもかかわらずそれが実現されていない者に対しては，その権利実現を図る制度（手続）を別に用意してあげる必要があるということになります。この制度こそが，ここで問題としてとりあげている「民事裁判」というわけです。表題の問いかけに答えるとするならば，民事裁判で裁くものは，「ある人が主張している権利（これを訴訟物といいます）の存否」，といえるでしょう。ちなみに，民事裁判という手続の進め方について規定した法律を，民事訴訟法といいます。

裁判官も神様じゃぁない。

それでは，「貸金返還請求権」という権利を実現したいと考えたＸさんは，裁判所に行きさえすればよいのかというと，そうではありません。裁判所に行って自分の権利を主張しさえすれば，裁判所のほうで「はい，どうぞ」と権利を認めてくれるというのであれば，いわば「言った者勝ち」になりかねません。ＹさんはＹさんで，1000万円を払わない何らかの理由があるかもしれません。先の事例での，Ｙさんの言い分を聞いてみましょう。

> [事例] Ｙさんの言い分
> 事業がうまくいかなくてＸさんから1000万円という大金を融通してはもらったが，このお金は，長年の旧友であるＸさんが，私の窮状を見るに見かねて寄付してもらったものである。

Ｙさんの言うように，Ｘさんから受け取った1000万円が「もらったもの」であれば，ＹさんはＸさんに1000万円を返す必要はありません。こうなってくると，ＸさんからＹさんに渡された1000万円は，果たして「貸したものか」それとも「あげたものか」（小難しくいうと，ＸさんとＹさんとの間で締結された契約が，「金銭消費貸借契約（民法587条）」なのか，はたまた「贈与契約（民法549条）」なのか）が問題となってきます。ＸさんとＹさんの２人だけでこ

の問題を解決しようとしても，お互いの言い分はいつまで経っても平行線をたどり続けるかもしれません。このように，2人の言い分に食いちがいがある場合には，どちらの言い分が正しいのかを誰かが判断しなければならないことになりますが，民事裁判においては，その判断を裁判官がすることになります。ちなみに，民事裁判では，訴えを起こした方を**原告**（[事例]のXさん），起こされた方を**被告**（[事例]のYさん）と呼びます

　この2人の言い分を前提として，裁判官は，XさんのYさんに対する1000万円の「貸金返還請求権」という権利が，Xさんに認められるのかを，裁判を通じて最終的に判断（この判断を**判決**といいます）することになります。とはいっても，「権利」というものは目に見える形を持っているものではありません。裁判官も人の子であって神様ではない以上，目に見えないモノの存否をどのようにして判断すればいいのでしょうか。サイコロでも振ってみましょうか?!　民事裁判もまた，およそ国家というお上が下す判断である以上，そのようないい加減な判断でいいわけがありません（国民が裁判という制度を信頼しなくなってしまう！）。

　そこで手がかりとなるのが，民法や商法（会社法）といった「**民事実体法**」というものです。民事実体法というカテゴリーに含まれる様々な法律は，どのような条件（これを**法律要件**といいます）が充たされれば，どのような権利（や義務）が発生（発生だけではなく，権利の変更や，権利の消滅について定めている場合もありますが）するのか（これを**法律効果**といいます），といったことについて定めてくれているのです。したがって，「法律要件」にあたる「事実」が見てとれれば，あとは民事実体法を適用して，問題となっている権利の存否を判断すればよい，ということになります。すなわち，民事裁判において裁判官がやるべきことは，法律要件にあたる「事実」の有無を判断（これを**事実認定**といいます）したうえで，民事実体法を適用して（これを**法の適用**といいます），判決を下すという作業ということになります。

　さきの[事例]にそって説明をしますと，Xさんに「貸金返還請求権」という権利が認められるかどうかについては，「貸金返還請求権」の発生について定めた民法587条という民事実体法の条文を手がかりとすることになります。民法587条は，「消費貸借は，当事者の一方が種類，品質及び数量の

同じ物をもって返還することを約して相手方から金銭その他の物を受け取ることによって、その効力を生ずる。」と規定しています。分かりにくい表現ですが、ざっくり言いますと、①返還の約束、②金銭の受け渡し、という2つの事実を条件として交(か)わされた契約は、金銭消費貸借契約とよばれるものです、ということです。すなわち、民法587条が規定する「法律要件」は、①返還の約束と、②金銭の受け渡し、の2つということになります。いま、XさんとYさんの双方の言い分によりますと、この2人の間で1000万円というお金がXさんからYさんへ渡されたという事実は、2人とも認めているところでありますから（このような事実を、争いのない事実といい、これについては後述(こうじゅつ)する証拠調べの対象にはなりません）、「②金銭の受け渡し」という「法律要件」は充たされていることになります。問題なのは、この1000万円が渡された際に、この2人の間に「①返還の約束」があったかどうか、という点です。この「①返還の約束」という事実の存在を裁判官が認定できれば、Xさんには「貸金返還請求権」という権利が認められるということになります。

では、事実認定はどのようにして行われるのでしょうか。これもXさんYさんの双方に「返還の約束はあった」「いや、なかった」と言い争わせるだけでは、一向に埒(らち)があきません。日常的な口げんかのレベルにおいてすら、「そこまでいうのなら、証拠をみせろ！」と言いたくなるところかもしれません。同じことは裁判においてもあてはまります。「返還の約束」といった事実の有無を認定するにあたっては、裁判官は当事者からその証拠となるべきもの（たとえば、契約書が交(か)わされていたのならその契約書を提出したり、1000万円の受け渡しの場に誰かいた場合にはその人に証言してもらう、など）を提出してもらい（当事者による立証活動）、それをよりどころとして事実認定を行うこととなります（このような作業を、証拠調(しょうこしら)べといいます）。なお、証拠からある事実の有無を認定するに際しての、その証明は、自然科学における100％の正しさが求められるのではなく、十中八九(じっちゅうはっく)そのような事実が存在していたんだろうな、といった程度の証明で足りるとされています（高度の蓋然性(がいぜんせい)で足りる、と表現します）。

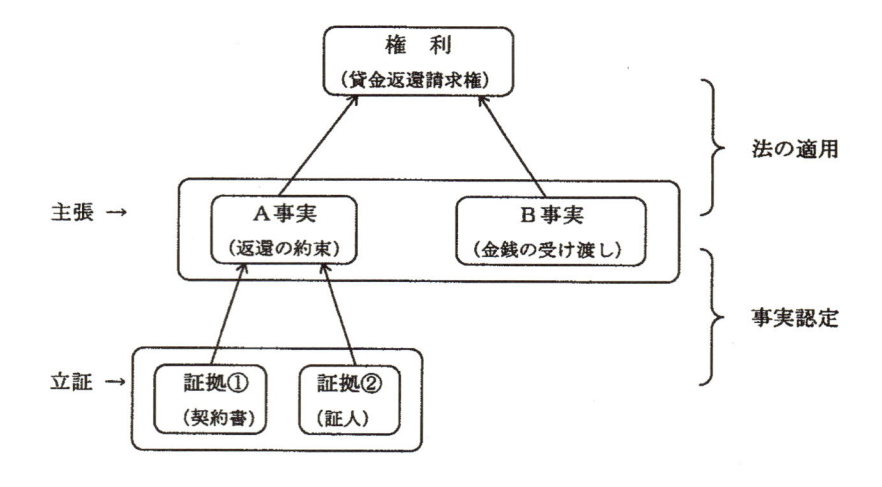

```
              権  利
           (貸金返還請求権)
           ↗         ↖
主張 →   A事実        B事実          }法の適用
       (返還の約束)  (金銭の受け渡し)
          ↑
立証 →  証拠①  証拠②                 }事実認定
       (契約書) (証人)
```

真実は発見されるのか？

　民事裁判において，事実認定をし法を適用するのが裁判官の役割だとすると，原告や被告（まとめて当事者と呼びます）の役割はどういったものでしょうか。裁判の結果を受け取るだけの受動的な立場に過ぎないのでしょうか。

　民事裁判における当事者の役割は，非常に重要で，ある意味では「裁判の主人公」といっても過言ではありません。裁判官に認定してもらうべき「事実」については当事者が主張しなければなりませんし，証拠調べの対象となる「証拠」の提出も当事者がしなければなりません（このことを弁論主義といいます）。逆に言うと，当事者から主張されない事実を裁判所が勝手に認定することはできませんし，裁判所のほうで勝手に証拠をかき集めてきたりすることはできません。これは，近代市民法の大原則である「私的自治の原則」に由来するもので，「この事実を認定して欲しい」，「この証拠を取り調べて欲しい」，という当事者たちの意思を尊重する，というところに，この原則が採用されている根拠を求めることができます。このように裁判の場に出てくる「事実」や「証拠」は，当事者から提出されたものだけに限られ，裁判官はそれらだけを材料として審理をし判決を下すことが求められますから，もしかしたら判決で示される判断も，常に「真実」とは限らない（材料不足

ゆえに）可能性もあります。仮に，そのような事態が生じたとしても，当事者の意思を尊重した結果であって，それはそれで仕方のないことかもしれません。

ですが，多くの場合当事者は一般市民であるのに対して，裁判官は法律のプロですから，得てして，裁判官が「こういった事実を語って欲しいのになぁ」「こういった証拠を出してくれればなぁ」と思うこともあるでしょう。裁判官がそのような感想を抱いているところでは，最終的に出てくる判決も，おおよそ「真実」からはかけ離れたものとならざるを得ませんが，それをそのまま放置しておくというのもどうかと思われます。そこで，民事訴訟法では，このような当事者からの主張や証拠の提出の不足を補うべく，裁判官も必要に応じてそれらの提出を促すことができるとされています（この裁判官の権限を，**釈明権**（民訴法 149 条）といいます）。

「白か黒か」的な紛争解決

争われていた事実について，証拠調べを通じて十分に認定ができたということになると，あとは判決を下すだけです（民訴法 243 条 1 項）。「裁判で白黒つける」とはよく言ったもので，民事裁判における判決は，大雑把に言うと，原告が主張する権利を認めるとする「**請求認容判決**」と，認められないとする「**請求棄却判決**」のいずれかということになります。事案によっては，「どちらの言い分にも分がありそうなので，足して 2 で割っておこうか」的な紛争解決のほうが，望ましい場合もあるかもしれませんが，判決というものよってはそのような柔軟な紛争解決策を導くことはできません。

もっとも，当事者たちがそれぞれの言い分を譲り合って，中間的な紛争解決を目指したいというのであれば，そのような彼らの意思を尊重すべきであって（私的自治の原則にいうところの当事者意思の尊重というものは，このような場面でもあてはまります），民事訴訟法にも**訴訟上の和解**（民訴法 267 条，89 条）という制度が用意されています。

◇この法分野を学びたい！◇

　民事法の世界で認められている「権利」というものをどのように実現していくか，というプロセスを学びたいという方は，ここで取りあげた民事訴訟法，それからさらなる強制的な権利実現のための手続について定めた民事執行法，といった民事手続法と呼ばれる法分野の学習をおすすめします。

　もっとも，本文でも述べましたとおり，民事裁判という手続を使いこなすには，民法や商法（会社法）といった民事実体法に関する知識もまた，不可欠であるということを忘れてはなりません。実体法と手続法の関係は，「車の両輪」の関係によく例えられますが，どちらかだけの知識だけでは不十分ということを，今のうちから意識しておいてください。

【参考文献】
・中野貞一郎『民事裁判法入門〔第3版〕』（有斐閣，2010）
・山本和彦『よくわかる民事裁判〔第2版補訂〕』（有斐閣，2008）

畑　宏樹（はた　ひろき）

Part 3　社会との接点4―裁判と法―

§3　「訴訟小国」日本と「訴訟大国」アメリカ

日本人は訴訟嫌い？

　よく日本人は訴訟嫌いであると言われます。そして実際に，日本における訴訟の数は少ないのです。少し古いデータですが，日本において1999年に新たに起こされた民事訴訟（家事事件を除く）の数は，人口10万人当たり373.5件でした。それに対して，アメリカでは10万人当たり5,411.9件も民事訴訟が提起されているのです。なんと日本の約14.5倍です。ドイツでも1999年に10万人当たり2,287件であり，同じアジアの国である韓国でも2000年に10万人当たり1,528.8件でした。日本における訴訟数がいかに少ないかがわかります。

(1) 国民性説

　それでは，日本で訴訟が少ない原因は何なのでしょうか。日本人は伝統的に法が嫌いであるという見解があります。西欧（欧米）において，法は社会を規律するために中心的な役割を果たすことを期待されており（「法治主義」），正義や理想，善，衡平を体現しています。つまり，法や裁判はプラスのイメージで捉えられています。

　ところが，一説によると日本において法は，「国家がその意思を人民に強制するための道具であり，法と刑罰は同義であると考えられてきた。日本人にとって法とは嫌なものであり，法に訴えることがなく，かつ，法に訴えられることもないのが立派な人のふるまいである。誰かを訴えることは，善き市民にとっては恥であると考えられてきた」というのです。その背景にあるのは，徳のある君子が社会を治めるのが最善であるという儒教の「徳治主義」の考え方です。徳治がうまくいかなかった場合にのみ，法が出動するのであり，つまり法とは権力者による統治の補助手段にすぎないというので

す。また、日本においては、共同作業を必要とする稲作によって培われてきた「和の精神」が和解を重視し、法による裁判をしりぞけてきたとも言われています。法や裁判は、マイナスのイメージで語られるのです。

(2) 司法機能不全説

この説に対して、日本における訴訟が少ないのは、訴訟を起こすための司法的な仕組みが十分ではないからだという説もあります。

例えば、日本の弁護士人口はきわめて少ないと言われています。『裁判所データブック2005』によると、アメリカの弁護士数は、約100万人なのに対して、日本では21,205人です（2009年11月1日現在27,141人）。ヨーロッパ諸国のなかでも法曹人口が少ないと言われるフランスでも、弁護士数は40,233人となっています。人口10万人当たりの弁護士数を計算してみると、アメリカが342.8人に対して、日本は16.6人、フランスは67.2人です。日本の弁護士数の少なさが際立ちます。

また、日本ではこの少ない弁護士が偏って分布しています。日本の弁護士の64.9％（1999年）が、東京・大阪・名古屋の3大都市に集中しており、地方都市・農村部では弁護士がほとんどいない状況が存在しているのです。これでは、裁判に訴えようと思っても頼るべき弁護士が近くにおらず、訴訟を起こそうにも起こせません。

さらに、日本の法律扶助制度はイギリスやアメリカに比べてきわめて貧弱です。イギリスの民事法律扶助額が1,610億円（1994年）なのに対して、日本では13.1億円（1996年）です。これでは貧しい人たちは経済的理由から、訴訟を断念せざるを得ません。

加えて、長きにわたる裁判で精神的・経済的に疲弊するより、和解によって早期に決着を付けた方が、当事者双方にとってコストが低く、合理的であるということもあります。

このように日本の司法が機能的不全に陥っていることこそが、日本人が訴訟を起こさない理由であり、日本人の伝統的法意識とはあまり関係ないとの主張が強くなされています。

私は日本人の法意識がある程度、訴訟数に影響を与えていることは否定し

ませんが，やはり司法機能不全説の方により分があるように思えます。皆さんはどちらの説に説得力があると思いますか。

アメリカ人は訴訟好き？

それではアメリカではどうでしょうか。「訴訟大国」と称されるように，アメリカでは膨大な数の訴訟が起こされていますが，その原因は何なのでしょうか。

アメリカ人は裁判をテレビ中継するほどに裁判好きの国民性だから，訴訟が多いという説もあります。しかし，これは裁判が好きだから好きだと言っているに過ぎず，証明することができません。何か具体的な理由があるはずです。それを探っていきましょう。

(1) 多民族・多人種国家

まず強調しなくてはならないのが，アメリカ合衆国が移民により成り立っている多民族・多人種国家であるということです。このような社会においては，問題や争いが起こったときに，共通の慣習，道徳，倫理観に基づいて話し合いによって解決するということはきわめて困難です。紛争が起こった場合は，どちらの側にも偏らない第三者に裁いてもらうことが一番公正な解決方法となります。この公正な第三者に当たるのが，裁判所であり訴訟なのです。アメリカでは，訴訟が社会の異なる価値観，相反する利益の調節をはかるための手段として発展していったと言えます。

(2) 膨大な数の弁護士

弁護士の数も関係していると思います。先程述べましたが，2005年の段階でアメリカには100万人を超える弁護士がいます。アメリカでは弁護士が余っているのです。成功して巨万の富を築いた弁護士がいると同時に，毎日の食事にも困る弁護士が大勢います。仕事にあぶれた弁護士の中には，生活のために些細ないざこざを裁判沙汰にするような人たちも存在します。例えば，交通事故が起こると病院まで被害者を追いかけ，加害者を訴えるよう勧

める弁護士などです（こういう弁護士たちをアンビュランス・チェイサー＝救急車の追っかけと呼んでいます）。話し合いですむような問題も裁判所にもち込まれることになれば，訴訟の数が増えるのは当然です。

　それでは，なぜアメリカにはこれほど多くの弁護士がいるのでしょうか。それは司法試験が競争試験ではなく，資格試験であり，日本ほど難しくないからです。アメリカでは各州で司法試験が行われますが，合格率は80％程度です。定員を決めていないので，一定基準をクリアしていれば，合格になります。日本では最近になるまで司法試験の合格率が3％程度でしたから，それに比べていかに広き門かがわかると思います。（最近は，新しく誕生した法科大学院の卒業生が，新司法試験を受けたので，合格率はぐんと上がっています。それでも，2009年の新司法試験の合格率は27.6％でした。）

(3) 弁護士の報酬制度

　弁護士の報酬制度にも日米の差があります。アメリカでは時間給や出来高払いで働く弁護士が一般的ですが，成功報酬制も広く認められています。その場合，弁護士は依頼者からは一切報酬を取らず，その代わり勝訴した際には通常，勝ち取った額の3分の1を受け取ることがよくあります。このような制度があるおかげで，依頼人は弁護士費用の心配をする必要がありませんから，いくら貧しくても訴えることができるのです。弁護士の側も勝訴して高い損害賠償金を勝ち取ることができれば，大きな儲けになりますから，一生懸命頑張るということになります。

　日本ではまず事件を弁護士に依頼したときに依頼人は弁護士費用の一部を支払います。これを着手金と呼んでいます。そして，裁判に勝てば成功報酬（これを報酬金と呼んでいます）を支払うという2段構えの仕組みになっています。日本の通常の弁護士は，基本的に訴える金額の大きさに応じて報酬を請求します。訴える金額や訴えられる金額が大きければ大きいほど弁護士料金は高くなります。（2004年4月1日から弁護士報酬は自由化されたので，そうでない場合もあり得ます。）ある弁護士事務所の着手金の額を調べてみたのですが，訴える額が1000万円の場合は，約60万円，1億円では約390万円，10億円では約2500万円でした。そしてどんなに少額の事件でも着手金は最低10万

5千円でした。報酬金は，着手金の2倍となっていました。

　裁判に負ければ成功報酬，つまり報酬金を払う必要はありませんが，たとえ負けても初めに払った着手金は返ってきません。日本では，アメリカの成功報酬制度のように，依頼人が弁護士費用を一切支払わずにすむことは原則としてないのです。

（4）裁判所手数料

　弁護士費用のみならず，裁判所に支払う**手数料もアメリカの方が安い**と言えます。日本の場合は，弁護士費用と同様に，相手に対する請求額に比例して裁判所手数料は高くなります。例えば，1億円の損害賠償請求をすると，32万円，10億円だと302万円を手数料として裁判所に支払わなければなりません。したがって，お金がなければ相手に対して高額な請求をすることは難しいと言えます。

　それに対して，アメリカの裁判所の手数料は，どんなに請求金額が高くても現在では1件につき一律150-200ドル程度です。そして，そのお金も用意できない場合には，弁護士が立て替えて払ったりします。したがって，原告は実質的に裁判手数料を支払わずに訴訟を起こすことも可能ですし，どんなに多額の請求をしても懐が痛むことはありません。

（5）弁護士広告

　ところで，弁護士が大勢いたとしても，どこに事務所があって，どうすればコンタクトが取れるのかを知らなければ，訴訟を依頼することはできません。皆さんには，弁護士の知り合いがいますか。おそらく，大半の人は弁護士の知り合いも，弁護士事務所の場所も知らない人が多いと思います。なぜそうなのでしょうか。それは，日本では弁護士の宣伝がまだあまりポピュラーではないからです。

　以前，日本では弁護士の宣伝は厳しく制限されていました。それは弁護士の品位を落とす行為と考えられていたからです。ところが，**2000年に弁護士広告は原則として自由化**され，様々な広告が少しずつ出現してきました。最近は，電車のつり広告で弁護士事務所の宣伝を見る機会が増えましたね。イ

ンターネットでも頻繁に見かけます。しかし，よく見てみると多重債務の整理とかサラ金に対する過払い金返還などを前面に押し出した弁護士事務所の広告のみが目立ちます。これらの事件は，比較的容易であり数をこなせば儲かるからでしょう。全体的に見て，一般の弁護士による公告はまだ少ないように思われます。

それに対して，アメリカの街には弁護士の宣伝が溢れています。いたる所に**弁護士広告**があります。電車内の広告はもちろんのことテレビの CM まであります。訴訟を考えている人は，広告を手がかりに自分たちのニーズに合った弁護士を簡単に探し出すことができるのです。

(6) 懲罰的損害賠償

日米の法制度の違いも訴訟の数に影響を与えていると思われます。その 1 つがアメリカの**懲罰的損害賠償**という法制度です。損害賠償といえば，通常は実際に被害者に生じた損害について賠償することですが，懲罰的損害賠償とは，悪質性の高い，非難されるべき行為を行った個人や企業に対して，実際に生じた損害に加えて，懲罰としてその 3 倍やそれ以上の損害賠償責任を課すことができるという制度です。この制度は，高い賠償金を課すことによって相手が 2 度と悪質な行為を行わないように抑止することを目的としています。したがって，相手が「かなり痛い」と感じるほどの賠償金を課すことになりますから，とくに相手が大企業などの場合，その額は莫大なものになります。ちなみに，たばこ会社に対して 1448 億ドル（約 14 兆円）の懲罰的損害賠償を命じた陪審の評決もあります（ただし，この賠償額はフロリダ州最高裁において「過度に高額」であるとして退けられました）。

日本には懲罰的損害賠償という制度はありません。損害賠償はあくまでも被害者が実際に被った損害の額であり，損害賠償に懲罰的な役割を与えることはできないと裁判所は考えているからです。

ところで，このような高額の損害賠償は，アメリカの弁護士を大いにやる気にさせます。なぜならば，成功報酬制で契約した弁護士は，もし大きな訴訟で莫大な損害賠償を勝ち取れば，その 3 分の 1 が自らの懐に入ってくるからです。ですから，大きな事故が起こったりすると，依頼人を求めてすぐに

現地入りするような弁護士も出てくるのです。

(7) クラス・アクション（集合代表訴訟）

もう1つ，クラス・アクションというアメリカにはあって，日本にはない法制度が，訴訟数に影響を与えていると思われます。クラス・アクションとは，多数の者が同じような被害を被っている状況にある場合，そのうちの1人ないし複数名が，自分自身のためのみならず，その被害者全体（クラス）を代表して訴えを起こすことができるという制度です。

この制度を使えば，一人ひとりが訴えるには訴える額が小さくて費用倒れになるような事件でも，まとめれば大きな事件として訴えることができます。例えば，1人当たりの被害額が10ドルである場合，弁護士を雇って裁判を起こしても元が取れませんし，弁護士もそんな小さな額の裁判には興味を示しません。しかし，同じような被害を被っている人が10万人いるとすると，訴える額は100万ドルになり，弁護士の興味を引くのに十分な額になるのです。

このようにクラス・アクションを用いれば，1人や少人数では訴訟になりにくい少額事件を集めて訴訟を起こすことができるので，結果的に訴訟を促進することになります。とくに欠陥商品や公害などにより多数の消費者が損害を被ったとして，企業を相手方として損害賠償請求をする場合，この制度は大きな意味をもちます。実際にアメリカでは，製造物責任や雇用差別などの事件において，大規模なクラス・アクションが多発しています。

ちなみに，弁護士がわざと事件を大きくし，大規模なクラス・アクションに持ち込もうとするという，この制度の濫用傾向があることも指摘しておきたいと思います。

(8) 陪審制度

さて，さらに日米の訴訟の数に影響を与えていると考えられる法制度がアメリカの陪審制度です。この制度は直接的にアメリカの訴訟数を増やしているわけではありませんが，この制度によりアメリカ人は訴訟を身近に感じ，訴訟を起こすことに抵抗感をもたなくなっていると思われます。

アメリカの陪審制度とは，原則として 12 名の無作為に選ばれた市民からなる陪審員が，基本的に全員一致で有罪や無罪，勝訴や敗訴を決定する制度です。**裁判の勝ち負けを判断するのは，裁判官ではなく市民である陪審員**なのです。したがって，弁護士は裁判官ではなく，陪審員の気持ちをつかみ，説得するため一生懸命努力することになります。ところが，陪審員は法律には素人の一般市民であることが多いので，難解な法律用語を用いても理解してくれませんし，納得してくれません。彼らの心をつかむためには，できるだけわかりやすく説明することが不可欠です。とくに，陪審員は事前に書類を読んでいるわけではありませんから，弁護士や検察官は，口頭で事件の概要や論点について簡潔明瞭に説明しなければなりません。このような努力の結果，**裁判自体が平易**なものになっているのです。

このように陪審制度は，裁判を身近なものとし，司法制度に対する市民の関心を高め，司法と市民の溝を少なくしているのですが，もちろん問題点もあります。まず，素人の市民が事実認定をきちんと行えるかについて疑問の声があがっています。また，陪審員が情に流されたり，弁護士に操られたりして，勝ち負けを決めたり，過大な損害賠償を決定したりはしないかと危惧されています。さらに，陪審員が勝ち負けを決定するために，あらかじめ裁判の勝敗を予測することが難しく，それゆえ，とりあえず訴えておこうという人もいます。これは訴訟を増やす要因になるでしょう。

(9) ディスカバリー（開示手続）

ところで，陪審員の都合やスケジュールはそれぞれ違いますから，期間をおいて同時に何回も法廷に呼び出すわけにはいきません。また，陪審員の記憶が薄らいだり，マスコミなどの影響をできるだけ受けたりしないようにするため，連日集中して裁判が行われることになります。

陪審員たちを裁判に拘束するのには限度がありますから，限られた時間の中で効率的に裁判を進めていかなければなりません。そのためには十分な準備が必要となります。例えば，陪審員に判断してもらう争点を前もってはっきりさせておかなくてはなりません。また，全く予期しなかった証拠が突然相手方から提出されると，その証拠を調べる時間がなく，きちんと反論でき

ずに裁判が終わってしまう危険性もあります。つまり，不意打ちをされると反撃できないまま負けてしまうおそれがあるのです。

　それを防ぐために，裁判の前に訴訟の相手方または第三者から事件に関連ある証拠や情報を得ることを保障する制度がアメリカには存在します。それがディスカバリー（開示手続）です。相手方から要求された書類などは原則として裁判所の命令がなくても，すべて提出しなければならないのです。たとえそれが機密文書であっても，また，提出すれば明らかにこちらが不利になるような証拠であっても提出しなければなりません。もし文書や証拠を破棄したり隠したりすれば，裁判にきわめて不利な結果をもたらします。証拠隠しは割に合わないのです。

　このような制度は，専門的知識をもたない一消費者が，大企業を訴えるときに大いに役立ちます。消費者がもっている知識はたかがしれていますので，ある製品の欠陥について製造企業を訴えようと思ってもどこに問題があるのかさえわかりません。しかし，この制度を使えば，相手方の企業に対して裁判に必要な文書や証拠の提出を強制することができるので，これは消費者にとってとても頼もしい武器になるのです。もちろん，この制度が消費者訴訟を促進していることは疑いありません。しかしながら，ディスカバリーの濫用は，一方で裁判所の負担を増加させ，他方で高額な弁護士費用を生み出しているとも指摘されています。

　以上，日本と比較しながらアメリカにおける訴訟がなぜ多いかについて考察してきました。アメリカ人はただ訴訟が好きだから訴訟を起こしているのではなく，訴訟をしやすい環境が整っているから裁判に訴えていることをおわかりいただけたと思います。

　「訴訟社会」は必ずしも望ましいものではありませんが，これまで隠されていた弱者の権利を明るみに出す機能をもつことも忘れてはなりません。日本は現在，司法改革を行い，「小さな司法」から「大きな司法」へと舵を切ろうとしています。皆さんも日本の司法がどのように変わっていくかをしっかりと見ていて欲しいと思います。

　さて，日米の裁判制度や法律家のあり方を比較してきましたが，それは比

較の一例にすぎません。この他にも様々な比較が考えられます。わたしたちは法の比較を通して，自国の法制度の絶対化を排し，相対的に，柔軟に自国法を見ることができるようになるのです。皆さんにも比較法の有用性と面白さを知ってもらえれば幸いです。

◇この法分野を学びたい！◇

　本講では，具体的な制度比較を行いましたので，「法系論」などの比較法原論についてふれませんでした。世界には，（ヨーロッパ）大陸法，英米法（＝コモン・ロー），イスラム法，ヒンズー法，極東法など様々な法のグループ（法族）が存在しています。とくに大陸法と英米法の違いは大切です。興味のある人は，大木雅夫『比較法講義』や滝澤正『比較法』などの比較法の教科書をチェックしてください。また，アメリカ法，ドイツ法，フランス法などの外国法の知識も比較を行う際にきわめて有用です。さらに，法の歴史を知ることは比較法にとってきわめて重要です。法史学の講義にも出てみて下さい。とくにヨーロッパ法史学は，現代の日本法のルーツを教えてくれます。

【参考文献】

- 青木人志『「大岡裁き」の法意識―西洋法と日本人』（光文社新書，2005）
- 浅香吉幹『アメリカ民事手続法〔第 2 版〕』（弘文堂，2008）
- 大木雅夫『比較法講義』（東京大学出版会，1992）
- 大木雅夫『日本人の法観念―西洋的法観念との比較』（東京大学出版会，1983）
- 川島武宜『日本人の法意識』（岩波新書，1967）
- 杉野文俊『米国の巨額 PL 訴訟を解剖する―クラスアクションの脅威とその対策』（商事法務，2004）
- 滝澤正『比較法』（三省堂，2009）
- 中山義壽『訴訟社会アメリカと日本企業』（新評論，2002）
- 長谷川俊明『訴訟社会アメリカ―企業戦略構築のために』（中公新書，1988）
- 広渡清吾『法曹の比較法社会学』（2003 年，東京大学出版会）

荒井　真（あらい　まこと）

Part 3

社会との接点5
―仕事と法―

- §1 働きながら子育てをするには
- §2 突然,解雇されたら？―正社員と派遣労働者の場合―
- §3 うちの会社が乗っ取られる？
- §4 企業の競争がなくなったら？―ルールに則った経済活動―
- §5 それは違法ではありませんか？会社は大丈夫ですか？
- §6 倒産手続はなぜ必要なの？

Part 3　社会との接点5 ―仕事と法―

§1　働きながら子育てをするには

はじめに

　従来，男性は外で働きお金を稼ぎ一家の大黒柱として家族を養い，女性は家庭で家事・育児を行い，内助の功を尽くすという家族モデルが標準的でした。そのため，結婚や出産を機に，女性は仕事をやめ，専業主婦として家事・育児に専念していました。しかし最近では，結婚後も女性が仕事を続ける，または子育てが一段落した後に仕事に戻るといったケースが増えています。それにより，共働き世帯が増えており，1997（平成9）年以降，専業主婦世帯数を上回るようになりました。一方，男性も若い年齢層ほど，家事や育児に参加しており，家庭や地域活動と仕事を両立させる生き方や家庭を重視する生き方を支持する傾向がみられます。

　このように，男性と女性とで役割分業がなされていたときと異なり，夫婦が共に働き，協力して家事や育児を行うためには，さまざまなサポートが必要となります。そこで，働きながら子育てするためには，どのようなサポートが必要となるかを考えてみましょう。

子育てのためのお休み

　出産は，人生の一大事。すぐに仕事に復帰するのは，心身ともに負担がかかる大変なことです。もし，すぐに仕事に復帰しなければならないとすると，出産を機に仕事をやめる女性が多くなるでしょう。そこで，出産後の一定期間，子育てのために仕事を休みことのできる「育児休業制度」が設けられています。

　育児休業制度は，原則として1歳未満の子どもを養育する労働者が利用することができます。出産後の休業というと，女性しか利用することができな

いように思われがちですが，男性も利用することができます。出産は女性にしかできないので，出産のための休業，「産休（産前産後休業）」の利用は女性に限られていますが，その後の子育てのための休業は男性も利用することができるのです。ただ，現実には育児休業の取得率は，女性90.6％に対し，男性1.23％となっており（2008年度雇用均等基本調査），女性が育児休業を取得する割合が高くなっています。

　育児休業は，原則として1人の子どもにつき1回の利用とされていますが，男女が交替で取得することもできます。たとえば，最初の半年を女性が取得し，仕事に復帰した後，男性が残りの期間を取得するということが可能なのです。また，女性が産休中である産後8週間の休業期間中に，男性が育児休業を取得するということもできます。さらに，最近の法改正（2009（平成21）年7月1日公布）では，父母ともに育児休業を取得する場合には，育児休業期間は子どもが1歳2ヶ月に達するまで延長されることになりました。また，これまで労使協定により，専業主婦（夫）家庭の場合や，一方が育児休業を取得している場合には，事業者は，労働者からの育児休業の申し出を断ることができましたが，これも廃止されましたので，より育児休業は取得しやすくなるでしょう。今後育児に参加したい男性が，ライフスタイルや仕事の状況に合わせて，さまざまな形で育児休業を取ることも考えられるでしょう。

　また，育児休業は一定の場合には，子どもが1歳6ヶ月になるまで取ることができます。育児休業を延長することができるのは，①保育所に入所を希望しているが，入所できない場合と，②子の養育を行っている配偶者であって，1歳以降子を養育する予定であったものが，死亡，負傷，疾病等の事情により子を養育することが困難になった場合とあります。①の場合は，後で述べる保育所の事情も関係しています。近年，都市部では，保育所を利用したくても定員がいっぱいで利用できない「待機児童問題」が大きくなっています。そのため，子どもを預けられないので，仕事に復帰できないという事情に配慮して，このような法改正がなされました。

　ところで，「育休切り」という言葉を聞いたことはないでしょうか。企業が人件費削減のため，育児休業中の労働者を解雇したり，パートなどの非正

規社員に変更したりすることをいいます。「育休切り」がなされるとなれば，労働者としては安心して育児休業を取ることができません。もちろん，法律ではこのような不利益な取扱いを禁止しています。しかし，不景気を反映してか，このような問題が多発しているのです。そこで2009（平成21）年の法改正では，これらの問題を解決するために，新たな制度が設けられました。まず，育児休業の取得に伴う苦情や紛争については，都道府県労働局長による紛争解決の援助，調停委員による調停制度が設けられました。また，企業が法律違反に対する勧告に従わない場合には，企業名を公表したり，虚偽の報告をした企業に対しては過料を科したりできるようになりました。育児休業を法制度化するだけでなく，制度を実効性のあるものにするために，法整備が進められているのです。

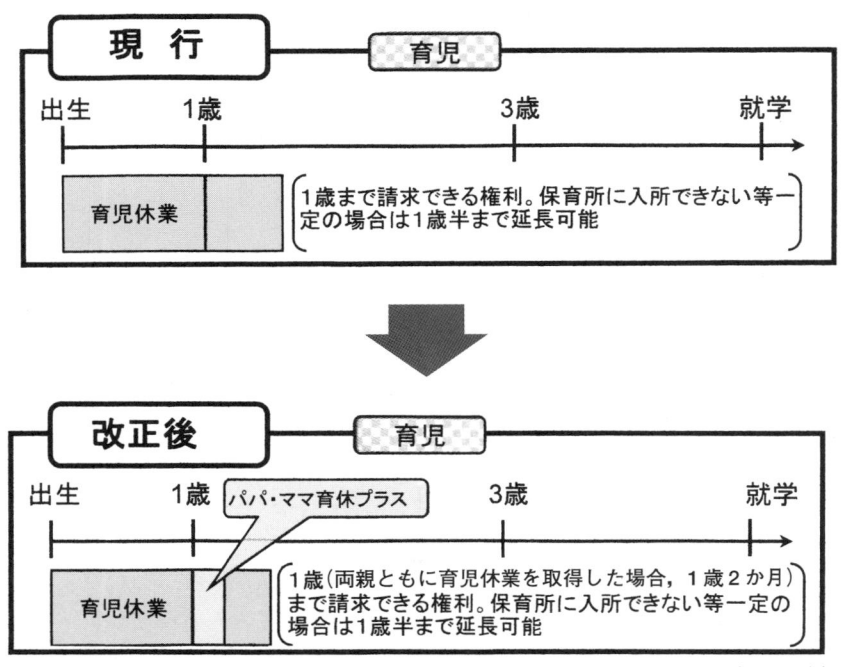

現行

出生 ―― 1歳 ―――――― 3歳 ―――――― 就学
育児休業：1歳まで請求できる権利。保育所に入所できない等一定の場合は1歳半まで延長可能

改正後

出生 ―― 1歳 パパ・ママ育休プラス 3歳 ―――――― 就学
育児休業：1歳（両親ともに育児休業を取得した場合，1歳2か月）まで請求できる権利。保育所に入所できない等一定の場合は1歳半まで延長可能

出典：厚生労働省「改正育児・介護休業法参考資料集　育児・介護休業制度の見直しについて（イメージ）」の図を参考。

育児休業中の給料は！？

　育児休業中は，働いていないわけですから，基本的に賃金を支払われません。これまで共働きで2人分の収入があったのに，休業により1人分の収入になってしまう上，子どもが生まれ，育児費用もかかります。そこで問題となるのが，休業中の労働者の生活保障です。これには，雇用保険から支給される育児休業基本給付金があります。育児休業給付金は，原則として休業開始時点の賃金日額の30％となっています。さらに，育児休業後，職場に復帰し6ヶ月働いた場合には，一時金として休業開始時賃金日額の20％×育児休業基本給付金の支給日数が支給されます。これを育児休業者職場復帰給付金といいます。なお，2009年の法改正により，育児休業基本給付金と育児休業者職場復帰給付金は統合されることとされ，全額が休業中に支給されることになりました。

　このように，出産や育児によって仕事をやめることなく継続することを促進させるために，経済的な保障もなされているのです。

仕事に復帰！　保育所に預けよう

　育児休業期間も無事に終わり，仕事に復帰する時期になりました。育児休業は，原則として子どもが1歳になるまでです。1歳の子どもを1人で留守番をさせるわけにはいきません。働きながら子育てをするためには，仕事をしている間，誰かに子どもの世話をしてもらう必要があります。身近に祖父母など子どもの世話をしてくれる人がいる場合はともかく，核家族化が進む現代では，それもなかなか難しいのが現状でしょう。そこで，共働き家庭の子育てをサポートしてくれるのが，保育所です。

　保育所は，保護者が働いているなど，子どもの世話をすることができないときに保育を提供してくれる施設です。幼稚園と似ているようですが，幼稚園とは預かり時間，預かる子どもの年齢，預かる条件，子どもの世話に当たる保育者の資格，利用手続などに違いがあります。特に，幼稚園が「教育施設」であるのに対して，保育所は「福祉施設」であり，保護者が子どもの世

話をすることができないということが利用の条件になっていることは大きな違いといえます。そのため、利用手続に特徴があります。幼稚園の場合、入園させたい幼稚園を選び、幼稚園との間で「契約」を結んだ上で利用することになります。一方、保育所の場合には、利用の「申込み」を市町村に対して行い、市町村の「承諾」の下、入所する保育所が決定されると利用が開始します。

　これまで福祉施設への入所は、行政機関が「行政処分」によって決定する「措置」によってなされていました。それが、「措置から契約へ」という流れの下、介護サービスなどについては、利用者と事業者とが個々に契約を結んで、サービスを利用する方式に変更されました。保育所制度についても、児童福祉法の改正により、保護者は利用を希望する保育所を述べることができるようになり、契約的な要素が入れられました。しかし、最終的には市町村によって決定されるので、「行政処分」的な要素も含んでいます。実際、待機児童問題が生じている地域では、保育所の入所にあたり「選考」が行われています。多くの市町村では、就労時間や就労形態などにより保育ニーズを

【幼稚園の場合（相互の同意による契約の手続）】

幼稚園 ⇄ 契約 ⇄ 利用者

【保育所の場合（市町村を通しての手続）】

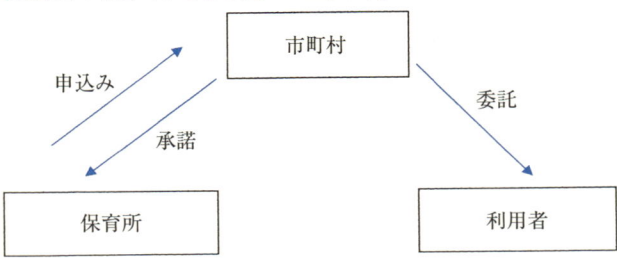

　　　　　　市町村
　　　申込み↗　　↘委託
　　　　↙承諾
　保育所　　　　　利用者

指標化し，より保育ニーズの高い人から順に保育所への入所が決定されています。なお，保育所の利用についても，直接契約化が検討されているところです。

ところで，保育所の利用料は，所得に応じて決められる「応能負担」の部分とサービスに応じて決められる「応益負担」の部分とがあります。そのため，同じ保育サービスを利用している場合でも，所得の高い人の利用料は高く，所得の低い人の利用料は低く設定されています。ここにも「福祉施設」としての特徴があらわれているといえるでしょう。

保育所の待機児童問題

子育てをする共働き家庭にとっては，重要な役割を果たす保育所ですが，「待機児童」について大きな問題となっています。ニュースなどで聞いたことがあるのではないでしょうか。保育所を利用したい人がたくさんいるために，保育所が満員になっており，利用できないという問題です。育児休業後，仕事に復帰しようとしても，子どもを預ける保育所が利用できなければ，復帰することが難しくなります。また，4.で述べたように，就労形態や就労時間等により保育ニーズが指標化され，保育所への入所決定がされることが多いため，フルタイムで働く方が保育所を利用しやすい状況が生まれ，結果として本来の希望とは異なる働き方を選択せざるをえない環境が生じたりしています。このような待機児童問題は，特に大都市圏で深刻となっています。これに対し，2001（平成13）年には次世代育成支援対策として「待機児童ゼロ作戦」が閣議決定され，保育所の整備や幼稚園における預かり保育の充実などが図られました。それにもかかわらず，待機児童問題は解消されていません。保育所を整備すると，既存の待機児童は解消できるものの，保育所の整備が就労のきっかけとなり新たな待機児童が生じてしまう，といった潜在需要の顕在化もその理由の1つでしょう。そこで，2008（平成20）年に発表された「新待機児童ゼロ作戦」では，希望するすべての人が安心して子どもを預けて働くことができる社会を実現することが目標とされています。

ところで，保育ニーズが多様化する中，保育所保育のみで対応するのは困難な状況があります。そこで，近年注目されているのが「家庭的保育」です。家庭的保育は，保育者の居宅などの家庭的な環境で少人数の子どもの保育を実施するものです。これまでも，保育ママ，家庭福祉員などの名称で，地域ごとに制度が設けられていましたが法制度化されていませんでした。それが2008（平成20）年の児福法の法改正により法定され，2010（平成22）年から施行されることとなっています。そのため，実施基準やガイドライン等の専門的課題が検討されているところです。

おわりに

　少子化が進行する中，少子化対策や次世代育成支援策として，さまざまな子育て支援策が出されています。その中でも，ワーク・ライフ・バランスの実現のため，特に働きながら子育てをすることを支援するための施策が次々と出されています。本パートを読んでいて気づいた方も多いと思いますが，このような流れを受け法改正がなされ，どんどん制度が新しくなっていっているのです。育児休業の制度も，男女ともに，より利用しやすい制度になるよう改正が進められ，紛争解決の手段も整備されつつあります。また，保育サービスについても，高まる保育ニーズに対応できるよう，保育サービスの量と質を確保するために法制度化が進められています。

　このように，社会状況などに応じて，制度は変容が求められ，変わり続けています。法的安定性の確保という観点からは，あまり急激な制度変容は望ましいものとはいえません。しかし，国民の生活に密着しており，社会に生じるさまざまなニーズに対応していくことが求められるので，普段意識はしなくとも，国民にとって身近な法律ということがいえるかもしれません。生活の場面で，どのような制度が必要なのか，いまある問題を解決するためには，どのように改革していく必要があるのか，国民の一人ひとりが考えていくことが求められているといえます。もはや，お上から与えられる制度を待つ時代は終わりました。自分たちの社会は，自分たちで築いていく必要があります。社会保障制度についても，個人の損得論だけでなく，大きな視野で

資源の配分を考え，どのような社会が望ましいか設計していく必要があるでしょう。そのためにも，まずは一人ひとりが，さまざまな問題に関心を持ち，考えることが大切です。

◇この法分野を学びたい！◇

　本講では，働きながら子育てをするための法制度として，前半は育児休業について，後半は仕事に復帰した後の保育サービスについてみてきました。育児休業の取得については，子育てをする「労働者」としての視点が強く，そのため労働法に近い法分野といえます。それに対し，育児休業中，後に支給される育児休業給付金は，休業中の生活を保障するとともに，休業後，就労を継続するインセンティブを与え，失業というリスクを回避しようとしており，社会保障法としての意味合いが強くなります。また，保育サービスについては，働くことのサポートであるとともに子どもを保護する，社会保障法の中でも児童福祉としての視点が強く出ています。特に，社会保障法は，保育サービスなど行政からの給付が関わってくることが多いので，行政法としての性格をもっていますが，契約化の流れを受け，民法の出番も多くなりました。働きながら子育てをするというのは，多くの人が経験しそうなことですが，そのためにさまざまな視点からのサポートがなされており，それぞれに法律が関わっています。

　このように，社会保障法は，労働法，行政法，民法などといったさまざまな法分野と関連しています。社会保障法を学ぶことの楽しみは，単に社会保障制度について勉強するというだけでなく，それぞれの分野においてどのような問題が生じており，それを解決するために，どのような法分野が関わっているのかを考えることでもあります。みなさんが大学で学ばれる他のさまざまな法律科目が，社会保障法を学ぶ中で，どのような形で関わってくるのかを知るのも楽しみの1つといえるでしょう。

【参考文献】
・本沢巳代子＝新田秀樹編『トピック社会保障法〔第4版〕』（不磨書房，2010）
・加藤智章＝菊池馨実ほか『社会保障法〔第4版〕』（有斐閣，2009）

　　　　　　　　　　　　　　　　　　　　橋爪　幸代（はしづめ　さちよ）

Part 3　社会との接点5―仕事と法―

§2　突然，解雇されたら？
―――正社員と派遣労働者の場合―――

はじめに

　皆さんの多くが，高校または大学を卒業したら，会社に入って働くことになるでしょう。雇われて働く人を，労働法は「労働者」と呼び，その相手方を「使用者」と呼びます。労働者と使用者は，労働契約を締結し，それに基づいて，労働者は労務の提供を，使用者は賃金を支払う義務のほかに，人的な関係である労働関係においては，相互に，労働者は誠実義務，使用者は配慮義務と呼ばれる付随義務を負います。例えば，配慮義務の1つである安全配慮義務に基づき，会社は，過重な業務により，労働者が過労死（過労自殺）しないよう，防止する義務を負います。

　労働法は，資本主義が高度に発達した19世紀末期から20世紀にかけて，自由で対等な個人を念頭に置く近代市民法を修正するものとして，登場しました。近代市民法は，圧倒的に力の差のある使用者と労働者を同じように扱った結果，労働者に著しく不利な帰結をもたらしました。例えば，賃金額は労働者と使用者が自由な合意によって決定しますが，実際には，労働者は対等な交渉力を持たないので，使用者が一方的に決定することになってしまいます。これに対しては，まず，個々の労働者ではなく，労働者が集団で賃金額等の重要な労働条件を使用者と交渉する団結権および団体交渉権（憲法28条）によって，さらに，賃金額の最下限を立法で定める最低賃金法の登場によって，このような弊害を是正したのです。

　労働法は，多くの法律の総称です。高校生の皆さんは，労働三法として，労働基準法，労働組合法および労働関係調整法の名前を知っていると思いますが，これ以外にも多くの重要な法律があります。さらに，これらの法律に基づく厚生労働省の数多くの通達が実務では重要であり，法律ではなく，裁判所によって作られた規範もあります。

労働法の内容は豊富ですが、本章では、具体的な設例に即して、重要な規範や制度の概観を説明していきたいと思います。

> 【設例1】Aさんは、大学卒業後、出版社に入社して、20年がたちました。最近、会社の経営が思わしくなく、心配に思っていたところ、ある日、上司から「経営が苦しいので、来月末でやめてもらいたい」といわれました。
>
> 【設例2】Bさんは、大学卒業後、不況で正社員の仕事がなかったので、やむをえず、派遣社員として、家電メーカーの工場に派遣されて働いています。1年ごとの契約を2回更新して半年がすぎたところ、急激な不況で、突然派遣会社から契約終了を通告されました。
>
> 【設例3】Bさんは、【設例2】のように、突然通告された契約終了に納得がいかず、悩んでいたところ、インターネットで、派遣労働者のための労働組合である「派遣ユニオン」の存在を知り、早速、派遣ユニオンに相談しました。派遣ユニオンは、派遣会社と派遣先である家電メーカーの双方に対して、Bさんの契約終了の撤回を要求することにしました。

不当な解雇からの救済——解雇権濫用法理——

【設例1】では、Aさんは、経営悪化を理由に解雇されることになりました。民法における契約自由の原則には、解約の自由も含まれるので（民法627条は、「当事者が雇用の期間を定めなかったときは、各当事者は、いつでも解約の申入れをすることができる。この場合において、雇用は、解約の申入れの日から2週間を経過することによって終了する。」と定めています）、解雇はやむを得ないことになります。労働基準法も、使用者による解雇について、30日前に解雇を予告する義務、または30日分の賃金を支払う義務を使用者に課しており、民法627条の規定を修正していますが、解雇そのものを制約していません。

使用者による不当な解雇を制約する解雇権濫用法理は、裁判所によって形成されました。最高裁は、昭和50年代に「客観的に合理的な理由を欠き、社会通念上相当であると認められない解雇は、解雇権の濫用であり、無効となる」という規範を確立しました（現在では、労働契約法16条で明文化されています）。そして、その後の下級審によって、経営悪化を理由とする整理解雇に

ついては，労働者に非難される事情はないことから，とくに厳しい解雇権濫用の判断基準が形成されました。これは，一般に，整理解雇の4要件と呼ばれていますが，整理解雇は，①人員削減の必要性，②解雇回避努力義務を尽くしたこと，③人選の合理性および④手続の相当性の4つの基準を満たしていなければ，解雇権の濫用となり，無効となります。

　第1の人員削減の必要性とは，整理解雇をしなければならないほど経営が悪化していたのか，ということですが，ここでは，整理解雇をしなければ倒産してしまうというほどの経営危機に陥っていたことまでは要求されませんが，赤字決算が続いていたなどの客観的な経営悪化の状況が認められなければなりません。

　第2の解雇回避努力義務とは，解雇は最後の手段として，その前に雇用を守るためのあらゆる努力が尽くされる必要があるというものです。具体的には，残業の停止，配転・出向・転籍といった人事異動による雇用の確保，新規採用の停止，非正社員の雇用の打ち切り，そして希望退職者の募集が，正社員の整理解雇の前に行われることになります。

　第3の人選の合理性とは，整理解雇の場合，解雇される人と解雇されない人がいますので，解雇される人を選ぶ基準が合理的でなければならない，という要請です。もっとも，裁判例では，明確な基準は示されていません。例えば，若い労働者と中高年の労働者のどちらが先に解雇されるべきでしょうか？若い労働者は，転職が容易であるのに対し，中高年労働者は，一般に，転職が困難で，扶養家族もいるので，解雇による打撃は若者よりも大きいと考えれば，若い労働者が先に解雇されるべきでしょう。これに対して，高失業社会では，若者でも転職が容易とはいえず，企業にとっても，活力のある組織を再建するためには若者を残したほうが有利だとすれば，むしろ，中高年労働者に十分な経済的補償（割増退職金）を与えれば，若者よりも先に解雇しても不当とはいえないといえます。このように対立する価値観が問題となるため，人選基準の合理性判断は極めて困難であるといえます。

　第4の手続の相当性では，整理解雇を実施するにあたり，対象となった労働者や労働組合にきちんと説明し，納得を得る努力をしたかどうかが問われます。

【設例1】は，したがって，上記の整理解雇の4要件に従って，Aさんに対する解雇の相当性が判断されることになります。ただし，【設例1】に書かれた事情だけでは，解雇が有効か無効か判断することはできませんので，さらにどのような事実が明らかになる必要があるのか，各自で考えてみてください。

非正規雇用の問題
―――有期労働契約の雇止めと労働者派遣の特殊性―――

【設例2】は，派遣労働者であるBさんが，不況を理由に，契約期間の途中で就労を打ち切られたという事例です。このようなケースは，2008年末の急激な経済不況において多発し，「派遣切り」という言葉が流布しました。

労働者派遣とは，図のように，派遣元に雇用される派遣労働者が，派遣先の事業場において，派遣先の指揮命令を受けて働く就労形態を意味します（労働者派遣法2条1号）。労働者派遣は，非正規雇用（いわゆる非正社員）といわれる雇用形態の1つですが，非正規雇用には，他に，パートタイム労働と有期雇用（いわゆる契約社員）があります。パートタイム労働者は，契約上の労働時間（所定労働時間）が事業場の通常の労働者よりも短い労働者（短時間労働者の雇用管理の改善等に関する法律〔パートタイム労働法〕2条）のことであり，有期雇用労働者とは，期間の定めのある労働契約を締結している労働者のことです。【設例2】のBさんは，派遣労働者であり，かつ有期雇用労働者でもありますが，わが国の派遣労働者とパートタイム労働者の多くは有期雇用で就労しています。非正規雇用の割合は，国際的に見ても増加しており，とくにわが国では，ヨーロッパのように非正規雇用を制限する法規制が乏しいこともあり，現在，全労働者の30％を超えています。非正規雇用は，有期雇用の場合，期間が満了すれば原則として雇用が終了することから，雇用が不安定であるだけでなく，賃金等の労働条件も，期間の定めなく雇用された正規雇用の労働者（いわゆる正社員）よりも低い水準となっています。パートタイム労働法では，正社員に近い働き方をしているといえるパートタイム労働者については，正社員と同等の待遇を義務付けていますが，かかる均等待遇

原則，または均等とまではいえなくとも，著しい不均衡を禁止する均衡処遇原則を他の非正規雇用にも及ぼすことが課題となっています。

　労働者派遣は，中間搾取の防止という観点から戦後は禁止されていましたが，労働市場の需給調整機能を高めるという観点から，1985年（昭和60年）に労働者派遣法が制定されました。労働者派遣法は，これまで正社員として雇用してきた労働者を派遣社員に置き換えてしまうこと（常用代替）を防止するために，派遣が許容される職種や派遣可能期間を制限しています。派遣法は，その後，国際的にも労働者派遣事業および民間職業紹介事業の重要性を認めた，1997年のILO第181号条約の批准を契機に，一貫して，規制が緩和されてきました。しかし，最近では，職種限定がほぼ廃止されたために，急速に拡大した日雇派遣において，違法事例が相次いだため，これまでの規制緩和路線が見直されています。2008年（平成20年）には，日雇派遣の禁止を含む改正法案が国会に提出されましたが，その後の経済不況で，派遣労働者の保護の必要性がいっそう求められるようになったため，現在，新政権の下で，改めて，派遣法改正の議論が再開されています。しかし，経済が厳しいときに，規制を強化すると，企業の業績回復を損ないかねません。派遣労働者の保護と企業のニーズとの難しい舵取りが要求されています。

　【設例2】に戻ると，Bさんは，契約期間の途中で就労を打ち切られましたが，労働契約法17条1項は，やむを得ない事由がなければ，有期労働契約の期間途中の解雇はできないと定めています。したがって，派遣先は，派遣元との労働者派遣契約を解約することはできても，派遣元は，契約期間が

図　労働者派遣における三者関係

```
                    労働者派遣契約
派遣先（家電メーカー）───────── 派遣元（派遣会社）
         ＼                           ／
          ＼                         ／
           ＼                       ／
    指揮命令関係                労働契約
             ＼                 ／
              ＼               ／
               派遣労働者（Bさん）
```

満了する前に派遣労働者を解雇することは，原則として許容されないのです。

　それでは，もし，【設例2】において，Bさんが，契約期間の途中ではなく，契約期間の満了によって，雇用が終了した場合，これを争うことはできるでしょうか？先に述べたとおり，有期契約は，期間の満了により当然に終了することになるはずですが，判例法理によって，何度か更新されるなど，雇用継続に対する合理的な期待が認められる場合には，雇用期間の満了によって当然に契約が終了することにはならず，更新拒絶（雇止め）に，解雇権濫用法理が類推適用されることになり，使用者は，合理的な理由がなければ，雇止めできないことになります。

　これが，有期労働契約の場合における雇止め法理と呼ばれる判例法理ですが，【設例2】のような派遣労働者の場合には，この雇止め法理の適用は限定的に解される傾向にあります。すでに，労働者派遣法は，常用代替防止の観点から，派遣可能期間を制限している（原則として3年）という説明をしましたが，このことから，派遣労働者には，雇用継続に対する合理的な期待は認められない，と裁判所は判断しているからです。本来，正社員が行うべき恒常的な業務を行う派遣労働者を増加させないために，労働者派遣法は派遣可能期間を規制しているのですが，この規制が，派遣労働者の長期就労を妨げていることになっているともいえ，難しい課題を浮かび上がらせています。

団体交渉の相手方

　【設例3】では，派遣労働者Bさんが，労働組合に加入し，契約打ち切りの撤回を，派遣元と派遣先に要求できないかが問題となっています。団体交渉は，憲法28条で保障された権利であり，労働組合法7条によって，団体交渉の拒否は，不当労働行為として，禁止されています。ここでは，Bさんの労働契約の相手方である派遣元が，団体交渉義務を負うのは明らかなのですが，派遣先も団体交渉に応じなければならないのかが問題となります。

　判例は，労働組合法7条の「使用者」は，労働契約上の使用者よりも広い

概念であると解しており、労働契約上の使用者以外の者も、団体交渉に応じる義務を負うことがあります。例えば、労働者派遣とよく似た就労形態として、下請企業の労働者が、元請企業で就労する場合があります。もし、この場合に、元請企業が、下請企業の労働者に対して、具体的な指示を出すなどの指揮命令を行っていると、これは、請負を装った労働者派遣に該当し、違法となります（いわゆる**偽装請負**）。適法な請負であるためには、元請企業が、下請企業の労働者に対して、指揮命令を行ってはいけないのです。もっとも、適法な請負においても、実際には、下請企業の労働者が元請企業の事業場で就労するため、職場環境の改善要求など、雇い主である下請企業ではなく、元請企業と団体交渉をしなければ、要求の実現が難しい場合があります。このような場合に、最高裁は、「雇用主と同視できるほど、重要な労働条件を現実的かつ具体的に支配、決定できる地位にある者」は、その労働条件に関する限り、団体交渉の相手方である使用者となる、という判断を行いました。

　この**使用者概念の拡張**の法理を【設例3】にもあてはめれば、Bさんの就労打ち切りについて「現実的かつ具体的に支配、決定」したのは派遣先であるといえるのであれば、派遣先は、派遣ユニオンとの団体交渉に応じる義務があります。しかし、労働者派遣の場合には、使用者概念の拡張の法理は適用されず、派遣先は、労働者派遣法40条1項の苦情処理義務を負うに過ぎない、という立場が有力です。

おわりに

　本パートでは、まず、労働契約に関するもっとも重要なルールであるといえる解雇権濫用法理（労働契約法16条）を紹介しました。しかし、この解雇権濫用法理は、期間の定めのない労働契約で雇用された正社員にしか適用されない法理であることから、次に、非正社員の雇用保障はどうなるのか、という問題を検討し、とくに最近大きく取り上げられている労働者派遣について、その特有の問題も概観しました。また、団体交渉上の使用者というテーマも扱いました。かなり内容の豊富な、しかも、難しい問題を扱いました

が，非正規雇用の増加とその不利益な労働条件の問題は，現在の労働法制の最大の課題です。

　厳しい競争にさらされている企業は，今後，ますます正社員の採用を企業の中核的業務に限定し，その他の業務については，柔軟な労働力で対応しようと考えるでしょう。資本主義経済において，この企業のニーズを無視することはできません。他方で，非正規雇用は，労働法による保護が弱く，現状では，望ましい雇用形態であるとは到底いえません（就労形態の多様化というフレーズで，非正規雇用のもつマイナスイメージの払拭が図られたこともありましたが）。したがって，非正規雇用の拡大には歯止めをかけるべきであり，非正規雇用と正規雇用の格差も是正し，さらに，非正規雇用から正規雇用へと移動できる可能性を広げる必要があります。

　国が政策によって，これらの課題を実現することには限界があるでしょう。労働組合の役割にも期待したいと思います。労働法は，そもそも，労働組合の活動を保障することから始まったのです。正社員の労働組合が，非正社員も組織し，非正社員の待遇改善の要求をしていくことが格差是正の大きな力となることでしょう。

◇この法分野を学びたい！◇

　本講では，高校生にはやや難解であることを承知しながらも，最新の重要な問題を取り上げましたが，他にも重要な労働法のテーマはたくさんあります。例えば，「はじめに」で触れた過労死の問題や，労働契約の締結をめぐる問題（昨今の不況では，「派遣切り」と並んで，「内定取消」も大きな社会問題となりました），人事異動の法理（例えば，子会社に出向を命じられた場合，常に応じなければならないでしょうか），男女雇用平等，労働条件の引き下げ，争議行為の正当性などです。

　このうち，過労死をめぐる紛争では，労災保険の給付の不支給決定を不服として争うものが典型的ですが，労災保険は，雇用保険，健康保険および厚生年金保険と同様，労働者を対象とする強制保険です。これらの労働・社会保険を専門的に扱う学問分野が，社会保障法です。ぜひ，労働法と一緒に，社会保障法も勉強してみましょう。

　また，労働条件の引き下げや人事異動については，就業規則という書面が重要な役割をもちます。就業規則とは，従業員10名以上を使用する事業場で，賃金や労働時間について使用者が作成を義務付けられているものですが（労基法89条），就業規

則の内容は，合理性があれば労働者がその内容を知らなかったとしても，労働契約の内容となり（労働契約法 7 条），就業規則が変更されて，賃金が引き下げられることになった場合にも，合理性があれば，労働者を拘束します（労働契約法 10 条）。この就業規則法理は，合意を基礎とする純粋な契約法理からは説明ができず，雇用という継続的な関係を規制する労働法独自のルールといえましょう。労働法をより深く理解するためにも，民法における近代市民法の原則をしっかり勉強しておくことが必要です。

【参考文献】

(1) 雇用に関する一般書
- 荒井一博『終身雇用と日本文化——ゲーム論的アプローチ——』（中公新書，1997）終身雇用が経済的合理性をもつ制度であり，今後も維持されるべきことを主張している。
- 野村正實『雇用不安』（岩波新書，1998）「全部雇用」という概念を用いて，新しい視点から，日本の雇用システムの特徴を明らかにしている。
- 宮本太郎『生活保障—排除しない社会へ—』（岩波新書，2009）非正規雇用が増大し，不安定さを増している現在の日本の状況に対して，雇用保障と社会保障を統合した「生活保障」をキーワードに，これまでの男性稼ぎ主に依存してきた生活保障からの脱皮を説いている。
- ロナルド・ドーア／石塚雅彦訳『働くということ——グローバル化と労働の新しい意味——』（中公新書，2005）世界的な労働社会学者である著者が，グローバル化の中で世界的に雇用の柔軟化が進んだ背景について考察している。

(2) 労働法のテキスト
- 荒木尚志『労働法』（有斐閣，2009）本格的体系書。
- 荒木尚志＝村中孝史編『労働法判例百選〔第 8 版〕』（有斐閣，2009）重要判例解説。
- 菅野和夫『労働法〔第 8 版〕』（弘文堂，2009）本格的体系書。
- 森戸英幸『プレップ労働法〔第 2 版〕』（弘文堂，2008）自習にも適した，コンパクトな教科書。

橋本 陽子（はしもと ようこ）

Part 3　社会との接点5—仕事と法—

§3　うちの会社が乗っ取られる？

はじめに

「会社の乗っ取り」という表現は，新聞などの報道で使われることのある，インパクトの強い言葉です。それまで毎日平和に営んできた会社に，金に物を言わせて乗り込んできた悪いやつらが無理難題を言いだし，会社と従業員がしてきた努力をまったくの無駄にしてしまう，などというイメージがあるのはいなめないでしょう。実際に，会社を買おうとする人たちを「乗っ取り屋」と呼び，会社の取締役や従業員たちが知恵を絞り，少なからぬ費用をつぎ込んででも撃退しようとして争った例は，数年前から特に目立つようになってきました。

しかし，法律の上で「会社の乗っ取り」を説明すると，実は意外なほど公平なルールでできています。本講では，「会社の乗っ取り」を法的に説明するために，会社の基本的な構造と，市場（金融商品取引所）を通じた株取引の仕組みを説明します。

「株主」は「株式会社」の持ち主

私たちの生活でお金の流れの中心にいるのは，会社であると言えます。モノを作る会社やサービスを提供する会社，銀行など，たくさんの会社が活動することによって，経済社会は勢いよく動いていきます。

2005（平成17）年に制定された「会社法」では，「会社」とは「株式会社」，「合名会社」，「合資会社」，「合同会社」の4つのことである，としています（会社法2条）。

日本の「会社」のうち，ほぼ99％が株式会社です（社名に「有限会社」という文字が入っている会社であっても，法律上は株式会社です）。株式会社は，たくさ

§3 うちの会社が乗っ取られる？　　255

んの人からお金などの財産（これを「出資」と言います）を集めます。その出資された財産をもとに商売を行い（これを「事業」と言います），事業によって手に入れた利益の一部を，出資してくれた人たち（出資する代わりに会社から「**株式**」をもらうので，「**株主**」と言います）に分配します。会社が事業を行うときに必要なお金は，銀行などの金融機関から借りることもありますが（間接金融），最近は特に証券取引市場を通じた「直接金融」（ここでは，会社に対して株主が直接お金を投資すること）が注目されるようになっています。

　株主は，将来会社が利益を生み出すことを期待して，会社のエネルギーの元となるお金などの財産（机やいす，パソコンなどの現物でもかまいません）を出資するのですから，「出資した財産を誰に預けて事業をさせ，利益を増やしてもらうか」を決めることは，株主にとって一大関心事です。そこで，株主たちは少なくとも1年に1回「**株主総会**」という会議を開きます（会社法296条）。株主総会では，株主から出資されたお金によって事業を行う**取締役**や，その取締役の仕事ぶりをチェックする監査役などの役員を，多数決によって選びます。

　株主総会における多数決は，選挙のときのように1人が1票づつ持つのではなく，原則として各株主がどれだけ出資をしたかによって議決権の数が決まります。株主が1つの株式を持つと，1票の議決権を持つことができるのが原則です（1株1議決権制）（会社法308条）。

　株主によって選ばれた取締役は，さらに具体的な業務（モノを作ったり，買ったり，サービスを提供したり）を

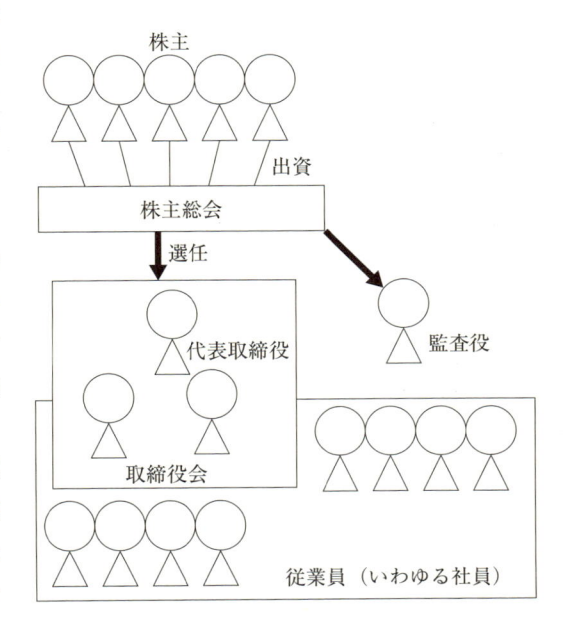

行うために従業員（いわゆる「社員」）を雇います。株式会社は，このようにしてお金と人を集め，たくさんの取引を通じて利益を得て大きくなろうとします。

株式の買い方——基本編——

　前の章では，株式会社の基本的な仕組みを説明しました。株式会社においては，株主が取締役を多数決で選び，取締役が従業員を（会社の名前で）雇います。株式会社の利益を生み出すのは取締役や従業員による業務執行によるのですから，株主が誰を取締役に選ぶかによって会社の運命は変わってきます。逆に言えば，**株主は，取締役を選ぶことで会社の運命を変えることができる**のです。そのために必要なのは，株主総会で多数派となることです。株式をできるだけたくさん買って，たくさんの議決権を手に入れることは，その手段の1つです。

　通常，みなさんが株式を購入するときは，「金融商品取引所」で取引することになります。現在，日本全国に6つ（東京・大阪・名古屋・福岡・札幌・ジャスダック）の取引所があり，一定の条件（それぞれの取引所で定める「上場基準」）をクリアした会社の株式が，それらの取引所で売ったり，買ったりされます。株式会社にとって，金融商品取引所で自分の会社の株式が売買されるようになること（「株式の上場」と言います）は，上場基準と言う厳しい審査をパスしたことにより，社会的に「規模が十分に大きくて立派な，信頼できる会社である」と認められることでもあります。社会的な信用が上がれば，知名度も上がり，優秀な人材の確保も期待できるようになることでしょう。

　さて，話を上場を目指す会社のことから，すでに上場した株式について取引する側に戻しましょう。取引所での取引とは，例えば，取引所で株式を買いたい人が「○○円で△△社の普通株式を□□株買いたい」という買い注文を（証券会社を通じて）出したときに，「○○円で△△社の普通株式を□□株売りたい」という人がいれば（すなわち，同じ条件で証券会社を通じて売り注文を出している人がいれば），この買い注文に応じてくれる，というものです（ただし，取引所，すなわち**市場**では，たくさんの数の株式を，ものすごいスピードで取引します

《競争売買の原則》。そのため，誰と誰が取引をしたのかは，あまり問題になりません)。

上場会社の株式は，いくらで取引されたのか（「約定価格」と言います）を，誰でも知ることができます。人気がある会社（例えば，事業がうまくいって，利益がたくさん上がっている会社）の株式は，たくさんの人が買いたいと考えるでしょうから，次に取引されるときは，その前に公表された約定価格よりも高い値段がつくことでしょう。一方，あまり明るい話題のない会社の株式を買いたいと考える人はそう多くはないでしょうから，その株式には高い値段がつくことはないでしょう。その意味で，**取引所での株式の値段は，その会社の (経営者の) 通信簿**のようなものだと言えます。

取引所での取引がスムーズに運ぶためには，投資をしようとする人（これから株主になろうとする人）が「この会社の株式はどれくらいの価値があるか」を判断するための情報が，十分に，かつ公平に公開されていなければなりません。嘘の情報が乱れ飛べば，株式を買おうとする人たちが迷ってしまい，株式を買うのをやめてしまうかもしれません。そうすると，株式が売れなくなり，会社にとっては結局不都合な結果を招きます（新たに資金が必要になったときなどに，会社が新規に株式を市場で発行しようとしても，買ってもらえなければ意味がありません)。もちろん，取引所ではたくさんの会社の株式の取引が行われています（たくさんの会社が参加している，とも言います）ので，1つの会社の信用が低下すると，ほかの会社の株式の取引にまで影響が出ることがあります。ですから，取引所に上場した会社には，株式を買うか買わないかの判断材料となる会社の経営状況やさまざまなニュースを，誰でも見ることのできる方法で公開することが義務付けられています。

会社の経営状況や将来の業績見込み，株式に関する情報（例えば，同じ時期に何株発行したかという情報など）を記載して，一定の場合または一定の時期に提出するのが「有価証券届出書」，「有価証券報告書」，「四半期報告書」などです（金商法24条以下）。これらの書類は，EDINETと呼ばれるシステムにより，インターネット上でチェックすることもできます (http://info.edinet-fsa.go.jp/)。これらの書類に記入漏れがあったり，間違った情報をわざと書いていたりすると，罰金が科されることもあります。2007（平成19）年からは，これらの書類に嘘を書いた場合に科される罰金額が，個人に対しては1000

万円（金商法 197 条），会社には最高で 7 億円（金商法 207 条）にまで引き上げられました。

　また，一定の場合または一定の時期に提出しなければならない書類とは別に，それぞれの会社には，株式を買うかどうかの判断をするために重要な情報を，適切な時期に，適切な方法で広く知らせること（タイムリー・ディスクロージャー）が求められています。東京証券取引所が運営する TDnet（http://www.tse.or.jp/listing/disclosure/index.html）により，日本国内の取引所に上場している会社の情報を，インターネットを通じていつでも，どこでも見ることができます。これらの仕組みを通して，私たちは広く一般に対して公開された，正しい情報をもとに株式を買うことができるのです。

株式の買い方——特別編——

　正しい情報をもとに判断された，ということを前提にすれば，市場における株式の値段（株価）は，その会社の通信簿と同じように考えることができることを，前章でお話ししました。しかし，学校の通信簿と会社の通信簿が大きく違うのは，会社の場合は「成績を上げるためにがんばる人」，つまり取締役などの会社の経営をする人たちを取り替えることができることです。

　前にお話ししたように，会社の株主は，株主総会の多数決によって取締役などを選ぶことができます（会社法 329 条）。言い換えれば，自分が株主の議決権の過半数（これを「支配株式」と言います）を持っていれば，気に入らない取締役をいつでも交代させることができるのです。これは，取締役などの側から見れば「会社の乗っ取り」です。取締役などの役員（経営陣）と意見が違う人が支配株式を手に入れようとする（会社を乗っ取ろうとする）ことを，「敵対的買収」と言います。つまり，乗っとり屋は，株主に対してでなく，経営陣にとって「敵」なのです。

　しかし，支配株式を手に入れるのは簡単なことではありません。ほかの株式と同じように，すべて取引所で買わなければいけないとしたら大変なことになるからです。

　取引所での取引内容（どの株式が，いくらで，何株取引されたか）は誰でも見る

ことができます。「ある会社の株式が，誰かに大量に買われている」ことが分かれば，皆その株式をできるだけ安く買って，少しでも高くその「誰か」に売ろうとするため，株価はどんどん上がってしまいます。これでは，いったいいくら購入資金を準備したら支配株式を買うことができるのか，予測できなくなってしまいます。

そこで，支配株式を合理的に買う方法として「**公開買付け**」という手法がとられています。略して，TOB（Take over bid）ということもあります。公開買付けとは，買収者（公開買付けをしようとする人）が，「ある会社の株式を，株価より（少し）高い値段で，たくさん買い付けるつもりがある」ことを公表して，一定の期間，株主から「売ります」と言ってもらうために待ち，応募してきた株式を買い取る，という方法です（金商法27条の2以下）。この方法を用いれば，市場で絶え間なく変わる株価にふりまわされることもなく（少し市場価格よりは高くはなりますが）一定の金額を準備しておけばその範囲で株式を買うことができる点で，買収者にとっては非常に合理的です。さらに，「応募の期限までに一定の株式数が集まらなければ，買わない」ことを買収者がはじめから公表しておけば，集まった株式がその数に達しない場合に株式公開買付けをしないことも原則として認められています。

公開買付けが行われるにあたっては，株主が公開買付けに応じるかどうかを判断するために必要な情報が，十分に提供されることが重要です。例えば支配株式の取得を目的とする場合には，買収者は取得後の経営方針や，公開買付け後に追加で株式を取得するかどうか，公開買付け後の上場廃止の可能性があるかどうかなどについて，詳しい情報を提供しなければなりません（「公開買付届出書」によります。金商法27条の3）。買付けの対象となる会社の側でも，取締役たちが株主に対し，その公開買付けへの応募を勧めるか，応募しないことを勧めるか，中立か，などの意見と，その意見を取りまとめるまでの過程を公表することが義務付けられています。

また，株主が公開買付けに応じるかどうかを判断するために，一定の期間（20営業日《行政機関が休みの日は含めないで数えます》以上，60営業日以内）を十分に保障することが買収者には義務付けられています（金商法27条の2）。対象会社の取締役たちは，公開買付け期間が30営業日より短い場合には，公開

買付けに対する意見を明らかにする際，買付け期間を30営業日まで延長することを請求することができます。これは，取締役たちが対象会社の経営者として，対抗提案をまとめる時間（そして，株主たちがその提案と公開買付けを比べてじっくり判断する期間）を保障するための制度です。

公開買付けでは，買付けに応募した株主を不安定な立場にしないための配慮もされています。買収者が公開買付けのときに1株をいくらで買うかを決めた後，市場の価格に合わせて買付け価格を上げることはできますが，原則として価格を下げることはできません。また，公開買付けの開始時点で「買付け予定株式数よりも応募株式数が多かった場合，その超過分は買い付けない」ことを明確にしておかないと，買収者は応募株式の全部を買わなければなりません。もし，超過分の買付けをしないことを最初から公表した場合に応募が募集株式数を超えたときには，抽選や先着順にして，誰から買い付けるかを慌しく決めるのではなく，応募者の持っている株式数に比例して（按分比例方式）買い付けることになります（金商法27条の13）。

公開買付けは，買収者にとっては支配株式を合理的な方法で買うことのできる仕組みであり，株主にとっては，株式を売る機会が平等に与えられる仕組みであるといえます。しかし，例えば公開買付けが義務付けられる範囲，買収者の資金はどこからきたのかという情報の開示，買付け後に支配株式を保有する期間の義務付けなど，より公平な制度にするため，まだまだ改善の可能性がある制度でもあります。

おわりに

公開買付けは，買収者と株主にとっては合理的で公平な制度である，と言えます。しかし，会社の役員や従業員として働く人たちや取引先が，買収者に対してどう考えるかについては，公開買付けの方法によっては何もわかりません。会社の価値が買収によって低下してしまう場合，例えば買収者が嫌がらせ目的で公開買付けを始める場合や，買付け後に会社を切り売りしようとする場合，買収者自身の借金を会社に負わせようとする場合，またはそもそも経営をする気がない場合など，本来公開買付けで支配株式を取得するべ

きでない者が公開買付けを開始したとしても，買付け価格が株主にとって十分魅力的（＝高値）であれば，株主は募集に応じてしまうかもしれません。

そこで，買収者が本当に会社の経営を真剣にするつもりがあるかどうか，買収者よりもよい経営計画はないかを検討し，株主に十分な情報を提供して考えてもらうために，法律による強制とは別に，取締役たちによる私設ルールである「敵対的買収防衛策」が準備されるようになりつつあります。

敵対的買収防衛策にはさまざまな種類があります。代表的なものは，買収者が一定の株式数以上（例えば20％以上）を買い付けようとする場合に，必要かつ十分な情報を提供することと，その情報を評価する一定の期間を保障することをあらかじめ会社側が要求しておき，それに従わないで買付けを行おうとする買収者には対抗措置をとることを予告しておく方法です（事前警告型買収防衛策）。

敵対的買収防衛策によって守ろうとするのは，一部の株主の利益ではなく，会社全体が将来にわたって利益を生み出す力（企業価値）です。買収者が良い経営計画を立てて買収に臨んだ場合，すなわち企業価値が高まる場合にまで防衛策を利用して敵対的買収を邪魔することは認められません。

会社は，持続的に利益を生み出すことを目的として動いています。株主から集めた資金を元手に，さまざまな経営資源を活かしていくことが取締役たちには求められ，それに応えられない場合には買収される可能性があるというプレッシャーがかかることで会社はいっそう発展すると言えます。買収者が現われたら，すぐに「会社の乗っ取りだ」と拒否反応を示すのではなく，冷静に情報を評価し，買収による企業価値の変化を分析することが必要とされているのです。

◇この法分野を学びたい！◇

本講では「会社の乗っ取り」，つまり敵対的買収を説明するため，会社の仕組みや株式の流通についてみてきました。

実は，本講で参照した条文には2種類あります。会社に関する一般的な法律である「会社法」と，上場会社に適用される法律である「金融商品取引法」です。テレビや新聞などのニュースで皆さんが名前を見るような大きな会社のほとんどについて，この2つの法律は重要な役割を果たしていま

す。将来，会社に就職することを希望する皆さんには，「会社法」や「金融商品取引法」の講義を受講することをぜひお勧めします。その理由を2点に分けて説明します。

会社法や金融商品取引法は，スポーツのルールに例えることができるかもしれません。会社法や金融商品取引法という，会社をめぐるルールを知らなければ，資本市場というコートの中で戦うことはできません。これが，「会社法」「金融商品取引法」の受講を勧める理由の1つ目です。

オリンピックの公式ルールがひんぱんに改正されるように，会社法や金融商品取引法も，他の法律に比べると本当に改正の回数が多い法律であると言えます。そのたびにルールは長くなり，一見複雑で，とっつきにくいようにも見えます。しかし，スポーツのルールがあいまいなままでは試合ができないのと同じように，会社法や金融商品取引法にも，できるだけ簡単に，かつ明快に定めるための工夫があちこちでなされています。どのような工夫がなされているか見つけることができれば，会社法や金融商品取引法の読み方に慣れてきた証拠です。

会社法や金融商品取引法の，一見複雑な条文を読むのに慣れてきたら，次は「もし自分が株主だったら」，「会社の顧問弁護士だったら」，「会社内の法務担当者だったら」など，立場を変えて考えてみることも面白いでしょう。例えば，会社による買付価格に不満がある株主と，その会社の法務担当者では，導きたい結論と，それにいたる過程はおのずと違ってきます。会社法や金融商品取引法の履修をお勧めする2つ目の理由は，このように視点を変えてものごとをとらえる，良い練習になるからです。

本講では会社法と金融商品取引法についてだけお話ししましたが，会社をめぐるルールはほかにもたくさんあります。これらの法律についても，関連科目として併せて学習するとより理解が深まります。例えば，取引をめぐる基本的な法律である「民法（財産法）」，個人商人について民法の特例を定める「商法」，取引の際によく利用される決済（支払）方法である手形・小切手に関する法律である「手形・小切手法（有価証券法）」，会社が生み出した利益などに対して課せられる税金を知るための「法人税法（租税法）」，会社で働く従業員たちの権利を守るための法律を学ぶ「労働法」，会社が自由な市場で競争するための法律である「独占禁止法（経済法）」などがあります。法律科目ではありませんが，会社をめぐるお金の流れを理解するために，「企業会計」を履修することも役に立つでしょう。

会社をめぐる状況は常に動いています。会社法も，それに合わせてどんどん変わっていく必要があります。だからこそ，関連科目と合わせて具体的なイメージを持ちながら会社法を学ぶことはダイナミックで興味深いことなのかもしれません。

【参考文献】
・神田秀樹『会社法入門』（岩波新書，2006）
・浜田道代編『キーワードで読む会社法〔第2版〕』（有斐閣，2006）

長谷川 乃理（はせがわ のり）

Part 3　社会との接点5 —仕事と法—

§4　企業の競争がなくなったら？
——ルールに則った経済活動——

はじめに

　皆さんは，「経済法」という言葉を聞いて，どのような法分野を思い浮かべるでしょうか。「経済法」という語を分解してみると，「経済」と「法」に分けられますので，「経済法」は経済に関する法分野，あるいは経済と法律の接点を扱う法分野などと考えたのではないでしょうか。経済法とはどのような分野か，ということについては様々な見解（経済法学説）がありますが，およそ「現代の資本主義経済体制・市場経済体制の下で，国家が積極的に経済をコントロールするための法の領域」ということについては意見が一致しています。なお，「経済法」は，「行政法」「労働法」などと同じく，1つの法分野を表し，「経済法」という法律（法典）はありません。この点，具体的な法律（法典）のある民法＝民法典，刑法＝刑法典などとは異なります。

　「経済法」という分野は，さらにいくつかの分野に細分化できます。まず挙げられるのが，市場における事業者（企業）間の競争秩序を確保する競争法の分野で，日本では独占禁止法（正式名称は「私的独占の禁止及び公正取引の確保に関する法律」（昭和22年4月14日法律第54号））が制定されています。また，国際通商を規律する国際経済法の分野は，第二次世界大戦後の国際通商（貿易）を規律してきたGATT（General Agreement on Tariffs and Trade,「関税および貿易に関する一般協定」），およびGATTを受け継ぐ形で1995年に発足したWTO（World Trade Organization, 世界貿易機関）に関する法的問題が中心で

経済法の各分野
　　　　　　　1. 競争秩序に関する法：競争法（独占禁止法）
　　経済法　2. 国際通商に関する法：国際経済法（GATT/WTO法）
　　　　　　　3. 規制産業に関する法：各種事業法（電気通信事業法，電力事業法，ガス事業法，鉄道事業法，航空法，道路運送法等）

す。このほか，電気通信（電話），電力，ガス，運輸などの規制産業において，参入や料金設定などのルールを定める**各種事業法**も経済法の一分野を構成します。以下，本章では，経済法分野の中心となる「独占禁止法」の基本的な考え方を中心に説明していきます。

独占禁止法の目的
―――公正かつ自由な競争の促進と一般消費者の利益の確保

　皆さんは，独占禁止法は，何を実現するために制定された法律だと思いますか。答えは，独占禁止法1条に書かれています。少々長いのですが，目的を定める1条を見てみましょう。

> 「この法律は，私的独占，不当な取引制限及び不公正な取引方法を禁止し，事業支配力の過度の集中を防止して，結合，協定等の方法による生産，販売，価格，技術等の不当な制限その他一切の事業活動の不当な拘束を排除することにより，公正且つ自由な競争を促進し，事業者の創意を発揮させ，事業活動を盛んにし，雇傭及び国民実所得の水準を高め，以て，一般消費者の利益を確保するとともに，国民経済の民主的で健全な発達を促進することを目的とする。」

　独占禁止法1条は，句点（。）のない1文で書かれているため読みにくいのですが，独占禁止法の目的として，①「公正且つ自由な競争を促進し，事業者の創意を発揮させ，事業活動を盛んにし，雇傭(か)及び国民実所得の水準を高め」ることと，それにより②「一般消費者の利益を確保するとともに，国民経済の民主的で健全な発達を促進すること」の2点が掲げられています。このうち，独占禁止法の直接的な目的は，①の「**公正かつ自由な競争の促進**」

独占禁止法の目的

手段的目的		究極的目的
公正かつ自由な競争の促進	→	一般消費者の利益の確保
		国民経済の民主的で健全な発達の促進

になりますが，独占禁止法は事業者（企業）が，手段を選ばすに競争することを求めているわけではありません。事業者には，「公正かつ自由な競争」を行うことが期待されています。これにより，生産効率の向上や活発な技術革新などがもたらされ，ひいては物価安定などの経済的な成果が実現されることになります。そのことが，最終的には②の「一般消費者の利益の確保」と「国民経済の民主的で健全な発達」につながるのです。

独占禁止法における「競争」とは

ところで，独占禁止法の目的の1つである「競争」とはどのようなものでしょうか。『広辞苑〔第6版〕』（岩波書店）によると，「勝負・優劣を互いにきそい争うこと」とされています。独占禁止法でいう競争とは，一般に「特定の市場において，複数の事業者が，他を排して第三者との取引の機会を確保するために，相互に競い合うこと」を意味し，この競争が行われる場が「市場」と呼ばれています。以下では，携帯電話を巡るメーカー，販売店の競争を例に，競争を行う事業者（企業）間の競争を考えてみましょう。

日本の携帯電話市場では，多くのメーカーが毎年新しいモデルを開発しています。その背景には，携帯電話メーカーの間で，ライバルより優れたモデルをより安く提供する競争が行われています。また，皆さんが携帯電話を購入した時のことを思い出すと，「どの販売店（ショップ）で買おうか」と迷ったのではないかと思います。販売店も他の販売店よりも販売（契約）を増やそうと競争をしています。

実は，皆さんも気づかないうちに，携帯電話メーカーの競争と，販売店の競争の恩恵を受けています。皆さんは，携帯電話の機種変更をする際，どのように機種を選び，またどのように購入（契約）する販売店を選ぶのでしょうか。ここでは，A，B，Cという3つの機種があるとしましょう。皆さんは，最も安く購入できそうなAを選ぶかもしれません。あるいは，Bはデザインが優れている，Cは最新の機能が搭載されているということに魅力を感じ，Aよりも価格は高いのですが，BかCを選ぶかもしれません。ここでは，携帯電話メーカーは，皆さんに選んでもらえる機種を作ろうと，価格

面での競争（価格競争）と価格以外の面での競争（非価格競争）にしのぎを削っています。

さて，皆さんがBを選んだとすると，次に家の近くの販売店X，Y，Zのどこで購入するかを決める必要があります。販売店Xは，価格重視でとにかくBを安く購入することができ，販売店Yは独自の保証を提供する，販売店Zは操作説明など購入後のサポートを売りにしています。この場合，皆さんは，X，Y，Zのどの販売店で購入しますか。このように，販売店も販売店で，皆さんに買ってもらえるように競争を行っているのです。

```
          端末の選択
           A      B       C
          低価格  デザイン  最新機能

          販売店の選択
           X      Y       Z
          低価格  独自保証  サポート
```

上記の例では，携帯電話の機種を選ぶ段階では，メーカーが価格，価格以外の両面で競争することにより，様々な機種が提供され，私たちは自分の欲しい機種を選ぶことができます。また，携帯電話を購入する段階では，販売店が価格，価格以外の両面で競争することにより，私たちは自分にとってもっとも都合のいい販売店で購入できるのです。つまり，携帯電話メーカーと販売店がそれぞれの立場で，独占禁止法1条にあるように「創意を発揮させ」て，より安い価格，より優れたデザイン，より優れたサービスを提供しようと競争することにより，私たちは優れた携帯電話機を選択，利用することができます。このことが，まさに「一般消費者の利益の確保」にほかなりません。ただし，ここでの「競争」については，先ほど述べたように，「公正かつ自由」な競争でなければなりません。独占禁止法は，公正で自由な競争を確保するための具体的な手段として，独占禁止法1条に「私的独占，不当な取引制限及び不公正な取引方法を禁止し，事業支配力の過度の集中を防止」すると定めています。このうち「**私的独占**」，「**不当な取引制限**」，「**不公正な取引方法**」が独占禁止法により禁止される行為の「三本柱」と呼ばれる中

心となる規定です。

公正かつ自由な競争を確保する手段

(1) 私的独占の禁止

独占禁止法は，三本柱の1本目として，「私的独占」を禁止しています（独占禁止法3条前段）。私的独占とは，事業者（企業）が，他の事業者（企業）の活動を排除したり，支配したりすることにより，競争を機能しなくさせる行為をいいます。具体的には，取引を拒絶することで競争者の活動を困難にしたり，新たに事業を始めようとする競争者の妨害をしたりする「排除」行為と，自己の市場における有力な地位を利用して，他の事業者（企業）の活動に制約を加える「支配」行為が禁止されます。

ところで，「独占」とはどのような状況でしょうか。上記の例で説明すると，もし携帯電話メーカーがA社1社しかない（独占）とすると，A社はより優れた機種をより安く製造しようとしなくなるでしょう。なぜならば，A社には競争相手がいないので，ライバルメーカーとの競争を考える必要が必要なくなるからです。例として，固定電気通信（家庭の電話）の例を挙げて説明したいと思います。皆さんがまだ生まれる前かもしれませんが，日本国内の電気通信サービスは，長いこと日本電話電信公社（電電公社）が独占的に提供していました。その後，電電公社は1985年に民営化され，また複数の事業者が固定電気通信事業に参入することで電電公社による独占は解消されました。民営化以前は，各家庭の電話機の多くはダイヤル式の「黒電話」で，そのほかの電話機を家に置くのは一般的ではありませんでした。また，通話料金も非常に割高なものとなっていました。現在では，数多くの電話機が店頭に並べられ，また複数の事業者が参入したことで，通話料金も以前より値下げされているのは，皆さんも実感していることと思います。もっとも，通話料金の低下の背景には，技術革新（インターネットを利用したIP電話など）があることも指摘しておく必要があります。

(2) 不当な取引制限の禁止

独占禁止法は，2本目の柱として，「不当な取引制限」を禁止しています（独占禁止法3条後段）。「不当な取引制限」というのは，独占禁止法上の用語ですが，より一般的には「カルテル（cartels）」と呼ばれるものです。カルテルは，事業者（企業）同士による話し合いにより競争をやめてしまうことで，販売価格等を決定する価格カルテル，販売数量等を決定する数量制限カルテル，販売地域等を決定する市場分割カルテルなどがあります。このうち最も典型なカルテルは，価格カルテルです。上記の例では，携帯電話販売店X，Y，Zが，Aという機種の販売価格について，従来Xは3万7000円，Yは3万8000円，Zは3万9000円で販売していたものを一律4万円に値上げしようと申し合わせるような場合です。その結果，販売店X，Y，Zは，これまで行っていたより安い価格でAを提供しようとする競争（価格競争）から解放されますが，その反面，私たち消費者は従来よりも高い価格を支払わなければAを入手することができなくなってしまいます。

価格カルテル

```
           X           Y           Z
        3万7000円    3万8000円    3万9000円……価格競争あり
          ↓ 価格について ↓ 申し合わせ  ↓
         4万円        4万円        4万円   ……価格競争なし
```

(3) 不公正な取引方法の禁止

3本目の柱である「不公正な取引方法」については，事業者間の取引方法のうち，一定のものが「不公正な取引方法」として独占禁止法により禁止されます（独占禁止法19条）。どのような取引方法が，不公正な取引方法とされるのかについては，独占禁止法2条9項で定義されています。ここでは，「不公正な取引方法」の例として，「再販売価格の拘束」（独占禁止法2条9項4号）を見てみましょう。その前に，携帯電話機Aの販売を例に再販売価格の説明をしておきます。

再販売価格

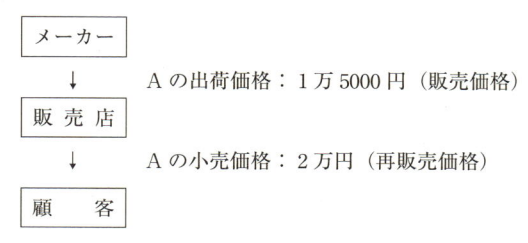

```
    メーカー
     ↓       Aの出荷価格：1万5000円（販売価格）
    販 売 店
     ↓       Aの小売価格：2万円（再販売価格）
    顧   客
```

　この例では，メーカーはAを販売店に1万5000円で販売していますが，この価格を「販売価格」と呼びます。次に，販売店はメーカーから仕入れたAを顧客に2万円で販売していますが，メーカーから販売店へ1回販売されているAは，販売店から顧客にもう1度販売（再販売）されることになりますので，販売店の販売価格を「再販売価格」と呼びます。販売店の販売価格については，販売店が独自に決定するのが原則です。この場合，メーカーが取引相手の販売店に対して，販売店が顧客に販売するAの販売価格を2万円と定めて値引きをさせずに維持させていますが，これが「再販売価格の拘束」に当たります。再販売価格の拘束については，取引関係にある相手方全てに対して一律に実施するのが通例です。その結果，Aの小売価格は販売店X，Y，Zのどこで買っても2万円となり，価格競争が消滅しまい，顧客はより安い販売店でAを購入することができなくなってしまいます。

公正取引委員会と独占禁止法違反行為に対する措置

　これまで，独占禁止法の概要について説明してきましたが，独占禁止法を運用する機関として，**公正取引委員会**（http://www.jftc.go.jp/）が設置されています。公正取引委員会は，内閣府の外局として位置づけられる「行政委員会」で，委員長と4名の委員（計5名）で構成されており，他から指揮監督を受けることなく独立して職務を行います。しかしながら，委員長を含む5名で独占禁止法の全てを運用することはできません。そこで，公正取引委員会の下には，事務総局が置かれ，約780名の職員により構成されており（2009年9月1日現在），他の中央官庁の多くと同じく，東京・霞が関に置かれていま

す。このほか、各地の主要都市には地方事務所（札幌、仙台、名古屋、大阪、福岡）と支所（広島、高松）が置かれており、那覇には「公正取引室」が置かれています。

公正取引委員会は、独占禁止法違反行為を行った事業者（企業）に対し、違反行為を止めさせるための「排除措置」を命じます。上記の価格カルテルの例であれば、価格カルテルの破棄などが命じられます。また、公正取引委員会は、一定の独占禁止法違反行為を行った事業者に対して、違反行為の予防効果を強化することを目的に金銭を徴収する課徴金制度があり、2008年度には、過去最高額となる合計約270億円の課徴金が課されました。このほか、独占禁止法違反行為のうち重大なものについては刑事罰（懲役、罰金）が科されることもあります。また、独占禁止法違反行為の被害者は違反行為者に対して、違反行為から生じた損害の賠償を請求することもできます。

おわりに

以上、本章では独占禁止法の概要を中心に説明してきました。独占禁止法は、事業者（企業）を規制対象とする法律ですが、独占禁止法に関する事件は、我々の生活にも深く関わっているものもあります。皆さんも、大手コンビニエンスストア一本部が加盟店に対して販売期限が迫った商品の値引き販売を禁止していたことが問題とされた事件などは記憶に新しいのではないかと思います。経済法は、法律だけではなく、実際の経済にも関連する分野です。このため、経済法を学ぶ上では、常日頃から身の回りで起こっていることに関心を持ち、時事的な問題を理解していることが大切です。

◇この法分野を学びたい！◇

本講では、独占禁止法について見てきましたが、独占禁止法に関連する法律として、「景品表示法」（不当景品類および不当表示等防止法）があります。景品表示法は、独占禁止法の特例法として、従来公正取引委員会が所管していましたが、2009年9月1日に消費者庁へ移管され、合わせて法改正も行われました。

景品表示法は、その名のとおり不当な景品類と、不当な表示（商品またはサービス

の品質または取引条件が，実際よりも著しく優良または有利であると一般消費者に誤認される表示）を規制するものです。本講では，携帯電話を例に独占禁止法により禁止される行為を見てきましたが，2007年11月には携帯電話大手2社による携帯電話料金についての新聞全面広告が問題とされました。本件では，料金割引サービスの適用を希望する利用者すべてが無条件で基本使用料が半額となるかのような広告の表示について，①料金割引サービスを受けるための条件（2年間の継続利用が求められること，途中で解約・休止した場合には1万円近い契約解除料が必要となること）が広告の下の方に非常に小さな文字で書かれているにすぎず分かりにくい点，②利用者からの申出がなければ契約から2年を経過した時点で自動的に2年単位の契約が更新され，更新後も契約解除料が必要となることが書かれていなかった点が，景品表示法に違反するおそれがあるとされました。

近年，食品表示の偽装問題や悪徳商法など消費者問題が脚光を浴びていますが，消費者問題に興味を持った皆さんは，「消費者法」の分野も受講することをお勧めします。

【参考文献】
- 村上政博『独占禁止法―公正な競争のためのルール』（岩波新書）（岩波書店，2005）
- 厚谷襄児『独占禁止法入門』（日経文庫）（日本経済新聞社，2005）
- 公正取引委員会発行パンフレット「わたしたちの暮らしと市場経済―公正取引委員会の役割―」（同委員会ウェブサイト（http://www.jftc.go.jp/demae/hukukyozai.pdf）からダウンロード可能）

多田　英明（ただ　ひであき）

Part 3　社会との接点5 —仕事と法—

§5　それは違法ではありませんか？会社は大丈夫ですか？

小島課長の憂鬱

　小島が株式会社東亜計器の課長に昇進して1年が過ぎようとしている。ある日，小島は，上司である岡崎部長に，ある会合に同行するよう求められた。

　岡崎部長に同行すると，その会合には，北関時計電機の柳井部長，内東製作所の藤田課長，トウコクの河嶋課長，その他にも同業者の見知った顔がたくさん見える。参加予定者が集まったのであろう，幹事役を務めるらしい柳井部長が話をはじめた。「来月の入札についてですが，……」。

　話が進むと，小島の脳裏に"談合"の2文字が浮かぶ。「岡崎部長，これは……」。「聞いての通りだ，小島くん。君には，この会合も担当してもらおうと思っている。よろしく頼むよ」。岡崎部長には，見慣れた光景のようだ。

　東亜計器は，5年前にも談合が摘発されていた。そのときには担当課長が刑事告発され，有罪判決が出されている。また，この事件はマスコミにも大きく取り上げられ，会社は社会的非難を受け，当時の経営陣が辞任している。この事件を契機に，東亜計器では，内部統制システムを構築し，各従業員には就労・行動の指針を示すコンプライアンス・マニュアルが配布されていた。そのマニュアルには，「入札談合の禁止」が明記されている。

　とまどいと驚きが表情にでたのだろう。「小島くん，心配することはない。みんなやってきたことだ。会社のためだよ」。

繰り返される謝罪会見，そして社長のクビが飛ぶ

　「このたびは，誠に申し訳ございません」。謝罪の言葉とともに深々と頭をたれる光景がよくテレビで放映されていました。映っているのは，会社の社長をはじめとした重役たちです。一時期よくみられた謝罪会見。その原因

は，談合，産地の偽装，未認可添加物の混入，賞味期限切れ商品の販売など，さまざまです。このような不祥事に関わった人たちは，「会社のためを思って」，「違法であるとの認識はなかった」などとコメントしています。

　企業が活動するにあたり，法に違反するようなことをしてはいけません。「法令遵守経営」あるいは「コンプライアンス経営」などは，当然のことをいっているように思われます。また，たとえ「会社のためを思って」行った行為であっても，たった1人の従業員の違法行為が，大問題となり，社長をはじめとした経営陣のクビが飛ぶことになります。さらに，不祥事は，企業の社会的な信用を低下させるだけではなく，結果として企業に大きな財産的ダメージをもたらすことになります。それにもかかわらず，不祥事は，なぜ繰り返されるのでしょうか。

　企業の不祥事を伝えるニュースが多くなってきたように感じられる一方，会社の経営者や従業員による違法行為は，最近になって急に増えたわけではないと指摘されます。それでは，なぜ企業の不祥事は増えているような印象を受けるのでしょう。また，これまで大きなニュースにならなかった違法行為が，今日では大きく取り上げられるようになったのは，なぜでしょうか。いろいろな要因を考えることができますが，ここでは，企業の活動と企業を取り巻く社会環境の変化に注目してみましょう。

規制の緩和と法令遵守

　いわゆるバブル経済崩壊後の不況のなかで，経済の再建を図るさまざまな方法が模索されます。たとえば，新規起業を促進し経済活動の活性化を図ったり，企業の国際的な競争力を高める取り組みがなされたりしてきました。しかし，より良い効果を求めると，従来からの規制が重石となっているのではないか，と指摘されることになります。たとえば，規制そのものの廃止や，規制要件の緩和，選択肢の拡大などを行えば，企業の活動の自由度が増します。ところが，従来からの規制を単純に撤廃しては，規制により維持されてきたものが崩壊し，私たちの生活を脅かすことになるかもしれません。そこで，注目されるのが社会環境の変化です。

これまで，多くの企業は，事業の資金を銀行などの金融機関からの借入金により賄ってきました（間接金融）。しかし，このような資金調達手段は，金利の支払のみを見ても資金調達のコストが高くつき，企業にとって好ましいものではありません。そこで，企業は，投資家から直接投資をしてもらうことにより資金調達を図るようになります（直接金融）。ところが，違法行為を繰り返す企業は，それにより生じる損害賠償責任や信用低下に伴う取引機会の減少などから，経営状況が悪化することが予想されます。そこで，投資家は，このような企業への投資を控えることが考えられます。これに対して法令遵守経営を実践する企業の株価が安定あるいは上昇するならば，投資家から事業資金を調達したい会社は，法令遵守経営を重視することになるでしょう。さらに，法令遵守経営について社会の認知が進めば，社会の目により，企業の行動が規律されることになるでしょう。

　このように，社会の環境が変化するならば，これまで法令等で規制することにより保護されてきたさまざまな利益が，社会的な要因により保護されるのではないかと考えられるようになります。

　規制緩和が進む社会は，他方において，法令等の遵守が求められる社会でもあるということになります。このような社会環境の変化が進んでいるにもかかわらず，法令等の遵守に対する配慮を怠り，業界内部や企業内部の特有の論理・ルールに従った行動を続けていると，企業の不祥事として社会に現れることになります。「みんなやっていること」，「会社のため」といった論理は，結果として会社に大きな損害をもたらすことになりかねません。

適正な会社の経営のために

　今日の社会において，企業が安定的に事業活動を展開し，成長を続けるには，法令等の遵守に配慮をしなければなりません。ここで，法令違反を防止する**リスク管理体制（内部統制システム）**の整備が求められることになります。このリスク管理体制を，法令遵守体制，あるいは**コンプライアンス体制**と呼びます。

　ところで，「コーポレート・ガバナンス」という言葉を耳にしたことはある

でしょうか。企業統治とも訳されており，さまざまな場面で多様な意味で用いられています。ここで見ているリスク管理の側面からは，コーポレート・ガバナンスとは，会社の経営者に対するモニタリングを通じて，株主が経営者による不祥事を防止するために監視監督することであると説明できます。これに対して内部統制は，経営者が企業内部のリスクを管理することであると説明できるでしょう。

　コーポレート・ガバナンスは，元来，企業の不祥事を防止するには，どのような会社の仕組みが望ましいか，ということについて議論されてきました。今日では，企業の競争力を高めるため，どのような意思決定の仕組みが望ましいかという議論もなされています。この結果，会社経営の意思決定に対して一定の自由を与えることが求められることになります。他方，自由が増せば，それに応じて責任も増すことになります。そこで法は，株式会社の経営者（取締役会）に対して，内部統制システムを構築する義務を課すことにしました。なお，社会には，株式会社以外の企業も多数存在していますが，ここでは，株式会社に着目して，話を進めます。

内部統制システムの構築義務

　企業の活動を規律する法律のひとつに会社法があります。会社法は株式会社の経営者に対して内部統制システムの構築義務を課しています。この義務には，法律に適合した職務を行うようリスク管理体制を整備することと，会社の経営をチェックするための体制を整備することが含まれています。

　もっとも株式会社といっても，その規模や事業内容などはさまざまであることから，画一的な体制の構築を求めるのは不合理です。そこで，個別の体制のあり方や内容は，それぞれの会社の決定にゆだねられています。すなわち，規模の小さな企業においては，経営者の目が行き届くため，従業員の職務執行について，法令に違反しないようにするためのシステムの構築は，特に必要ないかもしれません。むしろ，監視するための人員を確保し，専門的にその任務に当たることを求めるならば，余計な支出が生じ，効率的な経営を阻害することになります。これに対して，ある程度の規模の企業において

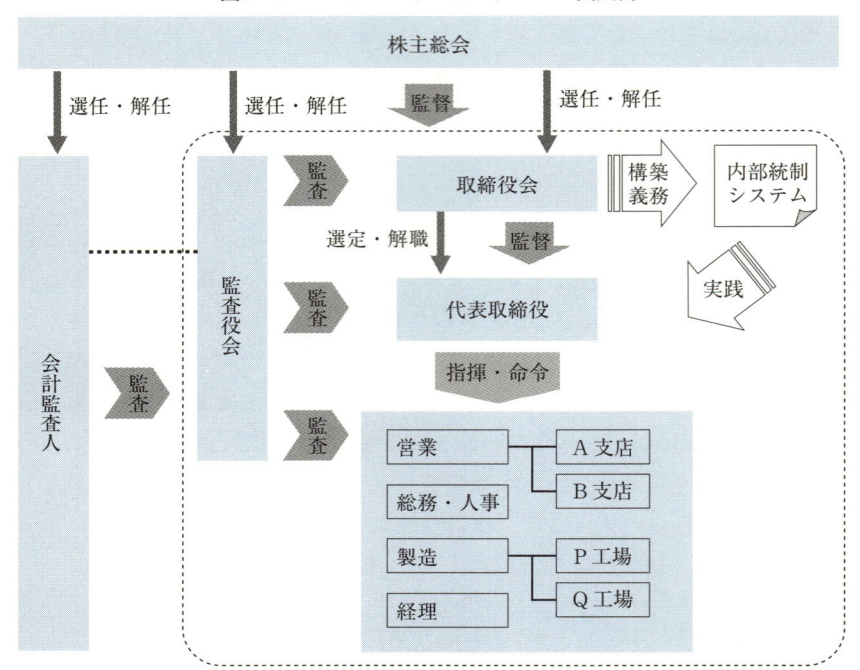

図4−1　コーポレート・ガバナンスの実践例

```
                              株主総会
    ┌──────────┬──────────┬──────────┐
    │選任・解任  │選任・解任  │ 監督  │選任・解任
    ▼          ▼          ▼
              監査       取締役会 ──構築義務──▶ 内部統制システム
                          │
                       選定・解職  監督        ‖ 実践
   会計          監査役会  ▼
   監査人 ──監査──       代表取締役
                          │
                       指揮・命令
                          ▼
              監査    ┌─営業─────A支店
                      │        └B支店
                      ├─総務・人事
                      ├─製造─────P工場
                      │        └Q工場
                      └─経理
```

は，相応の体制を整える必要が生じるものと思われます。それゆえ，各企業の経営者たちは，会社が営む事業の規模，特性等を考慮し，会社の実態に応じたリスク管理体制を整備しなければなりません。そこには，その会社や会社を取り巻く環境とそこにおける問題・危険をも十分に把握し，それに対応し，また備えるための創意工夫をこらすことも求められるでしょう。

　このようにして構築された内部統制システムは，取締役会の決議により決定されることになります。この決議の内容は，株主総会において開示され，株主の評価を受けます。仮に，株主たちが取締役たちの構築した内部統制システムを十分ではないと判断したならば，この取締役たちは取締役に再選任されることはなく，その職を失うことになるでしょう。また，このような事実が公表されると，投資家たちや取引先も，この会社を敬遠するかもしれません。さらに，せっかく内部統制システムを構築してもその内容が不十分で

あったがために，また不祥事を起こしてしまい，会社に損害があったときには，経営者たちは，その責任を負わなければなりません。このような事態に陥らないためにも，適切な体制作りが求められることになります。

　無事に内部統制システムが構築できたとしましょう。これで，経営者の責任が，全て果たされたことにはなりません。企業の活動が続いている以上，新たなリスクに直面することもあるでしょう。そのなかには，新たな対処方法が見いだされることがあるかも知れません。さらに，「これで，完璧！」と考えていたシステムでも実践していると問題が出てくることもあります。これらに加えて，企業を取り巻く社会環境や変化や，新たな立法により，各企業が対応に迫られる事項などの出現も考えられるところです。

　このように，構築当時は最新のものであったとしても，時間が経過することにより，当然古い時代遅れのものになります。そこで，経営者は，この内部統制システムを絶えず向上させ，より良いものにすることが求められます。

> **どうする？　小島課長！**
>
> 　会社のオフィスに戻った小島は，まだ事態の把握ができず，気持ちの整理もついていない。「このままでは，5年前と同じ過ちを犯してしまう。しかし，"あの会合"から離脱して，会社の利益は上がるのだろうか……。どうしたものか……」。
>
> 　机の上には，コンプライアンス・マニュアルがある。「『コンプライアンスは大切です』。そのようなことは判っている。しかし本当は，タテマエに過ぎないのではないか……」。小島は1人つぶやく。
>
> 　「そういえば，……」。このマニュアルが配布されるとき，「コンプライアンスに関わることで疑問があるときは，上司やコンプライアンス室に相談してほしい」と専務が言っていた。「相談してみるか」。小島は，解決の道を見つけた。

図 5-1　コンプライアンス担当部署の設置例

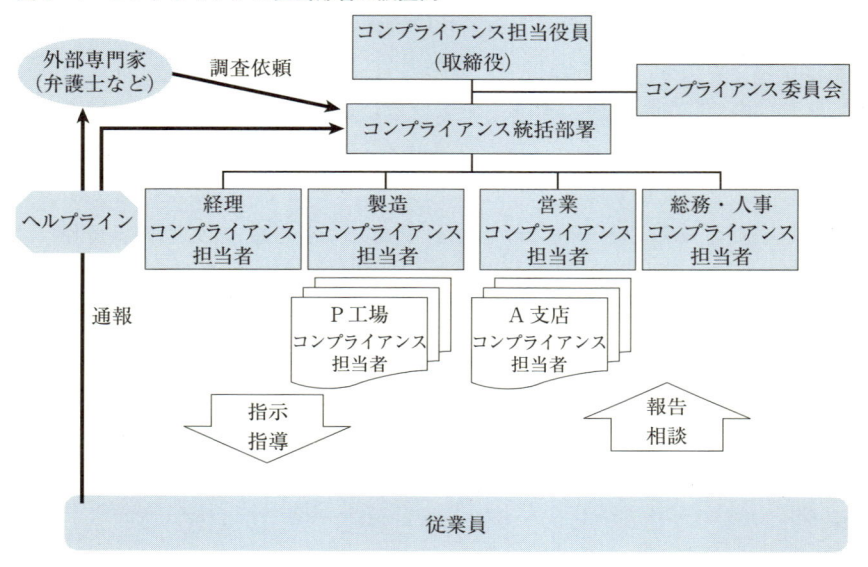

コンプライアンス担当部署と内部通報制度

　規模の大きな企業においては，内部統制システムをより良いものにするため，コンプライアンス担当部署を設置しています。会社は，会社全体に法令遵守を浸透させ，定着させる必要があります。また，企業活動が，特定の部署により行われるものばかりではなく，複数の部署が共同して行われるものも多くあることから，法令への抵触の有無を調査するには，専門的な知識などが求められます。さらに，多様な法令と法令の改正等に対応する必要もあるため，専門部署の設置が求められることになります。

　また，企業の活動における法令遵守は，各部門（営業・製造・総務など）や各支店・営業所においても意識され，対応が求められるものです。ゆえに，本社にコンプライアンス統括部署を設置するのだけではなく，各部門や支店等にも担当部署を設置し，その責任者を置くことも必要になります。このほか，より実務的な視点からコンプライアンス上の問題を検討するために，コ

ンプライアンス委員会を設置する会社も見られます。

　これらコンプライアンス担当部署は，コンプライアンスの実施計画やコンプライアンス・マニュアルを作成し，またその実践状況をチェックし，報告することが期待されています。これらの部署は，違法行為・不正行為や違反者の発見をするだけではなく，ヒアリングなどを通じて，会社の活動の実態や深層部分を把握するよう努めなければなりません。もっとも，このような活動をしていても，従業員の側で，「本当のことを話すと処分されてしまうのではないか」という疑念や恐怖心があれば，担当部署は求められる役割を果たすことができません。そこで，この問題点に対応するためのシステムが内部通報制度です。これは，会社の違法行為や不正行為の事実を知った，あるいはそのような事態に陥る事実を知った従業員が，適切な窓口に通報に直接通報し，会社が自ら問題解決を図ることができるようにする制度です。「ヘルプライン」「ホットライン」等，その名称はいろいろです。

　この制度は，「内部通報＝密告」というイメージもあり，導入されるか懸念されるところです。しかし，2002（平成14）年に日本経済団体連合会が「企業倫理ヘルプライン」の導入を奨励し，2004（平成16）年には「公益通報者保護法」が制定されました。このため現在では，多くの企業がこのような内容を持つ制度を導入しています。この制度が有効に機能すれば，企業活動に伴うリスクの早期発見を促し，重大な問題を未然に防ぎ，企業内部の問題がいきなり外部に告発されるというリスクを回避することができます。

（東亜計器をめぐる一連の事件は，本文の理解を助ける目的で創作されたフィクションであり，登場人物および団体は，架空のものであることをご了解下さい）

◇この法分野を学びたい！◇

　内部統制システムの構築は，経営者の責任です。ゆえに，会社の規模の大小にかかわらず，それぞれの会社に適切なシステムを構築しなければなりません。このようなお話しをしても「別に，会社の経営をするつもりはない」とか「取締役になるつもりはない」といった声も聞こえてきそうです。

　しかし，従業員のちょっとした出来心から，あるいは小さなウソから，大問題になってしまった事例はたくさんあります。この不祥事は，シッポを切るだけではなく，アタマを飛ばします。賞味期限切れ商品の

販売などの事例からも明らかなように,不祥事は会社から信頼を奪い,場合によっては,1つの会社を倒産寸前にまで追い込む可能性もあります。したがって,従業員として会社にかかわる場合であっても,法令遵守のための取り組みを知る必要があります。

このような会社と社会との関わりについて,法学部では,商法・会社法,金融商品取引法などに関する講義が開設されています。会社の活動に興味を持った皆さん,これらの法律を一緒に学びましょう。

【参考文献】
- 伊藤真『会社コンプライアンス』(講談社現代新書,2007)
- 郷原信郎『「法令遵守」が日本を滅ぼす』(新潮新書,2007)
- 野村修也「ハイ、こちらコンプライアンス推進室です!(1〜12)」法学セミナー45巻4号(2000年4月号)〜46巻3号(2001年3月号)
- 神谷高保「Internal Control(いわゆる内部統制)と新会社法(特集 新会社法を学ぶ)」法学教室304号(2006年1月号)
- 野村修也「内部統制とコンプライアンス(法令遵守部門)(特集 変わる会社法変わるか日本の会社)」法学セミナー44巻9号(1999年9月号)
- 北島敬之「企業法務修行 戦う法務マン(1) コンプライアンス編(1〜11)」ビジネス法務8巻12号(2008年12月号)〜9巻12号(2009年12月号)

木下　崇(きのした　たかし)

Part 3　社会との接点5―仕事と法―

§6　倒産手続はなぜ必要なの？

「倒産」ってなに？

　最近，新聞やニュースなどでよく「倒産」や「破産」といった言葉を目にすることがあるでしょう。特に，ここ数年では英会話学校のNOVAをはじめ，日本航空（JAL）やPHS事業者のウィルコムなど，皆さんも一度は名前を聞いたことがあるような会社が倒産するということが多くあります。

　皆さんは「倒産」や「破産」と聞くと，どのようなイメージを抱くでしょうか。おそらく，「人生の終わり」とか「すべてを失う」とか「会社をクビになる」とかかなりネガティブなイメージを抱く方が多いのではないでしょうか。新聞やニュースである会社が倒産したと報道されると，とたんに社会的信用が落ちてお客さんが離れてしまうのも，「倒産」に対するイメージがあまり良くないことによるのでしょう。

　「倒産」とは，自らが負っている借金（債務）を返済できなくなった経済状態に陥ることを言います。自ら借金をしたのですから，本来ならばそれを全額きちんと借りた相手（債権者）に返済しなければなりません。それは借りた者（債務者）が会社であっても，個人であっても同じです。しかし，予期していなかった景気の低迷から，会社の売上げが減少して，債務を返済するどころかこれ以上経営を続けていくことが難しくなってしまう場合があります。あるいは，勤めていた会社をリストラされてしまったり，病気になって働けなくなってしまったりすると，定期的な収入を得ることができなくなってしまい，生活費にすら困るようになり，借金の返済ができなくなってしまう場合もあります。会社であれ，個人であれ，このように債務を返済できなくなる経済状態に陥ってしまうことを「倒産」と言うのです。

倒産手続はなぜ必要なの？

　それでは，このように何らかの事情で債務を返済できなくなってしまった場合，債務者はどうすればよいのでしょうか。債務を返済できないことを債権者に謝りますか。それで債権者が許してくれるでしょうか。自分が貸したお金（債権）を返してもらえないことがわかると，債権者たちはどうにかして少しでも債務者から債権を回収しようと試みるでしょう。債務者が何かお金になるような財産を持っていないかと調べて，我先にとばかりに債務者の財産を強制的にお金に換え，自らの債権回収にあてようとするでしょう。しかし，このような行動を債権者たちがいっせいに行うとどうなるでしょうか。債務者の財産はあっという間になくなってしまい，債務者が会社であればもはや経営を続けることが不可能になるでしょうし，債務者が個人であれば日々の生活すらできなくなってしまいかねません。また，債務者が倒産状態に陥っていることを債権者たちが同じタイミングで知るとは限りませんから，他の債権者たちが債務者の財産から債権を回収してしまった後に倒産の事実を知ったような債権者は，自分の債権を回収する機会すら与えられず，泣き寝入りせざるを得なくなることもあるでしょう。

　このように，倒産状態に陥った債務者を放置してしまうと，その後の債務者の経済生活は破綻してしまう恐れがありますし，債務者の内情に詳しい者や債務者の倒産を知ってすぐに行動に移せるような経済的に余裕のある債権者たちが，早い者勝ちで債務者の財産から自分の債権を回収し，その他の債権者は１円も回収できないといった状況になることがあり，債権者の間に不平等が生じる可能性があります。

　こうした事態を避けるために作られたのが，倒産手続なのです。そして，倒産手続について条文で定めたものが「倒産法」です。ただ，倒産手続という言葉は，後に説明するように，破産手続をはじめとするいくつかの手続をまとめた総称です。したがって，「倒産法」も破産法や民事再生法など倒産手続について定めた法律をまとめた総称として使われており，倒産法という法律があるわけではありません。

　では，倒産手続が作られたことによって，先ほどのような事態はどのよう

に解決されるのでしょうか。ここで，皆さんがある友人に100万円を貸した債権者だと仮定してみましょう。その友人は他にも4人から同様に100万円ずつお金を借りていましたが，様々な事情から債務を返済できなくなってしまい，倒産状態に陥ったとします。債務者である友人が持つ財産は，銀行口座にある預金50万円と母親から受け継いだ200万円相当のダイヤモンドだけでした。このとき，皆さんならどのように考えるでしょうか。もちろん，ベストなのは債務者の総財産250万円の中からいち早く自分の100万円を回収してしまうことです。そうすれば，自分の100万円の債権は100％回収することができますから，何も不利益をこうむることはありません。しかし，友人が倒産状態にあることを知ったのが遅く，債権回収に乗り出すタイミングが遅れてしまった場合は，他の4人の債権者たちが250万円全てを自分たちの債権回収にあててしまい，皆さんは1円も回収できないことになってしまいます（図1）。このことは，他の4人の債権者たちにも同じように当てはまります。つまり，早い者勝ちの世界であれば，誰かが得をして，他の誰かが損をする状況が必ず生じてしまうわけです。

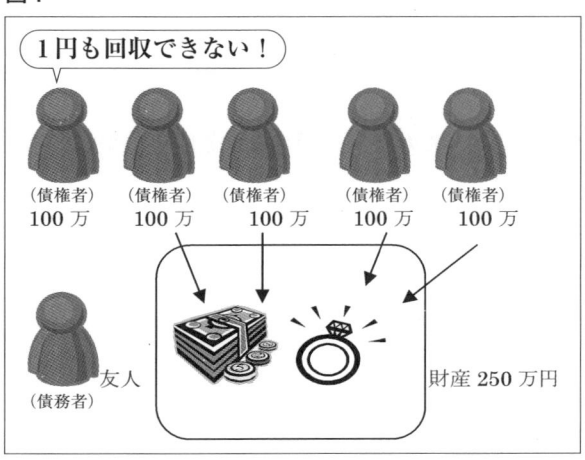

図1

ところが，債務者である友人の総財産250万円を債権者5人で平等に分配するとどうなるでしょうか。250万円を5人で分けるわけですから，1人あ

図2

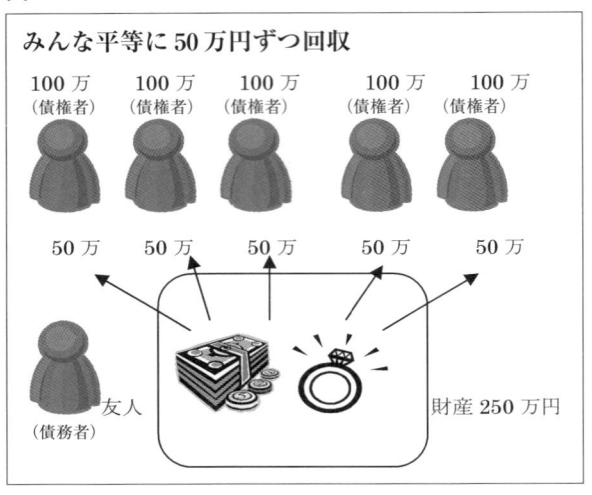

```
みんな平等に50万円ずつ回収
100万    100万    100万    100万    100万
(債権者) (債権者) (債権者) (債権者) (債権者)

   50万   50万   50万   50万   50万

友人                                    財産250万円
(債務者)
```

たり50万円の取り分となります（図2）。そうすれば、皆さんは友人に貸していた100万円のうち、50万円は回収することができるわけです。確かに、残りの50万円については返済してもらえず、不利益をこうむることになるわけですが、1円も回収できないという事態を避けることができます。そして、他の4人の債権者たちも等しく50万円ずつ回収することができ、債権者の間に不平等は生じません。このように、限られた債務者の財産を平等に債権者に分配すること、それが倒産手続による解決です。実際には、債権者のそれぞれの債権額に基づいて平等に財産を分配することになります。債務者に倒産手続が始まると、債権者は手続きにしたがって平等に債務者の財産の分配を受けるのだと決めることによって、債権者も早い者勝ちのリスクを考える必要がなくなります。

　また、倒産手続は、債務者が個人であった場合にも重要となります。先ほど説明したように、倒産状態に陥った債務者をそのまま放置しておくと、債権者たちが債務者の財産から債権を回収しようとし、債務者の財産を全て持っていってしまう恐れがあります。確かに、債務者は本来返済すべき債務を返せなくなってしまったのですから、お金になる財産があれば、それを債権者たちに持っていかれてしまっても仕方がないと言えるかもしれません。し

かし，債務者が個人であった場合，倒産状態に陥った後でも，債務者は日々生活をしていかなければなりません。倒産状態に陥ったからといって，突然存在が消えるわけではないのです。リストラにあって定期的な収入がなくなってしまったのなら，新たな職を探さなければならないでしょうし，家族がいるのなら倒産状態に陥った後でも養っていかなければなりません。にもかかわらず，債権者たちがそれぞれ自分の債権を全額回収するまでずっと債務者に返済を迫り，債務者も全額返済できるまで一生その債務を負い続けるとしたら，一度倒産状態に陥った債務者は二度とその状態から抜け出せないことになってしまいかねません。新しい職を見つけてまた定期的な収入が得られるようになっても，それが全て債権者の債権回収にあてられてしまうのなら，債務者も働く意欲を失ってしまうでしょう。一度経済的に失敗してしまった人は二度と復活できない，そんな世の中になってしまいます。倒産手続は，このような個人の債務者に，もう一度経済的に復活するチャンスを与える手続としても必要不可欠なのです。

倒産手続の種類

これまで，ひとえに倒産手続という言葉を使ってきましたが，すでに述べたとおり，倒産手続にはいくつかの種類があります。ここでは，その中でも破産手続と民事再生手続について少し詳しく説明しましょう。

(1) 破産手続

破産手続は，債務者が経済的に破綻してしまい，もはや債権者に債務を返済することが出来なくなってしまったときに，債務者の持っている財産を処分してお金に換え，それを債権者全てに平等に配当する手続きです。英会話学校のNOVAは，この破産手続を利用しました。債務者が企業であった場合には，破産手続が終了すると，その企業は清算されてしまいます。しかし，先ほど述べたとおり，債務者が個人であった場合には，破産手続が終了してもその個人が清算されて消滅することはありませんから，個人債務者の場合には免責手続というものがあります。免責手続とは，破産手続にしたが

って債務者の財産を債権者に配当しても，まだ債務が残っている場合に，その債務を返済する責任を無くしてしまう手続です。借りていたお金を返さなくてもよいことになりますから，返済に苦しんでいた個人債務者は債務から解放され，新たな経済生活をスタートすることができます。しかし，破産手続を申し立てることだけで免責がなされるわけではありません。債務者に破産手続が開始されると，それと同時進行で免責手続が始まります。そして，この債務者の債務を免責してもよいかどうかについて裁判所が判断をします。このときに判断材料となるのは，債務者が財産を隠したりしていないか，とばくや過剰な浪費をしていないかどうかなどです。これらの事由がないと裁判所が判断して初めて，債務者の債務は免責されるのです。

　この免責手続について，皆さんはおそらく，借りたお金を返さなくてもよくなる制度が法律で定められていてもよいのだろうかと疑問に思ったことでしょう。確かに，債務が免責されてしまうと，債権者はもはや自分が貸したお金を返してもらうことができなくなり，不利益をこうむってしまいます。しかし，破産手続が終了した後も日々生きていかなければならない債務者が，より意欲的に新たな経済生活のスタートを切れるようにするためにも，免責手続は大変重要な手続なのです。

(2) 民事再生手続

　倒産手続には，破産手続のように倒産状態に陥った債務者の財産をお金に換え，債権者に平等に分配して清算してしまう手続の他に，同じように倒産状態に陥った債務者を清算せずにもう一度再生させようとする手続があります。日本航空やウィルコムが申し立てたのも，この再建型の倒産手続です。そして，再建型倒産手続の1つに民事再生手続があります。

　民事再生手続は2000年から始まった新しい手続です。バブル崩壊後の経済状況の悪化により，経営が苦しくなった中小企業を救済する手段として作られました。しかし，現在では手続きの利便性や迅速性などから，比較的規模の大きな企業にも利用されるようになっています。また，債務者が個人であった場合でも利用することができます。民事再生手続は，倒産状態には陥っているのだけれど，事業全体が上手くいかずもうこれ以上経営を続けてい

くことができないというわけではなく，倒産状態に陥る原因となった事業部門などを処分すれば，順調に利益が出て経営も上手くいくかもしれないというような企業がある場合に，一度債権者の債権回収をストップさせ，その間に不要な事業や財産を処分して事業を再生させようと試みるものです。破産手続と異なって，手続が始まっても事業をそのまま続けることができます。そして，債務者は不要な事業や財産を処分しながら経営を続けていくことによって，そこから生じる利益をもとに債権者に少しずつ平等に債務を返済していくのです。倒産状態に陥った債務者を全て破産手続によって清算してしまうのではなく，その債務者に，残すべき有益な事業があり，その事業を続けていけば将来的にも利益が期待できるという場合であれば，それをもう一度立て直すチャンスを与えてやろうという手続です。したがって，民事再生手続を選択する場合には，本当にこの事業は再生することができるのかについて慎重に判断することが重要になります。

民事再生手続は，これまで様々な事業に利用され，その再生に成功してきました。そして，世界同時不況の影響で経営状態の悪化に苦しむ企業が増える現在も，事業再生を図る有益な方法として活用されています。

おわりに

最初に述べたように，「倒産」と聞くとどうしてもネガティブなイメージを抱くことが多いと思います。しかし，倒産手続の目的・その必要性を勉強すれば，倒産は「この世の終わり」なのではなく，「新たな再スタート」でもあるのだということが理解できるのではないでしょうか。もちろん，借りたお金は全額返さなければならないという原則は変わりません。しかし，経済状況の変動によって，日々仕事に励んでいても債務が返済できなくなってしまうという場合もあるのです。そのような場合には，債務の返済に苦しみ続けるのではなく，倒産手続を利用するという選択肢もあるのだということを知っておいてほしいと思います。倒産手続は決して債務者の借金を帳消しにするための手続ではありません。破産手続は，特に個人の債務者にとっては新たな経済生活を始める再スタートの手続でもあり，民事再生手続は，社

会経済に有益な事業を生き返らせる手続でもあるのです。

　ただ，日本ではまだまだ「倒産」に対するイメージが良くないため，倒産手続の利用を躊躇する傾向にあります。たとえ民事再生手続を選択しても，新聞やニュースで「倒産」と報道されてしまうと，とたんにその企業のイメージが悪くなってしまう恐れがあるからです。そのため，資金（財産）が底をつくぎりぎりまで自力で頑張ってしまい，どうしても倒産手続を申し立てるタイミングが遅くなってしまうのです。その結果，本来ならば再生できる可能性があった事業であっても，事業を続けていく最低限のお金すら手元に残っていないために，破産して清算してしまうしかないという場合があるのです。この状況を脱するためには，やはり少しずつ，皆さんが抱いている「倒産」のイメージを変えていくしかありません。今後，倒産手続の目的や必要性が社会に浸透し，経営悪化に苦しむ債務者がより倒産手続を利用しやすい社会になっていくことを期待します。

◇この法分野を学びたい！◇

　倒産手続について学ぶためには，倒産法を勉強する必要があります。ただ，本文中にも述べたとおり，倒産法という法律はありません。具体的には破産手続について規定する破産法，民事再生手続について規定する民事再生法を学ぶことになります。

　また，倒産の世界はよく「法律のるつぼだ」と言われます。倒産というのはそれまで通常通りに営業等してきた企業が陥る緊急事態ですから，それまでの取引先との契約関係や労働者との雇用関係，ビルなど建物を借りていた場合には賃貸人との契約関係，その他税金などについて，倒産手続が始まるとどのように対処するのか考えなければなりません。

　債務者が個人の場合であっても，それは同じです。したがって，倒産法を理解するためには，破産法や民事再生法以外にも，民法・会社法・労働法・税法などが関連してきます。その中でも基礎法である民法の理解は必要不可欠です。

【参考文献】
・山本和彦『倒産処理法入門〔第3版〕』（有斐閣，2008）
・松下淳一『民事再生法入門』（有斐閣，2009）

　　　　　　　　　　　　　杉本　純子（すぎもと　じゅんこ）

Part 4

グローバル社会へ

- §1 なぜ「戦争」にはルールが必要なのか
- §2 海洋油濁汚染と賠償・補償制度
- §3 国際貿易のルールを知ろう
- §4 外国の法律が日本の裁判所で適用されるって？
- §5 世界をひとつにまとめる方法
- §6 人間の未来につながる宇宙法

Part 4　グローバル社会へ

§1　なぜ「戦争」にはルールが必要なのか

はじめに

　一般的に，武力による国家間の闘争（国際的武力紛争）を「戦争」といいます。国際法上，「戦争」を状態の面からみると「武力紛争」といい，「戦争」を行為の面からみると「武力行使」という用語が使用されます。力がものをいう国際社会で，どのように武力行使を法的に規制したらよいのでしょうか。これは，国際法の誕生から今日に至るまで最も重要な問題とされてきました。国際連合憲章（1945年）は，「国際の平和及び安全を維持」（前文）する国連という国際機構を設け，国際関係における「武力による威嚇又は武力の行使」を禁止しました（2条4項）。

　しかし，第2次大戦後の最も重要な「規範（ルール）」といわれる国連憲章2条4項は，実際のところ守られてきたとはいえません。なぜ戦争が起きるのでしょうか。ユネスコ憲章（1945年）は，「戦争は人の心の中で生まれるものであるから，人の心の中に平和のとりでを築かなければならない」（前文）と規定しています。人間性の根本的変革がない限り，破滅的な戦争は繰り返されると考える方が現実的ともいえます。そこで，一方で，戦争を抑止する努力を怠らず，他方で，戦争は常に起こりうるという前提に立って，実際に戦争が起きた場合に，その災禍を軽減するためのあらゆる努力が必要となります。このような人道的理由に基づいて，戦いという極限の状況下でも人間として守るべき最低限のルールが，「国際人道法」（「武力紛争法」，「戦争法」ともいいます。）という国際法の一分野です。

　本講ではまず，国際法は「法」といえるのかという問いから出発して，なぜ武力紛争に関する国際法が国際法の中でも特に遵守が困難なのかを考えます。次に，国家はどのような場合に武力行使ができるのかという問いに答えるため，「戦争」が違法化されるまでの歴史を思い起こし，国連憲章の意

義を考えます。さらに，武力紛争開始後の行為を規律するルールとは何かという問いに答えるため，国際的武力紛争と「内戦」（一国の領域内における正当政府と反乱団体等との間又は反乱団体間で，その国の支配権力又は分離独立をめぐって争われる武力紛争）に適用されるルールの相違を明らかにし，国際人道法を適用する意義を考えます。最後に，国際人道法がどのような基本的な原則から形成されているのかを考えます。なぜ「戦争」にはルールが必要なのか，「戦争」における法の存在理由という問題に接近することが本パートの目的です。

国際法は「法」といえるのか

　国際法は，「国際社会の法」又は「主権国家間の関係を規律する法」といわれています。「法」とは，「拘束力をもつ準則（ルール）で，最終的にはそれぞれの社会で正統性をもっている政治体が強制によって実現することが予定されているものの総体」のことです。国際法は，このような意味の「法」といえるのでしょうか。そもそも，今日の国際法は，16世紀から19世紀にかけて形成された欧州の諸国家体系を基本とする国家間の法が，19世紀末に地球全体を覆う国際社会の法となったものです。ここに国際社会において，独立平等の主権国家の併存という原理が確立しました。しかし，国際法は，未発達で十分に統合されていない共同体の法であり，近代国家の国内法とは異なります。国際法は，国内法の発達した体系に基本的な要素である立法，執行（行政），司法の3つの集権的制度を欠いているからです。以下，「法」の不可欠の要素である「拘束力」と「強制」という観点から国際法を考えます。

　まず，「拘束力」の観点からみると，国際社会には国家に対して拘束力のある規則を作成する議会が存在しないため，国際法は国家間の合意から生まれます。「条約」（文書による国家間の合意）は，「当事国」（条約に拘束されることに同意し，かつ，自国について条約の効力が生じている国）以外の第三国に対して直接的な法的拘束力をもちません。したがって，2国間に武力紛争が発生している場合，紛争当事者の一方がある条約の当事国となっている場合でも，他

方が非当事国ならば，当該条約は紛争の両当事者に対して拘束力がないことになります。もっとも，当該条約の中に**国際慣習法**（多くの国が同様の行為を長期間繰り返し，しかもそのような行為に法的拘束力があると信じて行うことによって成立する不文法）と認められる条項が含まれている場合には，その条項は紛争当事者の双方を拘束します。国際法が国内法と異なるのは，慣習法が大きな比重を占める点です。陸戦に適用される国際人道法は，19世紀中葉までに国際慣習法となり，19世紀後半から法典化が開始されました。このように国際法は，条約と国際慣習法を通して認識されます。

次に，「強制」の観点からみると，準則を実現する手段として司法が問題となります。しかし，国連の主要な司法機関として設置された**国際司法裁判所**は，紛争当事国の合意に基づいて裁判が行われる点で限界があります。そもそも，国際社会では国家に優位する超国家的権力が存在しません。国際社会には，国家の意思に反して国際法を強制する制度が，必ずしも十分に確立しているとはいえません。そこで，国際法の遵守は，「**相互主義**」（国家が相手国に与える待遇と同様の待遇を相手国もまた自国に課するとの期待や恐れが国家の行為の社会的基盤をなすこと）に依拠しているともいえます。国際法の遵守を担保するものは，相手国の違反に対する自国の違反という威嚇です。ある国家の国際法違反に対する反応であって，そのような反応としてとられるのでなければ国際義務の違反となるものを「**対抗措置**」といいます。しかし，大国が国際法を破って小国に被害を与えても，被害国が「対抗措置」をとることは事実上困難です。それどころか国連をはじめとする国際組織でさえ，国際法違反を行った大国に対して「**制裁**」（国際組織の決定に基づく「対抗措置」）を加えることが困難ともいえます。

以上の理由から，国際法は，拘束力の及ぶ範囲が限定的で，強制機構による担保が不十分である点で，国内法と異なることがわかります。国際法の中でも武力紛争に関する国際法は，特に遵守が困難な法分野といえます。敵愾心にかられた異常な心理状態が支配する武力紛争時では，生に対する執着や勝利への強い欲求もあり，規範遵守の意識が希薄になりがちだからです。とりわけ国家の存亡に関する重大事で，国際法の規範を忠実に遵守することが自国を敗戦に導くかもしれないというような場合には，その規範はしばしば

遵守されません。しかし，国際法は，しばしば遵守されないという理由から，「法」ではないという結論が導かれるわけではありません。「法」はあるべきことを指示する規範であり，不遵守の状態をも想定しているからです。この点，国連総会は，「核兵器による威嚇又はその使用は，いかなる状況においても，国際法上許容されるか」という問題に関して，国際司法裁判所の勧告的意見を要請しました。国際司法裁判所は諮問に応えて，勧告的意見（1996年）において，「核兵器による威嚇又はその使用は，一般的に，国際人道法の諸原則及び諸規則に違反する。しかし，国家の存亡が問題となる自衛のための極限状態において，核兵器による威嚇又はその使用が合法か違法かについて，裁判所は確定的な結論を下すことはできない」と判示しました。

国家はどのような場合に武力行使ができるのか

近代国家は対内的に，武力と秩序を独占し，国家に属さない武力を秩序の破壊手段として否定しました。他方で，国家は対外的に，国家理性（一国の政治は何よりも先ず自国の利益によって規定され，他のすべての動機はこれに従属させられるべきだとする国家行動の基本準則）に従って最高の暴力の発動である戦争を遂行します。その意味で，「戦争とは他の手段をもってする政策の継続である」（『戦争論』）というクラウゼヴィッツの定義は的を射るものです。

国際法学は，「戦争」という国家暴力による惨禍を極小化するという意図に支えられて誕生しました。武力紛争を規制する国際法は，表のとおり「*jus ad bellum*（ユス・アド・ベラム）」と「*jus in bello*（ユス・イン・ベロ）」に大別されます。*jus* は「法」，*bellum* は「戦争」を意味するラテン語です。ユス・アド・ベラムは，どのような場合に武力行使ができるのか，すなわち武力行使の開始原因を判断する規則です。これに対して，ユス・イン・ベロは，武力紛争が開始された後に武力紛争当事者の行為を規律する規則のことで，国際人道法と呼称されます。以下，ユス・アド・ベラムの観点から，国家はどのような場合に武力行使ができるのか，「戦争」が違法化されるまでの歴史を思い起こし，国連憲章の意義を考えます。

近代国際法では，正当原因の有無を基準にして戦争を正しい戦争と不正な

戦争とに区別して，前者のみが許容されると説く正戦論が支配的でした。その後，交戦当事国の立場を平等とみて戦争を許容する無差別戦争観が，18世紀後半から20世紀初頭までを支配しました。例えば，開戦に関する条約(1907年)は，「開戦宣言（一国が他国に対して戦争を開始する意思を表明すること）」又は「最後通牒（国際交渉において最終的な要求を提示し，それを相手国が受け入れなければ平和的な交渉を打ち切る意思を表明すること）」を戦争開始の要件としています。これには偶発的な武力衝突を避け，政府の命令に反する敵対行為を抑制する等の効果があります。無差別戦争観の時代には，この戦争開始要件を充たせばユス・アド・ベラム上合法でした。

しかし，今日では，この要件は武力行使の合法性を判断する基準とはなりません。国連憲章が，国際関係における「武力による威嚇又は武力の行使」を禁止（2条4項）したからです。ここに不戦条約（1928年）より徹底した武力行使禁止原則が，強制措置（国連憲章7章）の仕組みにより担保されました（集団安全保障体制）。集団安全保障とは，主権国家からなる国際社会において，ある国が他の国を軍事的に侵略した場合，他のすべての国が侵略国に対して制裁を加え，そのことによって侵略行動をやめさせ，侵略された国の主権を回復し，原状に復帰する仕組みです。合法な武力行使は実際上，安保理の指揮命令の下で実施される軍事的強制措置（国連憲章42条）と個別国家の自衛権に基づく武力行使（同51条）に限られます。

20世紀前半までに広く見られた紛争は国際的武力紛争でしたが，20世紀後半以降に生起した紛争の大部分は内戦といえます。しかし，国連憲章2条4項は国際的武力紛争を規制するものであって，内戦を規制するものではありません。内戦そのものを禁止する条約及び慣習国際法は存在しません。国際社会は主権をもつ国民国家を基本的構成要素としており，原則として国内の問題は当該領域国に委ねられているからです。もっとも，国内問題である内戦に対して外部から干渉を行うことは，領域主権を侵すものとして国際法上違法とみなされます。

武力紛争開始後の行為を規律するルールとは何か

　武力紛争が開始された後に紛争当事者の行為を規律する規則（ユス・イン・ベロ）は国際人道法と称され，表のとおりハーグ法とジュネーヴ法に大別されます。ハーグ法は，戦闘の方法及び手段を規律する規則で，ハーグ陸戦規則（1907年），ハーグ文化財保護条約（1954年）等です。ジュネーヴ法は，傷者，病者，難船者，捕虜及び文民のような戦闘外にある者を保護する規則で，1949年の4つのジュネーヴ条約（以下「ジュネーヴ諸条約」といいます。）が代表例です。1977年の2つのジュネーヴ諸条約追加議定書（国際的武力紛争に適用される第1追加議定書及び内戦に適用される第2追加議定書）は，ハーグ法とジュネーヴ法の両者を含みます。例えば，第1追加議定書中の，「いかなる武力紛争においても，紛争当事者が戦闘の方法及び手段を選ぶ権利は，無制限ではない。」（35条1項）という規定はハーグ法ですが，「文民たる住民及び個々の文民は，軍事行動から生ずる危険からの一般的保護を受ける。」（51条1項第1文）という規定はジュネーヴ法に属します。以下，国際的武力紛争と内戦に適用されるルールの相違を明らかにし，国際人道法を適用する意義を考えます。

　内戦自体は国際法（ユス・アド・ベラム）によって禁止されていませんが，国際人道法（ジュネーヴ諸条約共通3条及び第2追加議定書）の適用を受けます。国際人道法は，武力紛争当事者を平等に拘束しますが，暴力行為が国内刑法上処罰の対象となるか否かという点で，国際的武力紛争と内戦で取り扱いが大きく異なります。すなわち，国際的武力紛争では，いずれの紛争当事者によって行使された暴力も国際人道法に違反しない限り，国内刑法上も違法と評価されず，戦闘員の刑事責任が追及されることはありません。しかし，内戦では，行使される暴力が国内刑法上違法となるか否かは，紛争当事者の属性によって異なります。

　内戦では，正当政府は反乱団体を国内法上鎮圧し処罰する権限を有しており，国際法はその処罰を妨げるものではありません。正当政府側による鎮圧行為は合法的な公権力の行使（公務の執行）ですが，反乱団体側の敵対行為は，国際人道法に違反しない場合でも，常に領域国の国内刑法上違法という

評価を受け，犯罪に当たります。反乱団体同士の敵対行為についても同様です。もっとも，第2次大戦後の植民地解放闘争は当初，内戦とみなされていましたが，国際法上の自決権の確立につれ，国際的武力紛争に位置付けられました（第1追加議定書1条4項）。その結果，解放団体側に属する戦闘員は，国際人道法に違反しない限り，国内刑法上も犯罪者でなく，捕虜として取り扱われます。

国連憲章によって武力行使が禁止された結果，もし国際的武力紛争が発生すれば，一方は違法な武力行使を行う侵略国で，他方は自衛権に基づいて合法に武力を行使する犠牲国と位置付けられるはずです。そうであるとすれば，国際人道法が侵略国と犠牲国に対して平等に適用されるのは不公平ではないかと疑問を感ずる読者もいることでしょう。例えば，侵略国の兵士は捕虜でなく，犯罪者として取り扱うべきではないかという主張です。しかし，紛争当事者のいずれが侵略国なのか決定できない状況下で，敵対している軍隊の一方が国際人道法上の利益を享受し，他方がこれを拒絶されるならば，著しい不都合が生じます。そこで，このような不都合を回避し，特に犠牲者保護を確保するという実際的な理由から，武力紛争当事者に対する国際人道法の平等適用が主張されてきました。

表 「武力紛争に関する国際法の体系」

「*jus in bello*（ユス・イン・ベロ）」 （武力紛争開始後の敵対行為を規律する規則）＝国際人道法		「*jus ad bellum* （ユス・アド・ベラム）」 （武力行使の開始原因を判断する規則）
ハーグ法 （戦闘手段・方法の規制）	ジュネーヴ法 （戦争犠牲者の保護）	
・ハーグ陸戦条約附属規則 （ハーグ陸戦規則） ・ハーグ文化財保護条約 ・特定通常兵器使用禁止制限条約 ・対人地雷禁止条約 ・クラスター弾に関する条約	・ジュネーヴ第1条約（陸戦傷病兵保護条約） ・ジュネーヴ第2条約（海戦傷病兵難船者保護条約） ・ジュネーヴ第3条約（捕虜条約） ・ジュネーヴ第4条約（文民保護条約）	・開戦に関する条約1条 ・国際連盟規約11条，12条 ・不戦条約 ・国際連合憲章2条4項，51条
・ジュネーヴ諸条約第1追加議定書 ・ジュネーヴ諸条約第2追加議定書		

国際人道法の基本原則

　以下では、国際人道法がどのような基本原則から形成されているのかを考えます。他のあらゆる法分野に同じく、国際人道法も法である以上、「信義誠実の原則」（信義則）の基盤の上に立ち、「軍事的必要性」及び「人道的考慮」という2つの原則が、国際人道法の規則を形成する要素といわれています。

　「信義則」とは、相手方の信頼や期待を裏切らないように誠意をもって行動することを求める法理です。国際人道法は、紛争当事者相互の信頼を基礎に成立しており、相手方が法を遵守するであろうという信頼感に裏付けられています。もしこのような信頼がなければ、完全な破壊に至る以前に戦闘を終結させることは不可能となり、戦闘は無制限の暴力行為に陥るでしょう。紛争当事者が誠実に法を遵守するという前提が崩壊すれば、暴力の制限を目的とする国際人道法自体が否定されることになります。

　しかし、「兵は詭道なり」（戦いとは、いかにして敵を欺き、その裏をかくかということである）（『孫子』）といわれているように、配置・企図等に関して敵を欺瞞することは、古今東西を問わず戦争の常套手段でした。もっとも、あらゆる欺瞞が許されていたわけではなく、禁止される欺瞞と許されるそれとの区別が意識されていました。この両者のメルクマールは、古来より本来的意味における「信義則」違反の有無にあり、これに反する欺瞞が「背信行為」と称され、これに反しないものが「奇計」といわれていました。今日では、「背信行為」と「奇計」は、国際人道法に基づく保護に関して敵の信頼を裏切る意図をもって行われたか否かによって区別されます（第1追加議定書37条）。

　戦いの究極の目的は、敵の戦意を破砕して戦勝を獲得することです。「軍事的必要性」の原則とは、限られた力で戦勝を獲得するためには、あらゆる戦闘力を有効に活用しなければならず、必要最小限の戦闘力の使用が正当化されるということです。これに対して、「人道的考慮」の原則とは、不必要な人の殺傷や財産の破壊を回避するべきであるということです。確かに、攻撃は厳格に軍事目標に限定され（第1追加議定書52条2項）、無差別な攻撃は禁止されています（同51条4項）。しかし、「法は不可能を強いるものではない」

という格言があるように，攻撃の巻き添えによって被害が発生することを法は想定しています。第1追加議定書は，「攻撃の巻き添えによる予期される死亡及び財産の損傷は，予期される具体的かつ直接的な軍事的利益との比較において，過度にわたってはならない」（同52条2項）と規定しているからです。この規定は，国際人道法が「軍事的必要性」と「人道的考慮」とのバランスの上に成立した法であることを雄弁に物語ります。

おわりに

以上，「戦争」から「法」を考えるというテーマについて，「戦争」における法の存在理由という問題に接近してきました。国家に超越する権力がなく，独立平等の主権国家が併存する国際社会は，国際関係における武力行使を一般的に禁止しました。しかし，それだけでは十分でなく，実際に戦争が起きた場合，その災禍を軽減するためのあらゆる努力が必要となります。そこで，戦いという極限の状況下でも人間として守るべき最低限のルール（国際人道法）が決められました。国際人道法は，「信義則」の基盤の上に立ち，「軍事的必要性」と「人道的考慮」という2つの原則によって形成されています。

では，国際人道法を遵守することは，紛争当事者にとって利益があるのでしょうか。確かに，戦争では，敵愾心，生に対する執着，勝利への強い欲求に支配され，特に，国家の存亡に関する重大事には，規範遵守の意識が希薄になりがちです。紛争当事者が誠実に法を遵守するという前提が崩壊すれば，暴力の制限を目的とする国際人道法自体が否定されることになります。しかし，紛争当事者が戦勝を獲得するために使用しうる国力には限界があるため，目的を効率的に達成する方策を追求しなければ，国力を無駄に消耗し，不利益となります。さらに，「窮鼠猫をかむ」（絶体絶命の窮地に追いつめられて必死になれば弱者も強者を破ることがある）といわれているように，無制限の暴力は相手方の必死の抵抗を招くでしょう。その結果，自国軍の犠牲が増加するとともに，戦争が長期化して戦費が増大すれば，国内で反戦感情と政府批判が高まり，内政が不安定となります。以上の理由から，国際人道法を遵

守することは，紛争当事者双方にとって利益となるのです。

　孔子が，「治にして乱を忘れず（現在，平和に治まっていても，乱れる危険のあることを忘れてはならない）」（『易経』）と述べたように，平時に国際人道法を学習することは重要なのです。ジュネーヴ諸条約は，「平時であると戦時であるとを問わず，自国においてこの条約の本文をできる限り普及させる」義務を規定しています（第1条約47条，第2条約48条，第3条約127条，第4条約144条）。

◇この法分野を学びたい！◇

　本講を読み終えた皆さんは，国際法だけでなく国内法にも興味を持つようになったのではないでしょうか。国際法上，国家には自衛権に基づく武力の行使が認められており，自衛隊は国際法上の「軍隊」といえます。そこで，憲法9条が戦争の放棄と戦力の不保持を規定していることに違和感を感じる人もいることでしょう。もちろん，憲法9条は自衛権を否定するものではありません。

　刑法の観点からは，国際的武力紛争で敵を殺害しても国際人道法に違反しない限り，殺人罪が成立しないのはなぜかという疑問がわいてくるでしょう。この問いに答えるためには，そもそも「犯罪」の成立要件は何かという問題から話を始めなければなりません。

　以上のようなことに興味をもった読者は鋭い法的センスがありますので，国際法について勉強を深めるとともに，憲法，刑法等の国内法も幅広く勉強してみてはいかがでしょうか。

【参考文献】
・田中英夫『実定法学入門〔第3版〕』（東京大学出版会，1982）8-13頁
・大沼保昭『国際法――はじめて学ぶ人のための〔新訂版〕』（東信堂，2008）3-56頁
・藤田久一『国際人道法〔新版再増補〕』（有信堂高文社，2003）1-66頁

　　　　　　　　　　　　　　　　　　　　　　　田中　誠（たなか　まこと）

Part 4　グローバル社会へ

§2　海洋油濁汚染と賠償・補償制度

はじめに

「水の惑星」地球。海洋は，地球の表面の約70％を占めており，人類はもとより，地球上のすべての生命を維持するうえで，きわめて重要な役割を果たしています。しかし，産業革命以降，工業化の進展によって，かけがえのない海洋に深刻な汚染が広がっています。

海洋汚染の原因は様々ですが，大規模な汚染をもたらすものの1つに，タンカーによる事故があげられます。大量の原油を積んで航行するタンカーが座礁し，原油が流出すると，きわめて広範な汚染損害と巨額の経済的な損失をもたらすことになります。

1967年に英国のドーバー海峡において発生したトリー・キャニオン号油濁事故は，このことを国際社会に知らしめ，これを契機として，油濁に関する国際的なルールを整備するための方策が模索されました。そして，油濁損害の賠償・補償に関して，1970年前後に2つの条約（69年民事責任条約（69年CLC），71年国際基金条約（71年FC））が採択されました。

その後も，大規模な油濁事故が相次ぎ，これらの条約では被害者救済が十分とはいえなくなったことから，賠償・補償の限度額引き上げを主な内容として，1992年に両条約の改正（69年CLC→92年CLC，71年FC→92年FC）が実現しました。さらに，2003年に国際追加補償基金議定書が採択され，現在では，①92年CLC，②92年FC，③国際追加補償基金議定書という3つの条約から成る国際的な賠償・補償体制が確立しています。わが国は，これらの条約の加盟国であり，「船舶油濁損害賠償保障法」という法律によって，条約のルールを国内法化しています。

以下では，現行の油濁損害の賠償・補償に関する国際条約について，みていくことにしましょう。

国際条約による油濁損害の賠償・補償制度

(1) 92年民事責任条約 (International Convention on Civil Liability for Oil Pollution Damage : CLC)

この条約は，加盟国の領海および排他的経済水域において生じた，油濁による「汚染損害」に対して適用されます（第2条）。原油の海上輸送をめぐっては，輸送する船舶の運航者，その船舶の所有者（船主），原油の受取人（荷主）など，様々な関係者が存在しますが，CLCでは，責任を船主に集中（責任集中）しています。こうした仕組みをとることで，責任を追及する相手が明確になり，被害者保護に資することになります。

船主は，免責事由があった（戦争や不可抗力の自然現象など，一定の責任が免除される場合にあたる）ことを証明しない限り，運航の際に必要な注意を尽くしていたか否かにかかわらず，油によって生じた汚染損害について責任を負わなければなりません（これを厳格責任といいます）（第3条）。

もっとも，その責任は一定の額まで制限すること（責任制限）が認められています。すなわち，現在，5000総トン以下の船舶では4.52百万SDR（約7億円）までとされ，5000総トン超の船舶では，1トン毎に631SDRが加算されますが，89.77百万SDR（約144億円）が上限となっています（ただし，故意または無謀な行為によって事故が生じた場合，責任制限は適用されません）（第5条）。

また，船主は，責任限度額までの保険その他の金銭上の保証を用意しなければなりません（これを強制保険といいます）。船主は，強制保険に関して加盟国政府が発行した証明書を，船舶内に備え置くことが義務付けられます。この証明書を持っていない船舶を運航させてはならず，そうした船舶の出入港については差し止めが認められています（第7条）。

(2) 92年国際基金条約 (International Convention on the Establishment of an International Fund for Compensation for Oil Pollution Damage : FC)

CLCでは，責任が船主に集中され，責任の所在が明確化されましたが，他方で，船主には責任制限が認められたため，損害額が責任限度額を超えた場合，被害者が十分に救済されないおそれがあります。そこで，そのような

場合に備えて，加盟国の荷主（主に石油会社）からの拠出金によって補償基金を設立し，被害者に対する補償額を上積みすることを目的として，国際基金条約（FC）が成立しました。これによって，損害額が船主の責任限度額を超えた場合であっても，被害者は，一定の責任限度額内で，追加補償を受けることができます。

基金への拠出義務を負う荷主は，条約加盟国内で，年間 15 万トン以上の原重油を海上輸送で受け取った者とされています。荷主は，原重油の受け取り量に応じて，基金へ拠出することになります（第 10 条）。タンカーの大型化に伴う事故の大規模化によって，補償の限度額は数度にわたって引き上げられ，現在では，被害者への補償額の上限は，92 年 CLC の責任額との合計で 203 百万 SDR（約 325 億円）に至っています（第 4 条）。

ところで，環境損害を防止するためには，環境汚染・破壊を防止する費用や，環境復元・被害救済のための費用は，原因となる行為を行った者が支払うべきという考え方（これを「汚染者負担の原則」といいます）を法律に反映させる必要があります。わが国でも，かつての深刻な公害問題の経験と反省にもとづいて，環境基本法をはじめとする環境諸法において，汚染者負担の原則が規定されています（ただし，それらの法律において，汚染者負担の原則が十分に貫徹されているかどうかは検討の余地があります）。

これに対して，油濁汚染が生じた場合，事故を引き起こした主体はタンカーであるにもかかわらず，荷主が責任を負担（分担）するのは何故でしょうか。そもそも，石油の海上輸送には，重大な汚染損害や経済損失を発生させる可能性がある一方で，現代の経済社会において不可欠な活動であるという側面があります（石油を輸送するタンカーがなくなったら，私たちの生活は成り立たなくなってしまうでしょう）。そこで，汚染者（である船主）のみに無限の責任を負わせるのではなく，石油の海上輸送という危険を伴う行為によって利益を得ている荷主にも責任を負担（分担）してもらおうという考え方（これを「受益者負担の原則」といいます）がとられたのです。

(3) 国際追加補償基金議定書の成立と現行の国際油濁賠償・補償制度

1999 年 12 月，重油約 3 万トンを輸送していたタンカー「エリカ号」が，

フランスのブルターニュ沖を航行中に，悪天候のため2つに折損し，重油が流出しました。最終的に流出した油の量は1〜2万トンに及ぶと推定され，沿岸部約400キロが影響を受けました。野生生物，とりわけ多くの鳥が被害を受けており，2000年1月当時で被害を受けた鳥は3万8千羽に及ぶとされています。

エリカ号の大事故は，ヨーロッパ諸国に大きな衝撃を与えました。当時の国際的な油濁法制における賠償・補償の水準は被害者保護に不十分であるとの認識が広まり，ヨーロッパによる独自の追加油濁補償制度創設の動きも出てきました。これに対して，そのような地域的な対応を許すと，国際補償制度の基盤を揺るがす可能性があるとの危惧から，国際的制度として追加基金を創設するための条約（国際追加基金議定書）が，2003年5月にスピード採択されました。議定書の概要は以下のとおりです。

まず，追加補償額については，92年CLCおよび92年FCによる賠償・補償額を含めて，750百万SDR（約1200億円）が上限とされました。被害者は，汚染損害の総額が92年FCの限度額を上回る場合に，追加補償を受けることができます。国際追加基金が成立する前は92年基金条約の203百万SDR（約325億円）が上限でしたから，3倍以上の補償水準が実現したことになります（第4条）。

こうした補償水準を満たすためには，基金に必要となる拠出金の額も莫大なものになりますが，つぎのような理由から，基金の拠出者は荷主のみとされました。すなわち，追加基金議定書に加盟する国は，ヨーロッパや日本などの92年FCの限度額では不十分な(物価の高い)国が主体となります。ところが，実際に海上を航行しているタンカーの船籍は，それらの先進国ではなく，税金が安く，法令の適用が緩やかな国（パナマ，リベリア，バハマなど）に置かれていることが少なくありません（そのような船舶を「便宜置籍船」といいます）。したがって，追加基金議定書に船主の負担を規定したとしても，便宜置籍船には効力が及ばないことになります。それらの船舶に効力を及ぼすためには92年CLCを改正する必要がありますが，それには時間がかかるために，やむを得ず，荷主が全額を拠出するかたちで，追加基金が作られたのです。

しかし，重い負担をすることになった荷主の側からは，「船主の負担を増

やすべきである」との要望が強く出されたため，条約改正をめぐって数度の討議がなされました。その結果，条約改正は当面行わないものの，負担の偏りについては，「STOPIA（20百万SDRとCLCにおける船主負担額との差額を船主が負担する）」および「TOPIA（追加基金の補償額の50％を船主が負担する）」という2つの民間自主協定によって，自主的に船主側の負担を増やすことで合意がなされました。

このような経緯を経て，現在，油濁汚染の被害者は，①92年CLC，②92年FC，③国際追加基金議定書の3つの条約によって，賠償・補償を受けることが可能になりました。これらのうち，条約上，①は船主による賠償，②③は荷主拠出による基金からの補償となっていますが，上述のとおり，②③

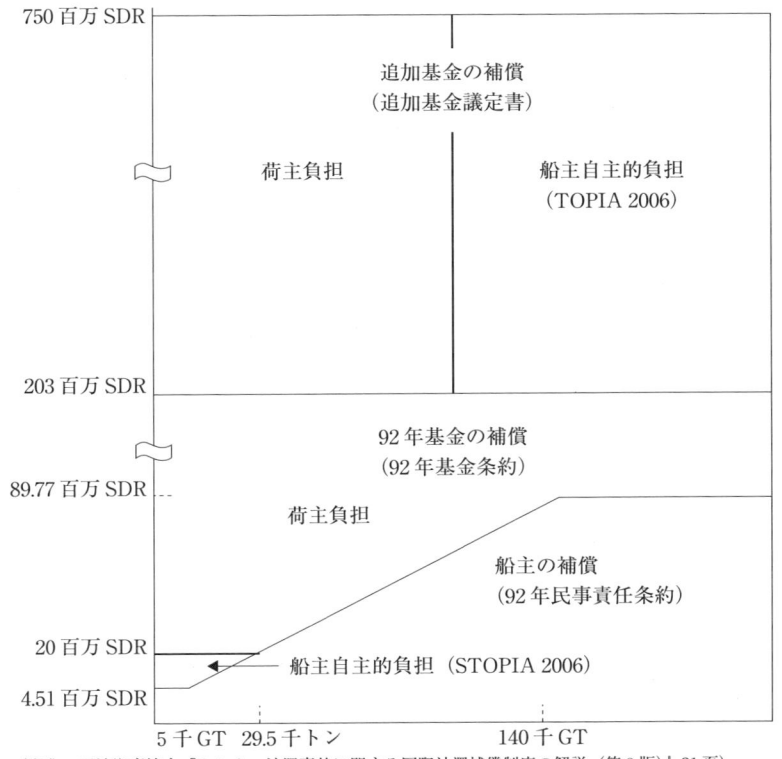

750百万SDR ─ 追加基金の補償（追加基金議定書）

荷主負担　　船主自主的負担（TOPIA 2006）

203百万SDR

92年基金の補償（92年基金条約）

89.77百万SDR

荷主負担　　船主の補償（92年民事責任条約）

20百万SDR ← 船主自主的負担（STOPIA 2006）

4.51百万SDR

5千GT　29.5千トン　　140千GT

（出典：石油海事協会『タンカー油濁事故に関する国際油濁補償制度の解説（第8版）』31頁）

については，民間自主協定（STOPIAおよびTOPIA）によって船主からも補てんがなされることになります（5頁の図を参照してください）。

国際条約に残された課題——油濁汚染と環境損害

(1) 国際条約の下での環境損害の賠償・補償

　以上においてみてきたとおり，国際条約による油濁損害の賠償・補償制度は，数々の変遷を経て，現在の賠償・補償水準を実現するに至っています。これらの制度の下で，賠償・補償の対象となるのは，条約が定める「汚染損害」によるものであり，「汚染損害」は，(a)「船舶からの油の流出または排出による汚染によって，その船舶の外部において生ずる損失または損害」，(b)「防止措置の費用および防止措置によって生ずる損失または損害」と定義されています（92年CLC第1条6項(a)(b)）。

　具体的には，これらには，油の防除・清掃費用（人件費，資機材の費用など），調査・研究費（油流出の対応策，損害の程度を調べるためのもの），漁業被害，旅館・ホテルの損害等（漁ができなかったための収入減，ホテル・レストランの客の減少など），収入減を防止するための費用（風評被害を防止するためのキャンペーン費用など）などが含まれます。

　それでは，環境損害は「汚染損害」に含まれるのでしょうか。この点について，国際条約は「環境の悪化について行われる補償（環境の悪化による利益の喪失に関するものを除く。）は実際にとられた又はとられるべき修復のための合理的な措置の費用に係るものに限る」（92年CLC第1条6項(a)）との定めを置いています。

　すなわち，環境の修復のためにとられた措置に要した費用は賠償・補償の対象になりますが，環境そのものへの損害は対象になりません。例えば，油濁汚染によって，ラッコの個体数が激減した場合，個体数の回復を促進するために要した費用は「汚染損害」となる可能性がありますが，ラッコの死そのものについては「汚染損害」とはされないのです。

(2) 米国油濁法の下での環境損害の賠償・補償

米国は従来，国際条約に加盟していましたが，1989年にアラスカで起こったバルディーズ号事故を受けて，1990年に独自の油濁法（Oil Pollution Act of 1990）を制定しました。バルディーズ号事故に対する国民の反響は非常に大きく，当時の国際油濁法制の下では，事故の防止，事故発生後の対策，そして被害者救済などの点で十分な対応ができないことに批判が集中し，国際条約から離脱する道を選択したのです。

米国油濁法の定める責任限度額は10億ドルであり（第9001条），当時としては，きわめて高い賠償・補償水準を実現していたことになります（国際条約では，2005年の国際追加補償基金の発効により，ようやく米国と同様の水準を達成しました）。また，米国油濁法には，賠償・補償額の水準が高いだけでなく，賠償・補償の範囲も広いという特徴があります。

すなわち，油濁法では，責任当事者が負うべき損害賠償額に，「損害評価の合理的な費用を含む，自然資源（natural resources）の損傷，破壊，損失，または利用の喪失についての損害賠償額」（1002条(b)(2)(A)）が含まれることが明示されています。こうした立法は，「生態系の破壊そのもの（例えば，上述したラッコのような，それ自体に商品価値のない野生生物の死など）に対しても，責任当事者は責任を負うべきだ」という考えにもとづいています。

国際条約の下では，「汚染損害」として認められていない生態系の破壊そのものを，賠償・補償の対象として認めている点において，米国油濁法の規定は，注目すべきルールといえましょう。

おわりに

本パートでは，まず，どのようなルールに基づいて油濁損害の賠償・補償がなされるかにつき，現行の国際条約の概要をみてきました。そこでは，それぞれの条約（および民間協定）が一定の原則や理念（汚染者負担の原則，受益者負担の原則，責任の公平な分担）にもとづいて作られたものであることを理解できたのではないかと思います。

先に述べたように，国際追加補償基金議定書の発効により，国際条約の賠

償・補償水準は，米国油濁法のそれに比肩するレベルになりました。しかし，環境損害に対する賠償・補償については，米国法と比較すると，国際条約が定める環境損害の概念は限定的といわざるを得ません。

同じ地球上であるにも関わらず，米国で油濁事故が起きた場合には，生態系そのものに対する損害（自然資源損害）についても責任が課されるのに対して，国際条約の加盟国（日本やヨーロッパなど）で同様の事故が起きても，生態系の破壊そのものについては「汚染損害」として認められず，加害者は責任を免れてしまうことになります。

地球環境問題が深刻化する中，その解決に向けて，法はきわめて重要な役割を担っています。環境法の目的の1つは，汚染者負担の原則を実現し，外部不経済を内部化すること（ある経済主体の行動が，他の経済主体に対して及ぼした不利益や損失について，費用負担を求めること）にあると考えられることからも，国際条約における環境損害の概念については，検討の余地があるといえるのではないでしょうか。

◇この法分野を学びたい！◇

油濁汚染に関する法制度は，様々な分野にまたがっています。ここで紹介した油濁損害に関する賠償・補償制度については「海商法」「環境法」「企業環境法」「国際環境法」などの科目で取り上げられることが多いと考えられます（ただし，大学によっては，上記の科目が設置されていない場合もあります）。

また，油濁損害の賠償・補償制度は，一般的な民事ルール（民法が定める不法行為責任のルール）の特別法と位置付けられますので，この分野を学ぶ前提として，「民法（とくに債権各論）」について学習をしておく必要がありますし，外国法の勉強については「比較法」を受講すると有益でしょう。

【参考文献】
・吉川栄一『企業環境法〔第2版〕』（上智大学出版，2005）
・大塚直『環境法〔第2版〕』（有斐閣，2006）

梅村　悠（うめむら ゆう）

Part 4　グローバル社会へ

§3　国際貿易のルールを知ろう

はじめに——２つの架空のエピソード

エピソード１ —— 20××年のある朝——

　朝起きてテレビを付けると，また世界のあちこちで戦争が始まったニュースが報じられている。1990年代以降，次々に先進国や有力な途上国の間でFTAが結ばれた結果，その数十年後，WTOはもはや不要としてまず米国が脱退，その後いつのまにかWTOは消滅した。お互いに貿易をする価値のある国々の間だけで選択的にFTAという同盟が結ばれているうちに，そこから取り残された後発開発途上国では貧困にあえぐ民衆が暴動を起こしている。日本も安心してはいられない。もともと食糧自給率が低く，国内に資源も少なかったから，いざというときのためにFTAを結んでおいたのに，最近はどの国も自国優先で日本に輸出してくれなくなったのだ。それでモノも少ないし，物価も高い。輸出して外貨を稼ごうにも，最近は米国やEUが，日本は輸出しすぎだといって，日本に輸出の数値目標を課す始末だ。ますます強大化した中国は，日本に残る様々な技術を頂こうと隙あらば日本に介入しようとしている。EUや中国はすでにアフリカに侵攻して，資源や市場を確保している。日本の国内では，軍事力を使ってでも外国の資源と市場を確保できないかと真剣に議論され始めた。

エピソード２ —— 20××年のある朝——

　朝起きると，食卓には色とりどりの果物，さまざまなパンやチーズが並んでいる。日本がFTAを結んだ国から輸入されたものだ。輸入品は国産品よりも若干高いけど，以前に比べれば相当安くなっている。欲しければ品質の良い国産品も買いに行ける。日本は人口が減少傾向にあったが，最近はFTAを結んだ国から来たベビーシッターを雇えるので，子供は少しずつ増え，母親も仕事を続けている。1990年代から加速度的に先進国，有力な

途上国の間でFTAが結ばれた結果，徐々にWTOは世界中のFTAを調整し，FTAのモデルや望ましい貿易ルールの姿を提供する役割を負うようになっていった。今では無数のFTAから生じる貿易の「歪み」をWTOが正している。FTAから取り残された発展途上国には，WTOが貿易を通じた発展のため援助調整の音頭をとった。これが奏功し，必要な支援が適切に届き，ゆるやかに貧困も解消しているようだ。日本は輸出も続けているが，輸出しすぎだと文句を言う米国やEUとはWTOで話し合いを行って解決するようにしている。ますます強大化する中国は日本の技術に関心を持っているようだが，WTOのルールやアジア地域で締結したFTAに基づいて，日本に不利にならないよう話し合いを行っている。世界はまあ安定しているといっていいだろう。

　冒頭に挙げた2つのエピソードは，国際貿易をとりまく現状と課題を前提に，将来どうなるだろうか，ということを少し挑戦的にかつ対比的に想像してみたものです。もちろん，必ずこうなるという確実な予測では全くありませんが，国際貿易が現在の姿になるまでの過去の歴史も一応念頭に置いています。これらのエピソードの前提である国際貿易の現状の姿はどうなっているのでしょうか。このパートでは，国際貿易を規律するルールを紹介しながら，現在の国際貿易体制を考えてみたいと思います。

現在の国際貿易体制の姿

　現在の国際貿易は，**WTO**（World Trade Organization；世界貿易機関）という国際機関を中心に規律されているといっても過言ではないでしょう。WTOは前身の**GATT**（General Agreement on Tariffs and Trade；関税と貿易に関する一般協定）が発展して1995年に発足し，本部はスイスのジュネーブにあります。加盟国数は，153カ国（2009年時点）で，日本も含め米国やEU（欧州連合）といった主要先進国はもちろん，途上国も数多く加盟しています。WTOの詳細は後述しますが，その役割として，多国間貿易交渉の場を提供すること，様々な貿易関連のルールを有すること，そのルールに基づいた紛争処理手続を有すること等が挙げられるでしょう。

§3 国際貿易のルールを知ろう　　311

　WTO に加盟すると，加盟国は貿易を自由化するため，関税（一般に輸入品に課される税を指します）や数量規制などの貿易障壁を削減・撤廃していくための多国間交渉を行います。この交渉は「ラウンド」と呼ばれていますが，直近の交渉は 2001 年から始まった交渉（ドーハ・ラウンドと呼ばれたり，ドーハ開発アジェンダと呼ばれたりします）が継続中です（2009 年時点）。また，加盟国になると，原則として WTO が有するすべての貿易関連のルールに従わなければなりません。このルールには，加盟国の有する権利と果たすべき義務とが定められています。ルール違反があるなどして，加盟国同士の間で問題が生じた場合には，WTO の紛争処理手続を用いて，その問題を処理することも可能です。

　一方，1990 年代以降，世界的に FTA（Free Trade Agreement；自由貿易協定）を締結する動きが顕著になってきました。WTO が多国間での貿易自由化を推進しようとするのに対して，FTA とは，2 国間，複数国間，地域で貿易を自由化していこうという考え方です。日本は諸外国に比べてその動きは遅れているともいわれますが，2004 年に政府が「今後の経済連携協定の推進についての基本方針」を打ち出し，貿易自由化に国内政策の調和や人的交流の拡大などを含めた「経済連携協定（EPA；Economic Partnership Agreement）」が 2009 年時点で 11 カ国・地域（東南アジア諸国連合（ASEAN）との EPA を含む）と発効しています。こうした FTA の数は世界で 166 件（2009 年 WTO 通報ベース。途上国間の特恵貿易協定を含む。GATT と GATS の重複，既存の協定への新規加盟に伴う通報を除く）にのぼると言われています。FTA の特徴としては，締結交渉を行うときに多国間で行う WTO での交渉に比べてスピードが速く，関係国数も少ないので合意しやすいこと，WTO が対象としない分野まで広く含められること等があげられるでしょう。貿易自由化を志向するという点では，今や FTA も国際貿易の規律に大きく貢献しているのです。

WTO はなぜ必要なのか？

　さて，WTO はなぜ必要なのか，という疑問もわくでしょう。ここで歴史を遡ってみましょう。WTO の前身である GATT は，貿易のブロック化（特

定の国家間に形成される排他的な領域を指します）が戦争を起こす一因となったとの反省のもとに，第2次大戦後に米国主導で成立しました。もともとGATTは，ITO（International Trade Organization：国際貿易機構）が設立されるまでの間，その一部を暫定的に適用するという位置づけでした。しかし，ITOがあまりに野心的な内容であったため，提案した米国においてすらITO憲章を批准することができず，ITOは設立に至りませんでした。その結果，1948年からGATTが国際貿易を規律することになったのです。

GATTでは，「生活水準の向上，完全雇用の確保，実質所得及び有効需要の着実な増加，資源の完全な利用，物品の生産及び交換の拡大」（GATT前文。なおWTO設立協定の前文には，環境保護・保全，持続可能な開発という視点も追加されています。）という目的を達成するため，**無差別原則**（ある国が他の国と第三国との間で差別をしないという**最恵国待遇原則**（GATT1条），ある国が国内において内外差別をしないという**内国民待遇原則**（GATT3条））や**市場アクセス**の改善を基本とする国際貿易のルールが定められ，関税引き下げなどの貿易自由化交渉が行われてきました。また，GATTのもとで国際貿易紛争を処理するための手続が発展し，ルールに則った貿易紛争の処理が試みられてきました。GATTの下でのラウンドは1947年に23ヶ国でスタートしましたが，回を重ねるうちにGATTの締約国数も徐々に増えていったのです。

ところが，国家間の貿易が発展し，先進国を中心に産業構造が高度化するにつれ，従来の物品貿易に加えてGATTでは規律されていないサービスの貿易も増加したこと，また，貿易関連の知的財産権の重要性が認識されたこと，関税以外の貿易障壁——**非関税障壁**——が自由貿易を推進するうえでの障害として認識されるようになったこと，GATTの枠外で一方的に輸出数値目標を貿易相手国に押しつけるといった二国間主義の蔓延など，国際貿易の状況に変化の兆しが顕著になりました。従来のGATT，および数度のラウンドで必要に応じて合意されたルールでは，その変化に十分対応できなくなったのです。そこで，1980年代後半から開始されたウルグアイ・ラウンドでは，関税引き下げ等の交渉と同時に，サービス貿易などの新しい分野の規律や，複数のルール，精緻化した紛争処理手続の体系化が目指されました。そしてそれらを包括的に管轄するWTOの発足が合意され，ウルグア

イ・ラウンド終了後，1995年からWTOが国際機関として発足しました。GATTは物品貿易を規律するルールの1つとして，WTO下に位置付けられています。

このように，WTO，およびその前身であるGATTの起源は世界大戦への反省に遡り，両者は戦後国際貿易秩序の形成に大きく貢献してきているということを忘れるべきではないでしょう。

WTOの仕組み

WTOはどのような仕組みを持ち，いかに機能しているのでしょうか。WTOでは，先進国も発展途上国も一国一票を有し，原則として**コンセンサ**

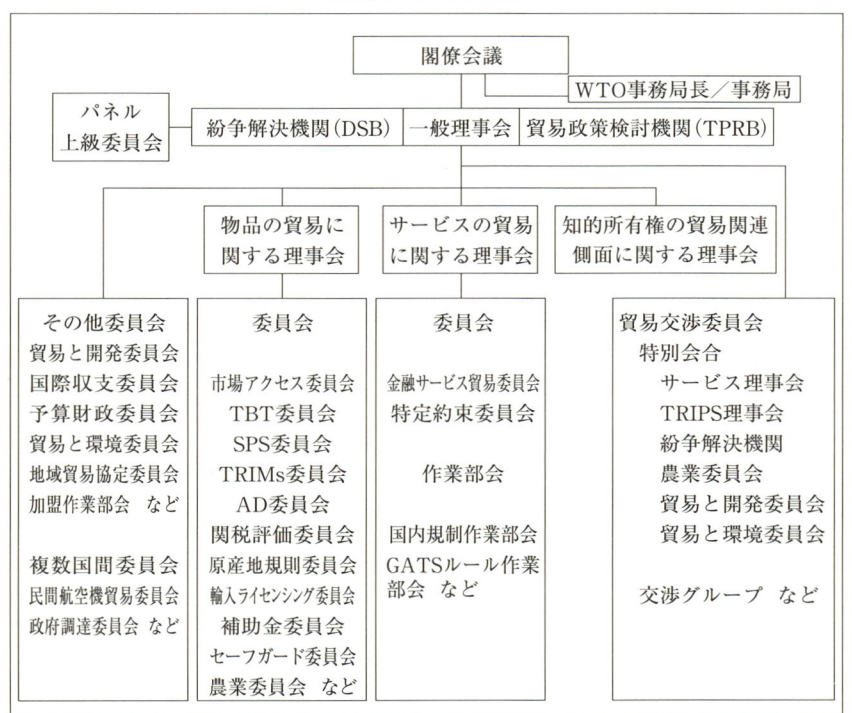

図表1　WTOの機構

		閣僚会議		
				WTO事務局長／事務局
パネル 上級委員会	紛争解決機関(DSB)	一般理事会	貿易政策検討機関(TPRB)	

物品の貿易に関する理事会	サービスの貿易に関する理事会	知的所有権の貿易関連側面に関する理事会

| その他委員会
貿易と開発委員会
国際収支委員会
予算財政委員会
貿易と環境委員会
地域貿易協定委員会
加盟作業部会　など

複数国間委員会
民間航空機貿易委員会
政府調達委員会　など | 委員会

市場アクセス委員会
TBT委員会
SPS委員会
TRIMs委員会
AD委員会
関税評価委員会
原産地規則委員会
輸入ライセンシング委員会
補助金委員会
セーフガード委員会
農業委員会　など | 委員会

金融サービス貿易委員会
特定約束委員会

作業部会

国内規制作業部会
GATSルール作業部会　など | 貿易交渉委員会
特別会合
サービス理事会
TRIPS理事会
紛争解決機関
農業委員会
貿易と開発委員会
貿易と環境委員会

交渉グループ　など |

図表2　WTO協定の構造

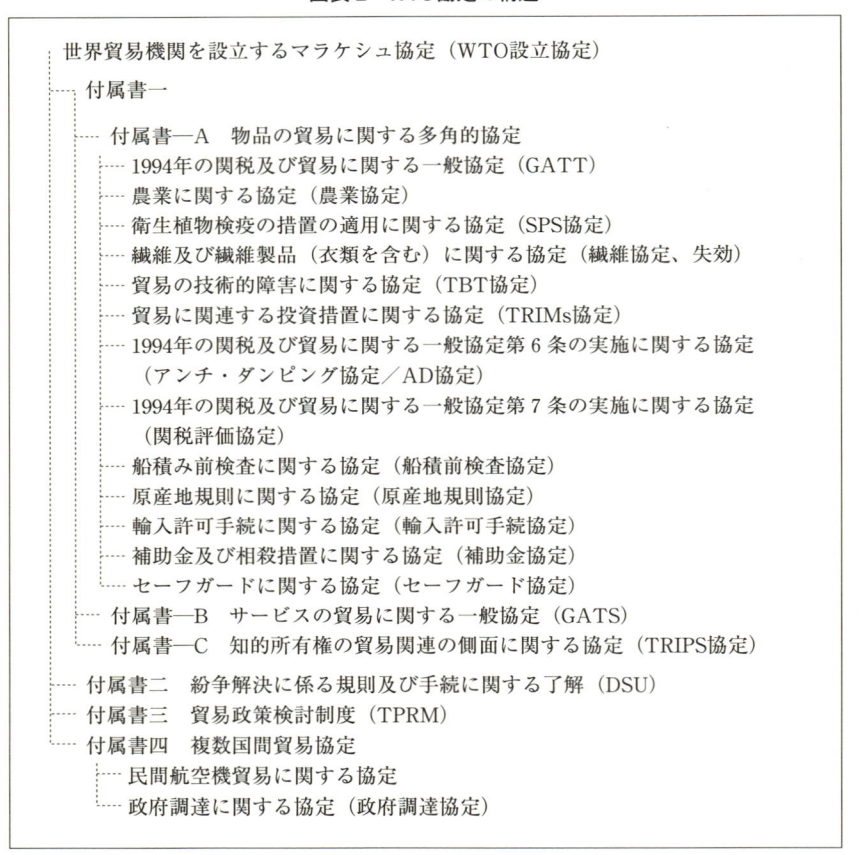

```
世界貿易機関を設立するマラケシュ協定（WTO設立協定）
├─ 付属書一
│  ├─ 付属書一A　物品の貿易に関する多角的協定
│  │  ├─ 1994年の関税及び貿易に関する一般協定（GATT）
│  │  ├─ 農業に関する協定（農業協定）
│  │  ├─ 衛生植物検疫の措置の適用に関する協定（SPS協定）
│  │  ├─ 繊維及び繊維製品（衣類を含む）に関する協定（繊維協定、失効）
│  │  ├─ 貿易の技術的障害に関する協定（TBT協定）
│  │  ├─ 貿易に関連する投資措置に関する協定（TRIMs協定）
│  │  ├─ 1994年の関税及び貿易に関する一般協定第6条の実施に関する協定
│  │  │    （アンチ・ダンピング協定／AD協定）
│  │  ├─ 1994年の関税及び貿易に関する一般協定第7条の実施に関する協定
│  │  │    （関税評価協定）
│  │  ├─ 船積み前検査に関する協定（船積前検査協定）
│  │  ├─ 原産地規則に関する協定（原産地規則協定）
│  │  ├─ 輸入許可手続に関する協定（輸入許可手続協定）
│  │  ├─ 補助金及び相殺措置に関する協定（補助金協定）
│  │  └─ セーフガードに関する協定（セーフガード協定）
│  ├─ 付属書一B　サービスの貿易に関する一般協定（GATS）
│  └─ 付属書一C　知的所有権の貿易関連の側面に関する協定（TRIPS協定）
├─ 付属書二　紛争解決に係る規則及び手続に関する了解（DSU）
├─ 付属書三　貿易政策検討制度（TPRM）
└─ 付属書四　複数国間貿易協定
   ├─ 民間航空機貿易に関する協定
   └─ 政府調達に関する協定（政府調達協定）
```

ス（全員一致）方式により，意思決定がなされます。最高意思決定機関は，2年に1度開催される閣僚会議です。通常は，図表1に示すような機構のもとで，業務が行われています。理事会や委員会，機関は全加盟国で構成されています。貿易政策検討機関では，定期的にWTO加盟国の貿易政策が検討されています。

　また，図表2は，WTOが管轄する貿易ルールを示したものですが，物品貿易，サービス貿易，貿易に関連する知的財産権が規律の対象となっています。加えて，貿易紛争の処理手続を定めた紛争処理了解（後述）や複数国間

貿易協定（政府調達協定，民間航空機貿易に関する協定）があります。WTOに加盟するには，加盟交渉という手続を経る必要がありますが，いったん加盟国となると複数国間協定以外のすべてのルールを受諾しなければなりません（一括受諾方式）。

国と国も戦う？！ ── WTOの紛争処理 ──

WTOでは紛争処理手続が強化されています。図表2の「紛争解決に係る規則及び手続に関する了解（紛争処理了解）」が紛争処理のための手続を規定しています。加盟国間で貿易紛争が生じると，まず紛争当事国間で協議が行われ，それでも問題が解決されなければ，紛争毎に設置されるパネル（紛争処理小委員会）が構成されます。パネルは両当事国から提出される意見書に基づき審議を行った上，この紛争で問題となっている事実の認定，その事実と貿易ルールとの整合性に関する法的認定を行って，パネル報告と呼ばれる判断を出します。紛争当事国は，常設である上級委員会にパネル報告中の法的認定について上訴することも可能です。上級委員会も審議の後に報告を出します。これらの報告は，全加盟国で構成される紛争解決機関（DSB；Dispute Settlement Body）での採択を経て「DSB勧告」となり，当事国はこの勧告に従うことになります。一定期間を経ても勧告が履行されなければ，申立国は「譲許その他の義務の停止」（対抗措置とも呼ばれます）を行うための手続を開始することも可能です。これら一連の手続は，紛争処理了解に定められる時間的枠組みに沿って進められます。また，紛争処理手続では，意思決定の方法としてネガティブ・コンセンサス方式（逆コンセンサス方式とも呼ばれ，全員一致で反対しない限り採択される仕組みです。）も採用されいるため，敗訴した国が報告の採択を阻止して，勧告から逃れようとするといった状況も生じません。

このようにWTOでは，貿易紛争をルールに則って処理する仕組みがある結果，圧倒的な経済力を有する大国が小国に圧力をかけて問題を処理しようと試みることや，ある国が自国の判断のみに基づいて報復するといった一方的な措置をとることなどができなくなっています。より透明で公平な形で

の紛争処理が志向されているといってよいでしょう。1995 年に WTO が発足して以降，現在 (2009 年末時点) までに，この手続のもとで行われた貿易紛争に関する協議は 400 件超に達しています。

WTO が対処しきれない問題

　WTO も万能ではなく，様々な課題に直面しています。貿易問題といっても WTO がもともと対象外としている分野には対処できないということがあります。例えば，貿易と投資には深い関わりがありますが，WTO ではサービス産業以外の製造業の投資は規律対象とされていません。

　加えて，国際社会をとりまく社会情勢の変化に伴って生じる課題もあります。上述した，増加する FTA と WTO との関係はまさにこの典型的な問題でしょう。また，近年，関心が高まっている環境保護との関係では，ある国の環境保護措置が国際市場における産品間の競争関係に影響を与えるなど，貿易と環境が関わる場合があったとしても，WTO では環境を直接に規律しているルールはありません。そのほか，違法に安価な労働賃金のもとで生産された結果，安価で輸出入される産品をどう扱うかなど貿易と労働の問題，先進国と発展途上国との発展の格差にどう対処するかといった問題もあります。このような，いわば「非貿易的な価値」と貿易とが関わる状況にいかに対処していくのか，という問題は今後ますます大きくなっていくでしょう。

WTO と FTA との関係をどう捉えるか

　WTO と FTA は，貿易を自由化していくという方向性では同じですが，WTO が多国間で等しく自由化していく一方，FTA は限定的な国家間で自由化していくという点で異なります。WTO における等しく自由化していくという考え方は，言い方を変えれば無差別な自由化ですが，FTA は締結国の間でだけ自由化するという点で差別的です。FTA の締結国の間で自由化すればするほど，締結外の国に対しては差別的になっていく，といういわば矛盾した状況が生じるのです。そもそも両者の関係はどのようになっている

のでしょうか。

　もともと GATT の時代から，**地域経済統合**――FTA や **関税同盟**（関税同盟も締結国の間で貿易の自由化を志向しますが，対外的に共通の通商政策や関税率を適用しなければならないという点でFTAと異なります）――を行うことは，一定の条件のもとに認められていました。この条件は WTO のルールの中に定められています（GATT24 条ほか）。その背景には，GATT が締結された当時，欧州諸国で小規模な地域経済統合がすでに存在していたということがあります。また考え方としては，FTA 等の締結国の間で貿易自由化が進めば，その自由化の効果が世界貿易の自由化にもつながるということがありました。

　しかし，当時と状況は大幅に変わり，今や FTA の数が圧倒的に増えています。本来，守らなければならない条件も，本当に守られているのか定かではありません。WTO では主に地域貿易協定委員会が，地域経済統合を行った国からの通報を受けて審査をする（ドーハ・ラウンドが終了するまで，暫定的に検討のための手続などを定めた「透明性メカニズム」という仕組みに基づいて行われています）こととされていますが，条件との整合性審査は有効に行われているとは言い難い状況です。

　すでに指摘したとおり，FTA には一定の有用性が認められます。しかし，大国と小国との等しい関係を達成するなど，WTO という多国間の枠組みでなければ達成できないことも多いのです。ある国の輸出産業に対する補助金が世界貿易に与える影響に対処するなど，FTA だけでは規律し得ない貿易問題もあります。そこで，合意は決して簡単ではないですが，地域経済統合に関する WTO の現行の条件を改正するなど，より実態に則した形にすると同時に，WTO が FTA 間の調整を担ったり，望ましい FTA のモデルを提示したりするといった新しい役割を負うことが必要でしょう。重要なことは，WTO と FTA が協調的に，そして相互補完的に機能していくということなのです。

◇この法分野を学びたい！◇

　本講では，国際経済法の 1 つとして，国際貿易のルールを取り上げました。しかし，

国際経済法は，国際経済関係の法的問題を扱う分野として，さらに広く捉えることが可能です。例えば，WTO の規律範囲にない製造業の国際投資についての国際法制が含まれ得ます。また，国際経済活動に影響を及ぼす国内法も対外的な経済法として含まれ得るでしょう。その他，国際金融取引に関する法も深く関わりがあります。場合によっては，国際経済関係に関わる競争政策，租税分野なども，射程に入り得るでしょう。

したがって，国際経済法は世界経済の趨勢と共に発展を遂げていく分野です。国家と国家の経済関係，国家と市場との関わりをどう捉え，いかに調整していくか。是非考えてみましょう。

【参考文献】
- UFJ 総合研究所新戦略部通商政策ユニット編『WTO 入門』（日本評論社，2004）
- 久保広正『ベーシック貿易入門』（日経文庫）（日本経済新聞社，2005）

飯野　文（いいの　あや）

Part 4　グローバル社会へ

§4　外国の法律が日本の裁判所で適用されるって？

はじめに

「国際私法」という名前を聞いて，それが何を規定していて，何を対象とした法律であるのかをすぐに答えられる人は少ないのではないでしょうか。国際私法という名前から，「国際的私法」とか，あるいは「私的国際法」などと想像してしまうと，実際との違いに驚くかもしれません。

われわれの日常生活についてのルールとして立法されている民法や商法といった法律に国際的なものがあって，それが国際私法であるとか，また，国家と国家の関係を規律している国際法の私法版が国際私法である，と考えてみても，それらが具体的にどのような法律であるのかをすぐにはイメージできないでしょう。そうすると，国際私法はよくわからない法律だ，という結論を出してしまうことが多いのではないでしょうか。しかし，国際私法は，それを知っているかどうかに関係なく，われわれの生活に密接に関わって逐次適用されていると考えられるのです。

わが国の国際私法は，現在の民法の親族編・相続編と同じ 1898（明治 31）年 6 月 21 日に公布され，先に公布されていた総則編・物権編・債権編と共に，同年 7 月 16 日に施行された「法例（明治 31 年 6 月 21 日法律第 10 号）」という名の法律が始まりです。この法例という法律は，偶然にも 2006（平成 18）年の同じ日に改正されて，名前も「法の適用に関する通則法（平成 18 年 6 月 21 日法律第 78 号）」と改められ，翌年 1 月 1 日から施行され現在に至っています。法例が，重要な法律であるにもかかわらず，漢字とカタカナで表記されていてわかりにくいということから，司法制度改革の一貫として現代語化が図られ，併せて法律名も変更されたものです。ただ，これらの法律は，正確には，国際私法以外の規定も含まれているために「法例」や「法の適用に関する通則法」（以下では，単に「通則法」と称します）という名称が使われてい

て，国際私法という名称は用いられていません。もちろん，国際私法の部分を独立させて立法することも考えられましたが，それは実現しませんでした。

このように，わが国では，従来から一般に使われている国際私法という名前は講学上でしか使用されていないのですが，それでは，このような国際私法という法律がなぜ必要であって，どのような役割を果たしているのかについて，みてみることにしましょう。

なぜ国際私法は必要なのか？

日本の国内で生活していても，外国人と取引をすることになったり，あるいは知り合いが外国人と結婚していたりなど，外国人と接することが全くないということは，近年では少なくなってきているのではないでしょうか。また，海外旅行に行く機会も増えてきているでしょうし，インターネットの発達で外国との接触も簡単になってきています。そうすると，われわれの日常生活に関係する法律が国によって違っていることも知識として理解できるようになっていると思います。

例えば，未成年者が単独で物を購入する場合，「親の同意を得ていますか？」と聞かれることもあることは知られていますが，この場合，未成年者，すなわち成年齢に達していないのは何歳以下の人なのかは国によって異なっています。日本では20歳（民法4条）が成年齢ですが，18歳や21歳などの国もあって，18歳とする国は100か国以上もあるようです。もし，日本で成年齢18歳の国の人が高価な物を購入して，後で，未成年者であることを理由にその売買契約の取消しを求めたらどうなるでしょうか。また，18歳の日本人が，成年齢を18歳であるとしている外国で高価な物を購入して，後で，日本で同様に取消しを求めたらどうなるでしょうか。これらの場合，未成年者を保護すべきなのか，あるいは契約をした相手方を保護すべきなのか問題となってきます。

それでは，国によってこのように法律が異なることから紛争が発生した場合，どのような方法で解決したらいいのでしょうか。

まず考えられるのは、各国で異なる成年齢の規定をたとえば18歳に統一するという方法です。民法や商法など法律関係を直接規律している法を「実質法（じっしつほう）」と呼びますが、その実質法の統一を各国に求める方法です。ずいぶん昔になりますが、わが国の手形法や小切手法は国際統一条約を受け入れて作られました。しかし、この方法は、その後に各国が独自に改正すると結局は各国法の相違を作り出すだけであって、大変難しい方法ということができます。手形などの国際的統一ができそうな分野もありますが、家族関係など各国固有の法制度を維持している分野では、国際的な統一条約を作ることも非常に困難であると思われます。

それでは、この実質法の統一という方法は全く無理なのでしょうか。純然たる国内事件と国際的な事件の両方に適用させる規定を統一することは難しいとしても、国際的な事件にのみ適用される実質法規定を考えてそれを統一する、という方法も考えることができます。現に、船舶による国際物品運送の分野では、国際的な統一条約を国内法化しています。また、2009年8月1日からは、主要国を始め多くの国が採用してきている国際物品売買に関する国際連合条約が日本でも発効し、売買契約についての売主や買主の義務について多くの国とで一定の統一が図られることになります。

しかし、国際的な事件に限定するかどうかに関わらず、実質法の統一ということは、各国法の相違をなくすことで、それを原因として発生する紛争の解決に大いに役立つことは否定できませんが、その統一は限定的でしかなく、地球全体で統一することは非常に困難であるというしかありません。

そこで、「国際私法」による解決という道が求められることになる訳です。すなわち、同じような生活関係であってもそれを規律する法律が各国で違っていることを前提として、ある国際的な私法的法律関係は、いずれの国の法によって解決されるのが適切であるのかを決定する、という方法です。国際私法は、紛争自体に直接適用されるのではなく、間接的に、解決すべき法（それを「準拠法（じゅんきょほう）」と呼びます）を指定して、その準拠法が直接適用されることで解決する、という仕組みなの

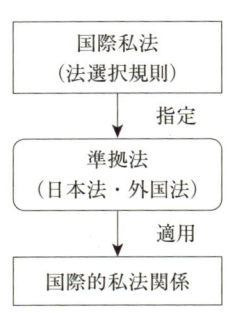

```
┌─────────────────┐
│   国際私法       │
│  （法選択規則）   │
└─────────────────┘
         │ 指定
         ▼
┌─────────────────┐
│    準拠法        │
│（日本法・外国法） │
└─────────────────┘
         │ 適用
         ▼
┌─────────────────┐
│  国際的私法関係  │
└─────────────────┘
```

です。準拠法である各国の民法や商法といった実質法を通して問題を解決しようとする国際私法は，法の場所的適用範囲を考える法律，と呼ぶことのできるものなのです。

国際私法による国際的私法問題の解決とは？

　国際私法は，一般には，「国際的私法的法律関係を規律する法を指定する法」であるとされます。国際的私法的法律関係とは，外国的要素を含む私法関係ということですが，この法律関係を規律する法，すなわち準拠法の決定は，具体的にどのようにされるのでしょうか。

　現在の国際私法理論によれば，人にその生活の本拠があるように，私法的法律関係（以下では，単に，私法関係と称します）には，その固有の性質上帰属している「本拠」というべき法域があるのであって，その法域の法を適用することによって国際的な私法関係に関して生じる問題を解決すべきであるとしています。この考え方は，今からわずか160年ほど前にドイツのサヴィニーという法学者によって主張されたもので，それまで数百年も続いていた考え方を全く覆したものでした。

　ルネッサンス期にイタリアで生まれたとされる国際私法理論は，自治権を与えられたイタリア諸都市が制定した条例（スタチュータ）と呼ばれる法について，人や物の移動が盛んになったことからその適用関係が問題となり，それを解決するための考え方として生まれたものでした。簡単にいえば，法規を物に関する「物法」と人に関する「人法」に分類し，前者は属地的に，後者は属人的に適用するとして，自国法の地域的な適用範囲を考えようとするものでした。物に関する問題が自国内で生じたならば，自国法が常に適用され，人の身分などが問題となった場合には，それが自国以外で生じたとしても，自国民については自国法を適用するとする考え方ですが，「長子が死者の財産を相続する」との規定は「人法」であるが，「死者の財産は長子に帰属する」と規定されていると「物法」とされるという問題点もみられます。しかし，法律の一般的な適用範囲についての考え方を用いているので，理解しやすいという長所をあげることもできます。

このような考え方は「**法規分類説**」などと呼ばれますが，その特徴は，法律を出発点として，そのタイプにより属人的に適用するのかそれとも属地的適用するのかを決定する，というところにあります。これに対して，サヴィニーは，生活関係（法律関係）からのアプローチを提唱し，具体的な法律関係に最も密接な関係のある場所の法律を適用することによって解決を図るという考え方を主張し，以前の考え方を「コペルニクス的転換」したものといわれています。わが国の国際私法規定である「法例」も，このサヴィニーの考えに忠実であったドイツの国際私法である「民法施行法」の草案段階のものを参考にして起草されていて，現在の通則法にもこの考え方が受け継がれているのです。

どのように国際私法は準拠法を決定するのか？

それでは，このような現在につながる国際私法の基本的な考え方，すなわちサヴィニー型国際私法は，国際的私法関係を規律する法である準拠法をどのように決定するのでしょうか。その決定ルールについて次にみてみることにしましょう。

準拠法は，具体的な私法関係に最も密接な関係のある場所の法律を世界中の国（あるいは**法域**(ほういき)）の中から選択することにより決定されることになります。その意味で，国際私法は，「**法選択規則**」と呼ぶことができます。なお，この場合，日本のように全体で1つの法域の国では，生活関係を規律する一般的な法である民法は1つですが，アメリカ合衆国のように，そのような法律が州ごとに制定されている国もありますので，国際私法では，準拠法が指定される地域は，正確には「法域」であるということに注意してください。

国際私法の具体的な規定は，最も単純な構造の規定である通則法36条によると，「相続は，被相続人の本国法による。」と定めています。この規定によれば，「相続」という法律関係は，相続される人（被相続人），すなわち一般的には亡くなった人の国籍があった国の法律（これを本国法と呼びます）によって規律されるということを示しています。国際私法は，一般の生活関係について，「相続」などの**単位法律関係**ごとに準拠法を定めていて，36条では，

```
単位法律関係
 (相続)
   ↓
  連結点
  (国籍)
   ↓
  準拠法
 (本国法)
```

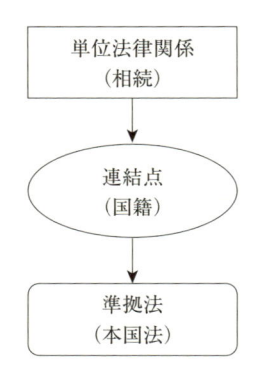

その単位法律関係と準拠法をつなぐ場所的要素，すなわち**連結点**(れんけつてん)（連結素といういい方もあります）を「被相続人の国籍」としているのです。このように，単位法律関係ごとにその最密接関係地として連結点を定めるというのが，国際私法の基本的構造になっていますが，その中で準拠法が決定されるには，具体的にはいくつかの段階を経ることになります。

　まず，ある問題が国際私法上どのような性質を有しているのかを決定しなければなりません。国際私法は，単位法律関係ごとに準拠法を決めていますから，どの単位法律関係に今問題とされていることが含まれているのかを検討する必要があります。これを「**法律関係の性質決定**」，単に「**法性決定**」と呼びます。例えば，ある外国人が日本に土地を遺して死亡したが，その人に相続人がいないような場合，これは，相続の問題とすることもできますが，所有者のいない土地の所有の問題であって相続の問題ではない，と考えることもできるからなのです。どの単位法律関係に当てはまるのかの決定を誤ると，全く違う準拠法が決定されて不当な結果がもたらされるかも知れません。準拠法決定の出発点として，法性決定の問題は大変重要なプロセスなのです。

　どの単位法律関係に該当するのかが決まると，次は，規定されている連結点が示す場所の法律を具体的に確定することになります。いわゆる「**連結点の確定**」といわれる問題です。相続の準拠法でみると，通則法36条は被相続人の本国法としているので，被相続人がいずれの国の国籍を有していたのかを判断します。この場合，国籍に関する法律が各国ごとにありますので，それらの法律に照らしてみると，2つ以上の国籍を有している場合や国籍がないということもありますので，そのときには，通則法の規定に従ってその人の本国法を決定することも必要になります。

　連結点の確定が終わると準拠法が決まるわけですから，多くはその準拠法を適用することで問題の解決ができることになるはずですが，前にあったように，本国法がアメリカ法と確定しても，相続に関する法律は州法として存在していますから，具体的な準拠法は決定していないことになります。これ

を「地域的不統一法国の指定」の問題といいます。また，国際私法は，現状では各国で規定されているために，わが国と同じような規定をしていることがある一方で，異なった規定を有していることもありますので，いわゆる「反致(はんち)」も考慮しなければならない，ということが起こってきます。このように，さらに「準拠法の特定」ということが必要であるとされているのです。

相続の準拠法としてアメリカ法が指定されても，いずれの州の相続法かを特定しなければなりませんが，通則法では，地域的不統一法国法については，その国にこのことに関する規則があればそれに従い，それがないときには，わが国の国際私法から直接にそれを決定するとしています（通則法38条3項）。アメリカの場合は，そのような規則がないと考えられますので，たとえば，被相続人がある州で出生しそこに住所があったと判断されるならば，その州法を本国法として扱うことになります。

また，「準拠法の特定」において考えなければならない特に重要なことは，「反致」の問題です。アメリカ人が日本に土地を遺して亡くなったとして，その土地の相続について，日本で問題とされたならば，日本の国際私法である通則法の規定（36条）によってアメリカ法（正確には，アメリカの州法）が指定されますが，アメリカのある州でその問題が提起されたとすると，アメリカでは，州ごとに国際私法がありますのでそのルールに従って判断されることになります。そうすると，土地についてはそれが所在する場所の法律（不動産の所在地法）に従うということになって，日本法が準拠法として指定されることになります。このような場合，日本の国際私法は，この問題をアメリカ法に任せた（「送致(そうち)」したといいます）けれども，アメリカの国際私法の規定を特別に考慮して，反対の送致，すなわち反致を受け入れることにしています（通則法41条）。これは，反致を認めることによって，同じ問題が，日本でもアメリカでも日本法が準拠法となって解決の統一が図れることになるからです。国によって国際私法が異なる場合の解決策の1つとして認めていますが，反致を認めることにより，本来の準拠法を適用しないということになりますので，積極的に認めるべきものではありません。

以上のような「法性決定」，「連結点の確定」そして「準拠法の特定」とい

う順序のプロセスによって具体的な準拠法は決定されることになりますので，国際私法の本来の役割としてはこれで終わりになります。解決すべき法として国際私法が特定の準拠法を指定したわけですから，その準拠法が適用されることによって適切な解決が導かれるはずなのですが，日本法ではなく外国法が準拠法となった場合には，さらに検討すべきことが生まれてきます。それが，「準拠法の適用」あるいは「外国法の適用」の問題といわれるものです。

　国際私法は，ある法律関係について最も密接な関係のある場所の法を準拠法として指定するのが基本ですから，当然に外国法も指定されることになります。しかしこの場合，日本の裁判所において外国法を適用しなければならないことになりますから，外国法をどのように扱うべきなのか，外国法の内容が分からない場合はどのようにしたらよいのか，などといったことが問題となります。さらに，外国法を適用することによって，わが国の公の秩序あるいは善良の風俗（単に公序ともいいます）の観点からして，受け入れられない結果を生じさせることもあるかも知れません。日本法と外国法を平等に扱うべきであるとするのが国際私法ですが，その問題を解決するにふさわしいとして指定された外国法であっても，わが国の公序に反してまでも適用することは求めないとして，通則法は，例外的にその具体的な法の適用を排除することも許されると規定しています（通則法42条）。この公序則と呼ばれる規定がなかったならば，国際私法の基本的枠組み自体を変えることにもつながる可能性があるのであって，この枠組みを維持するための「最後の安全弁」とも呼ばれています。

　以上のように，サヴィニー型国際私法は，いくつかの順序だった段階を経て単位法律関係を規律する準拠法を決定しています。各国法が異なる現状において，人的・場所的要素に複数の国の要素があるような私法関係にこのような国際私法による解決は欠かせないのであって，直接的であるか間接的であるのかを問わず，われわれの生活に密接な関係がある法律であることを知っていただきたいと思います。

国際私法のこれからは？

　最後に，国際私法はこれからどのような道を進んで行くのかを少し考えてみたいと思います。国際私法は，人と物の交流拡大から地域の法の適用関係が問題となって，まずは法律の側からその適用範囲を考えることで法の衝突を解決すべきとするところから始まり，19世紀半ばになって，サヴィニーがそれを逆転して具体的な法律関係からのアプローチをとりました。そして，法律関係の本拠を見いだしてその地の法で解決すべき，というその考え方が世界に広まって今日があるのですが，この考え方を大きく変えた国もあることに注意しなければなりません。それは，アメリカ合衆国です。「アメリカ抵触法革命」と呼ばれる（アメリカでは，国際私法ではなく，「抵触法」という呼び方が一般的です）ように，アメリカでは，現在，サヴィニー型の国際私法を採用してはいないのです。

　サヴィニー型国際私法からすると，準拠法を決定する際に実質法である準拠法の内容をみることは，結果から決定することになるために許されないのですが，そうすると，「暗闇への跳躍」と揶揄されるように，場合によっては偶然的な場所の法律が準拠法として指定されることも生じたのです。それが具体的な問題として議論を呼び，アメリカでは，ついには全体として基本的な考え方も排除されること（革命）になってしまったのです。このことは，サヴィニー以前の「法律からのアプローチ」に戻ったと考えることもできるのであって，サヴィニー型国際私法の問題点を指摘しているということできます。しかし，この革命があっても，わが国をはじめ多くの国では，国際私法上の利益を衡量するなどの影響を受けてはいますが，依然として伝統的国際私法理論（サヴィニーの国際私法理論をこのように呼びます）は維持しているのです。各国法の統一ができてもそれは一部でしかなく，私法関係のすべてについて同じになることは非常に困難なのであって，国際私法の役割が終了するということはないと考えられます。

◇この法分野を学びたい！◇

　国際私法は，世界中の民法や商法といった法律の中から，当該の具体的な私法関係に適用される法を選び出すことをその中心としています。そこで，このような法分野を学びたいとすると，その理解の助けになる民法についての知識があるといいでしょう。ただ，その知識に縛られると，民法といっても各国に違いがありますし，その違いがある各国の民法などの実質法を準拠法として指定するのが国際私法（抵触法）ですから，その実質法と抵触法の質的な違いには十分注意してください。しかし，日本の民法の知識から出発して国際私法を学ぶと，それを通して外国法との違いから改めて日本の法律を見つめてみることができます。

　また，国際私法といえば法選択規則ですが，世界には，国際的な私法関係を専門に審理する裁判所はなく，各国の国内裁判所がそれぞれ自分の国の国際私法を使って紛争を解決していますので，その手続についてのルールを考える「国際民事手続法」という分野も，広い意味の国際私法には含まれています。さらに連結点としてその人の国籍が選ばれることが多いので「国籍法」も国際私法の中では検討しますし，国際的な商取引を中心とした「国際取引法」も国際私法と関係が非常に深い法律です。

　このように，国際私法には多くの関連する法分野がありますので，私法の領域を中心として幅広い知識を得たいと思っている人には最適な法律だと思います。国際私法は，国際的私法関係について準拠法を通して解決するという役割のほかにも，われわれの視野を広げる，という役割も担っているのではないでしょうか。

【参考文献】
・澤木敬郎＝道垣内正人『国際私法入門〔第6版〕』（有斐閣，2007）
・神前禎＝早川吉尚＝元永和彦『国際私法〔第2版〕』（有斐閣，2006）
・松岡博編『国際関係私法入門〔第2版〕』（有斐閣，2009）

小山　昇（こやま　のぼる）

Part 4　グローバル社会へ

§5　世界をひとつにまとめる方法

はじめに

　全世界を巻き込み，数百万人あるいはそれ以上の犠牲者を出し，最後に人類史上初めての熱核兵器が広島と長崎に落とされた第2次世界大戦という戦争が1945年に終わりましたが，その時の放射線の影響で半世紀以上たった今も原爆症に苦しんでいる人たちがいます。2009年の時点でも多くの国で争いが続き，たくさんの人たちが住むところや国を追われて流民や難民となり，絶え間ない恐怖と飢餓，絶望の中で日々を暮らし，わずか15円の薬が買えないために多くの子供たちが死亡しています。この状態をよくすることはできないのでしょうか。

　もし同じ事態が日本で起こったら，すぐに日本の政府が自衛隊を被災地に派遣したり，食料や医薬品を搬送するなど，様々な政策を速やかに実施して，事態の改善を図るでしょう。でも国際社会だと，どうしてこのような迅速かつ効果的な対応ができないのでしょうか。

　私たちがすぐに思いつくのは，「国連は何もしないのか？」だと思います。国連にも事務総長がいて，安全保障理事会があり，国連軍やPKFをつくることができ，実際にPKOも実施されているからです。しかしあらゆる問題に対して常に国連が迅速に行動できるとは限りません。

　日本の政府と国連の違いはどこにあるのでしょうか。まず政府というのは，ひとつに統一された社会の運営を主権者（国民）に任されている唯一の存在をいいます。見方を変えれば，その社会がひとつにまとまった統一された社会であることが，政府をつくることのできる前提条件なのです。ですから日本国というひとつに統一された社会には，主権者（国民）に支えられた日本国政府がひとつだけ存在し，それゆえに政府は，その社会や国民の安全と幸福のために努力しなければならないのです。

国際社会はどうでしょうか。国際社会には主権者はいるのでしょうか。それよりも国際社会はひとつに統一された社会なのでしょうか。もしそうでないなら、人類は今まで何をしてきたのでしょう。国際社会をひとつにまとめることはできるのでしょうか。少し考えてみましょう。

国際社会の特徴

はじめに日本という社会を考えてみますと、国境で囲まれた空間である領域（領土、領空、領海の総称）の中に、日本国憲法という国の土台を作る法律があり、そのもとで国籍を持った人々が主権者として政府をつくって平和に暮らしています。国内は都道府県に区分されていますが、特に意識することなく好きな時に好きな所に自由に移動して、そこに住むこともできますね。でもよく考えると、これは日本国憲法という最も基本的な法律があって、その法律のなかで様々な自由や権利が認められているからです。このような憲法がなかった江戸時代は、江戸の人が箱根の関所を越えるにも、また薩摩藩（今の鹿児島）の人が加賀藩（今の金沢）に行くにも、通行手形（今のパスポート）という身分証明書を取得しないと、ほかの藩（行政区域）に自由に行くことができなかったのです。現代では、もし秋田県が県民（国民）に自由な通行を認めず、県民が県外に出ることを禁止したら、すぐに憲法違反となって、政府が適切な措置を強制的にとるでしょうし、裁判所に訴えることもできます。もし政府が何もせず、国民の自由や権利が侵害されたなら、あるいは国民のためになることをしなかったら、主権者（国民）はそのような政府を選挙を通して取り替えることになるでしょう。

このような今の私たちにとって当たり前のことも、日本がひとつに統一された社会で、憲法があり、国民が主権者として存在し、政府が正常に機能しているからといえます。

では国際社会に目を向けてみましょう。残念ながら国際社会はひとつに統一された社会ではありません。主権者もいなければ世界政府もありません。それぞれの国家を分けている国境が国際社会の中にあり、その国境を越えるには通行手形以上に厳しいパスポートを使わなければなりません。パスポー

トを持っているからといって，いつでもどこの国にでも自由に行けるわけではなく，いつ，どの国の人を入国させるか否かを決めるのは，原則として国ごとの独自の判断なのです。また国内の主権者と同じような地位にあるものは，国際社会にはいません。もちろん国際社会でも何か決めるときは国連で多数決を採ったり，国同士が交渉してルールを決めますが，そこには国家間の力の差がはっきりと表れてしまいます。国際社会の歴史を詳しく調べると，各時代の強国・大国がその時代の国際社会のルールを作ってきたという現実がわかります。無敵艦隊の時代にはスペインが，大英帝国の時代はイギリスが，という具合にです。そのような社会ですから，国際社会のすべてを継続的に統率するという唯一の政府は，未だ成立したことがなく，したがって国際社会は，独立している各国家が寄り集まって国際関係（国家間関係）を形成している緩やかな社会といえるのです。

国際社会をひとつにまとめる要はなにか？

　国際社会は全くルールのない，力だけが支配する社会なのか，という疑問が出てくると思いますが，そうではありません。

　人類の歴史は，戦争の歴史といっても過言ではありません。特に戦争のための兵器（戦車，毒ガス，地雷，高性能兵器など）が発明され，実際に使用されると，想像をはるかに超えた甚大で悲惨な被害をもたらすようになったのです。そこでいかに戦争といえども理性ある人間が行うのだから，一定のルールが必要であると考えられ，戦争のルールが作り上げられました——戦争のルールの章を参照してください——。また，戦争中でも国同士の話し合いは必要ですから，互いの代表者には危害を加えない，というルールも古代ギリシャや古代インドの時代から形成されてきて，それが今の外交官や領事官の特権免除になったのです。つまり現在の外交のルールと戦争のルールから創始されたルールが国際社会にもあったのです。

　それらを長い時間をかけて作ったのは多くの国々です。このことは，国際社会は国家を基本単位とし，それらが直接話し合ってルールを決める直接民主制のような社会であることを示しているのです。そこで，多くの国が集ま

って皆で1つのルールを作る，ある事柄に関係する国だけが集まってルールを作る，またこれまで文章になっていないルール（**慣習法**）を文章化して誰が見ても分かるようにルール（**条約**）を作る，このようにして国際社会のルールが形成されてきたのです。これらのルールを総称して国際法 (International Law) と呼ぶようになりました。

この国際法の特徴の1つに，将来発生するかもしれない問題について，事前にルールを作っておいて，国際社会が間違った方向に進むのを阻止しようという考えが非常に強くあることです。その典型が**宇宙法** (Space Law／Outer Space Law) です――その内容の一端は宇宙法の章を参照してください――。

さて実際にヨーロッパを見ますと，いままでドイツやフランス，イタリアなどと，ばらばらだった国々が，EU 法を作ってひとつにまとまった **European Union (EU)** という社会をつくりました。これは自然に出来上がったのではなく，様々な理由で――この理由は皆さんが調べて下さい――ヨーロッパの人たちが決断し，努力した結果です。それならば，同じように国際社会全体をひとつにまとめることだって出来そうに思います。そのときに重要なポイントになるのが，法律の共通化です。

今，世界の国々はそれぞれ異なる法律を持っています。日本と中国の法律が異なったり，オーストラリアとブラジルの法律が異なったりしているのです。なぜなら，法律というのは，それぞれの国（社会）の歴史や文化，宗教や価値観などを反映するように作られるからです。そうでないと，その国（社会）の人々（国民）の意識・生活と法律の内容がかけ離れたものになってしまい，誰も法律を守ろうとしなくなるからです。また無理に法律を守らせようとすると人々の中に不満やストレスがたまり，社会が不安定になって平和や安全が保たれなくなるからです。そこでそれぞれの国の人々は，自分たちの社会（国）をどのようにするかを考えて，その内容を明記した憲法という約束（契約）を結び，人権や自由を保障するとともに，政府（行政省庁）や国会，裁判所など（統治機構）を設置して自分たちの社会の平和と安全を確保する方法を選んだのです――参考までに，ジャン・ジャック・ルソーの社会契約論を見てください――。そのために民法や刑法といった多くの法律も

§5　世界をひとつにまとめる方法　　333

つくられているのです。

　そこで国際社会の秩序のあり方を見てみましょう。上記のように憲法を土台として，権利と自由，統治機構が整っているでしょうか。権利と自由については，国際法というルールが国家や個人の権利・自由の範囲を定めています。もちろん色々なことが絶えず進歩していますから，新しい国際法も日々つくられています。統治機構については，国内と非常によく似た形を，実は持っているのです。それが国連ファミリーとよばれている，国連を中心にした多くの国際機関のネットワークなのです。

　たとえば，国連総会が国会で，事務総長と安全保障理事会が政府，ユネスコが文部科学省，ILO（国際労働機関）とWHO（世界保健機構）をあわせて厚生労働省，国際司法裁判所や仲裁裁判所・海洋審判所などの紛争解決機関が裁判所，PKOやPKFが警察というように，国内社会ほど整然としてはいませんが，これまでの人類の努力で，このような形が徐々に形成されてきたのです。しかし，最も重要な憲法に該当するものが，実はまだないのです。なぜでしょうか。

　もう予想できたと思いますが，それぞれの国がまったく異なる法律を持っていて，ひとつにまとめるには多様すぎるからです——なぜヨーロッパはひとつになれたのか考えてみよう——。法律というのは，歴史や文化，宗教や価値観の現れですから。反対にもし世界の人々が，同じ言語，同じ宗教，同じ価値観，同じ生活慣習，同じような文化を持っていたら，たとえ国としては別個であっても，例えば国連総会を国会に，国連事務総長を内閣総理大臣に，国連軍やPKFを警察に，ユネスコなどその他の国際機関を行政省庁にして，各国は都道府県のような行政区域になることで仲良く暮らせるのではないでしょうか。多少の争いがあっても，国際司法裁判所などで公正に審理して解決すればよいのです。しかし現状は，国々の多様性が障害となって，国際社会をひとつにまとめる要の憲法をつくることができないのです。もちろん，個人の個性と同じように，国々の多様性は絶対に必要なものですが，そのために争いが起きて，社会がひとつにまとまらないとすれば，何とかしなければなりません。

田中耕太郎(たなかこうたろう)の提案
―― 各国の憲法・法律の共通化とその後 ――

　国際社会をひとつにまとめるために，これまで多くのアイディアが提案されてきましたが，その中で日本の田中耕太郎という法学者の提案を紹介しましょう。この案をどう思われますか。

　※田中耕太郎：1890～1974年。東京帝国大学教授，第2次世界大戦後に文部大臣，最高裁判所長を経て，国際司法裁判所判事。文化勲章受章。『世界法の理論』全3巻を著わす。

　彼は『世界法の理論』という本を世に問いました。その内容を若干の説明も含めて簡略にまとめますと，次のようになります。
《世界各国は，文化も歴史も異なり，したがってそれぞれの国民の有する価値観も異なっている。そのため，世界全体がひとつにまとまりずらく，唯一の世界憲法のようなものを作ることが出来ない――実は法律というのは，科学的でありながらもその根本のところには価値観というものがあるので，単純に自然科学的な扱いができない面があり，これが法律学の面白いところでもあります――。しかし経済が発展して国家間の経済活動が緊密化してくると，それぞれの国内の経済活動に関する技術的な法律（ほとんど価値観とは関係のない分野の法律）が共通化してくる――現実に，手形小切手や貿易のルールなどはかなり世界共通化されています――。そうすると，それぞれの国民の生活や暮らしが世界中，どこに行ってもほぼ同じようになる。どこの国に行っても同じファースト・フードの店があり，社会に流通する生活物品も同じようになり，家庭の食卓にも世界中同じような食材と料理が並ぶようになる。人の生活は，まず経済的な生活が根本にあって，それが満たされてから価値的な分野が形成されてくる。それならば法律も含めて経済的な分野が世界共通化すれば，その上に形成される各国民の価値観も必ずや共通化するに違いない。その共通化した価値観に基づいてそれぞれの国の憲法や法律が制定されれば，ルールとしては別個の存在だが，内容が共通化するはずであ

る。そうなれば世界中どこの国に行っても共通の内容をもつ法律が適用され，結果として世界中の国の憲法や法律が実質的に同じになる。その結果，ひとつの世界憲法などつくらなくても，世界の法律が共通になるので，実質的に世界がひとつにまとまった社会になったのと同じことになる。》

　この考えは，単に表面に現れた法律だけを見るのでなく，人間の生活とはどのようなものか，何が基本になっているのか，といった根本のところから発想しているのです。これも法学です。

　実際には，各国の経済発展度の違い，国民の教育度の違い，あるいはかつての東西冷戦といった対立状況が国際社会で長く続いたため，彼の考え方がすぐに実現されることはありませんでした。

　しかし，たとえばWTO（世界貿易機関）の設立と，そのもとにおける世界の貿易ルールの共通化，貿易に関する紛争の解決制度の創設，あるいは投資に関する紛争解決のためのセンターの設立など，経済関連分野では，世界共通化が進み始めています。またマスメディアの発達による情報の即時的かつ世界的な伝播も手伝って，人権問題や環境問題など，人類にとって，また各国にとっても重大な問題については，世界中に共通する価値観が形成されつつあり，その流れの中で国連ファミリーの果たす役割は決して小さなものではなくなっているのが現状です。今日ではこのような重要事項を推し進めるために，ひとつひとつ決まったことを明確に示す条約（国際法）という方法が用いられており，国際人権法，国際環境法，国際経済法といった名称でルールをグループ化して，より一層の研究と普及が図られています。世界中の人々の意識を，たとえ意見としては異なるものであっても，ひとつにする方向に動き始めているといってもよいでしょう。

おわりに

　世界の法を統一して，あるいは田中耕太郎のように法律の内容を共通化することで，ひとつにまとまった平和な社会をつくる，というのも決して夢物語ではありません。現に約半世紀前まで戦争ばかりしていたヨーロッパは，いまはひとつにまとまっています。アジアで不可能ということはありません

し，世界でも可能でしょう。

　その夢に寄与できるもののひとつが国際法という分野です。人権問題や環境問題で活発な民間の活動が各国政府を動かし，国際法を作り，世界を一定方向に向かわせる。私たちが頑張れば全世界にネットワークが広がり，世界を動かすことができる，というダイナミックな面を国際法は持っているのです。そして田中耕太郎のように新しいアイディを日本から世界に向けて発信できるのです。彼の提案が現実化するかどうかは，これからの私たちの知性と行動力にかかっているといえるでしょう。

◇この法分野を学びたい！◇

　国際社会で国家の行動を規制するものを拘束力といいます。この力は何によってつくられるのでしょうか？もちろん法規範（国際法）がありますが，それだけではなく，もっと様々な要因があるのです。今までは法規範以外の分野を国際政治学・国際関係論が扱ってきましたが，最近では国際法とこれらを総合して考えようという流れが世界中で現れ始めました。国際総合研究のようなものです。ですから，法学部だからと云って法律だけを学ぶ時代は過ぎ去りつつあります。国際法はもちろんですが，それ以外の分野，例えば国際政治学，国際関係論，国際経済学，社会学，歴史学，哲学や文化人類学なども積極的に学ぶことで，総合的な国際理解を得ることができ，より正しくより良い将来を見通せるようになるのです。

　もう少し詳しく言いましょう。このことは，なぜ大学で学問をするのかという問題と直結します。大学で学問をするということは，単に多くの知識を頭に詰め込むことではないのです。もしそれだけで良いならば，スーパーコンピューターがあれば十分でしょう。そうではなく，それぞれに分化された分野——法学・経済学・社会学・歴史学などなど——で確立した理論や考え方の方法を学ぶのです。なぜそれが大切かというと，例えば理論を学べば，人類が過去に起こした大事件，あるいは個々の人間や企業あるいは国家の行動の要因を知ることができ，それをもとに現状を分析すれば，未来に発生する様々なことを，かなり高い確率で事前に知る・予想することができるのです。つまり，理論や考え方の方法というのは，実はタイムマシーンなのです。私たちは頭の中にタイムマシーンを持つことになるのです。このタイムマシーンを大学で学べば，私たちの理想とする素晴らしい未来を実現することも決して不可能ではないでしょう。そのような役割を担うことが，大学で学ぶ，学問をするということなのです。

　そして，世界に関することについて，法学という分野からタイムマシーンを学ぶのが，国際法であり，その中のもっと細分化された分野として，国際経済法や宇宙法，戦争法や海洋法，国際環境法，国際人権法

> などがあるのです。そして法学以外の分野も加えることで，より精度の高いタイムマシーンを獲得することができるようになります。その精度の高さは，それを学ぶ皆さん各人の努力によって決まるのです。

【参考文献】
・寺田四郎『国際法学の七巨星』（文生堂，1990）
・田畑茂二郎『現代国際法の課題』（東信堂，1991）
・龍澤邦彦『宇宙法システム』（丸善プラネット，2001）
・萱野稔人『国家とはなにか』（以文社，2005）
・齋藤洋『戦後日本の課題と検討』（虹有社，2009）
・遥洋子『東大で上野千鶴子にケンカを学ぶ』（ちくま文庫，2004）

齋藤　洋（さいとう　ひろし）

Part 4　グローバル社会へ

§6　人間の未来につながる宇宙法

はじめに

　'宇宙'とはどのようなものを意味する言葉でしょうか。この日本語の起源は中国の「尸子(シセキ)」という本の中に出てくるもので，「上下四方を宇といい，往古来近を宙という。」空間を'宇'，時間を'宙'といって，つまり，時空的広がりのことを指しています。また，宇宙はギリシア語のコスモスを語源とする語が良く使われますが，これもやはり時空的広がりを意味します。しかし，法律の語として宇宙が使われるときは，スラブ語系の言葉では，このギリシア語由来のコスモスを使用しますが，西ヨーロッパの言語では，空間を意味する space が多く使用されます。

　ここで説明する宇宙法という聞きなれない名前の法律は，古くて新しいものです。そもそも，この名前の法律は，ロケットやスペースシャトルどころか，飛行機ができる頃から存在しました。大気圏外の航行について書かれた最初の「宇宙法」という題名の研究書は 1910 年にベルギーでエミール・ロードという弁護士により書かれています。ドイツ語では 1932 年にチェコで

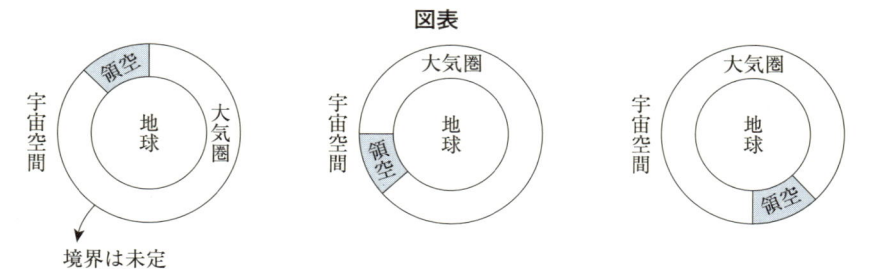

図表

（左図）宇宙空間／領空／地球／大気圏　↓境界は未定
（中図）宇宙空間／大気圏／地球／領空
（右図）宇宙空間／大気圏／地球／領空

※宇宙空間は国家領域の上方への投影である国家の領空の向うの空間とされるが，図で見るように，このような空間は地球の自転と天体メカニズムの重力法則により決定され，地球に比して常に変わる。したがって，常に一定不変の空間ではない。しかも領空と宇宙空間の境界は決定していない。領空以外の大気圏はいずれの国にも属さず，いずれの国も他の国の対応する権利に妥当な考慮を払って自由に利用できる公空である。

出版された，ウラジミール・マンデルという人の「宇宙法」という本が大気圏と宇宙空間の区分，宇宙物体による損害の責任，航空法の宇宙物体への適用などを扱っています。

宇宙法とは？

しかし，このような法律の理論のみでなく，現実に適用できる宇宙法はやはり宇宙活動が実現してから発展し始めたものです。1963年12月13日に「宇宙空間の探査と利用における国家活動を律する法原則に関する宣言」(以下宇宙法原則宣言という) が国連総会の決議として採択され，1961年のヴォストーク1号に搭乗したガガーリン大佐による人類初の宇宙飛行以来の米ソの宇宙開発競争に法律の網をかけることになりました。この後，以下の条約(国家間の法律である国際法のうちの文書による合意に基づく法規則) が作成されました。

- 宇宙法原則宣言の内容を条約にした，**宇宙憲章**とも言うべき1967年10月10日の「**月その他の天体を含む宇宙空間の探査，利用における国家活動を律する原則に関する条約**」(以下，宇宙条約という)。
- 遭難した宇宙飛行士の救助と宇宙物体の返還を定めた1968年12月3日の「**宇宙飛行士の救助，送還並びに宇宙空間に打ち上げられた物体の返還に関する協定**」(以下，宇宙救助返還協定という)。
- 宇宙物体による宇宙空間と地上及び飛行中の航空機に対する損害の責任を定めた1972年9月1日の「**宇宙物体により引き起こされる損害についての国際責任に関する条約**」(以下，宇宙損害賠償条約という)。
- 宇宙空間に打ち上げられた物体の自国内の登録と国連事務総長の下での登録を定める1976年9月5日の「**宇宙空間に打ち上げられた物体の登録に関する条約**」(以下，宇宙物体登録条約という)。
- 1984年7月11日の「**月その他の天体における国家活動を律する協定**」(以下，月協定という)。

この他に 1982 年 12 月 10 日の「国際的な直接テレビ放送のための人工地球衛星の国家による使用を律する原則」, 1986 年 12 月 3 日の「リモートセンシング法原則宣言」, 1992 年 12 月 14 日の「宇宙空間における原子力電源（N.P.S.）の使用に関する原則」, 1996 年 12 月 13 日の「開発途上国の必要を特に考慮する, 全ての国の利益のための宇宙空間の探査及び利用における国際的な協力に関する原則」などの国連総会決議がそれぞれ採択されていきました。

これらの条約と法原則（非常に一般的な範囲で示される文書によらない法律規則），慣習法（国家間の慣行がこれが法律だとする諸国家の信念を得て国際法の規則となったもの）という国際法規則が基本となって，現在，国家の宇宙活動を規律する法律を作りだしています。興味深いのは，宇宙法は，他の先端科学技術の法分野（例えば，クローニングや遺伝子組み換え技術，ナノ・テクノロジーの規制に係る国際法）と同じく，まだ現実化していない未来の状態をも考慮して（例えば月や他の天体の天然資源の国際的な管理・開発の制度の原則など）法律を作っていく点です。これは，宇宙技術やバイオ技術等をも含む先端科学技術の発展の速度が予測不可能で，これらの技術が利用可能となった時点で対応していたのでは法律の制定が追い付かないということにも起因しています。

宇宙法には，この他に，宇宙活動を行っている国が自国の国内法として制定した宇宙での民間の活動に関する法律も含まれます。アメリカなどでは，NASA 法から始まって，商業活動を含むさまざまな活動（打上げ，衛星からの地表探査，衛星による気象情報の収集，宇宙空間での製造加工，衛星放送，衛星を経由するコンピューター通信，宇宙からのナビゲーションなど）に関する国内宇宙法が整備されています。また，変わった所では，これから製造しようという衛星をあらかじめパーツに分けて，それぞれを担保にすることで，その衛星を製造するための資金を調達することも考えられており，このような衛星の担保に関する国内法も議論されています。これらと並んで宇宙活動用に開発された，あるいは宇宙空間や天体で開発された技術の所有権やパテントの問題も国内法により定められます。

近年では，国際社会で，国境を越えた民間の活動の飛躍的な増大と共に，価値観の差異を超えて人類共通の問題を諸国の政府だけではなく民間をも含めた人類全体で管理し，解決していこうというグローバル・ガバナンス（国際

社会の管理・統治）という動きが加速しています。このような中で財政的負担にあえぐ国家は，企業やNGO（非政府機関），国際商工会議所などのような民間団体がそれぞれの分野で有する権威とノウハウを認めて，積極的にガバナンスに組み込んでいこうとしています。その結果，これらの企業や民間団体は，自己の国際的な活動において，契約やさまざまなモデル規則の作成あるいは国際商事仲裁裁判などを通じて，自分達の間で適用される独自の法規則，グローバル法ともいうべきものを作り始めており，諸国家も自分達の利益に反しない限りでこれを認める方向にあります。このグローバル法は，宇宙活動においても形成されつつあり，これも宇宙法の中に含めねばならないでしょう。

　もう1つの重要な宇宙法の分野は，メタ法，つまり，法を超えた法という意味です。これは，異星の知的生命体との接触という意味のContact with Extraterrestrial Intelligence，略してCETI（セティ）に関係します。当初は，異星人との接近遭遇の可能性が扱われたのですが，70年代以降，電波天文学による人工的な電波の探索である異星人探査，Search for Extra-terrestrial Intelligence，いわゆるSETI（セティ）が中心となりました。既に1964年と1971年には，アメリカと旧ソビエトの代表的な宇宙関係の学者を中心に考古学者，人類学者，歴史学者などをも集めたCETI会議が開かれ，後者の会議には，カール・セーガンやフランク・ドレイク，カルダシェフ，アンバルツミャン，のような科学者達が参加しています。ETの存在可能性，接触の技術，通信内容や接触の意義にまで及んだこの会議の参加者達によれば，銀河系における生命と知的能力と，高度技術の継次的な出現の主観的確率の平均的な見積もりは10^{-2}であるとしています。この他にも，大型の電波望遠鏡で異星人からの信号を探す計画は，サイクロプス計画（直径5kmの大型アンテナを持ち従来のものとはケタ違いのスペクトル分析能力と知覚能力を持つシステムの開発が計画された）構想以来，ハーバード大学のセンティネル計画やメタ計画，NASAのSETI部等により行われてきました。

　このCETIもしくはSETIの展開につれて，メタ法も，さまざまな学者による接触した際の行動規範モデルの作成から探査が成功した場合の情報の公開と交信に関する行動指針の提案へとその内容が多様化していきました。現

在では、この両方を指してメタ法と呼んでいます。このメタ法について、カント哲学、特に、「自己の意志の規則が、同時に普遍的な立法原則として有効であるように行動しなさい」という考え方を援用しようという肯定派の学者もいます。しかし、これを否定する次のような議論もあります。例え、人類が異なった性格を持つ生物と直接関係を持つのに成功したとしても、この関係とそれを律する規則は、蜂との関係において養蜂家が従う規則に似ているので人類は真剣に蜂社会との法的、道徳的行動規則を確立することについての法的・倫理的問題を想定することができないというものです。メタ法に対するアプローチにはこの他にいろいろありますが、勿論、まだ有効な理論はできていません。

宇宙法で扱う１つの事例
――天体の土地の販売は合法か？――

　宇宙法では、衛星通信だけではなく、より一般的に宇宙空間の探査、利用が扱われます。例えば、ロケットによる宇宙空間への搭載物の打上げ、宇宙空間からの地表探査（遠隔探査衛星を使用すると、地熱、CO_2の排出状況、密林に埋もれた遺跡、地下の鉱脈、海洋のプランクトンの状況や海水温度など、地上と地下、大気圏の様々な情報が得られます）、気象衛星による気象情報の収集、衛星による移動体（船舶、トラック、航空機、人）間の通信やナビゲーション（移動誘導）、宇宙空間の無重力状態を利用した地上では作れない物質の製造加工（例えば完全な球体のボールベアリングや水と油の完全な混合物の作成）などです。この他に天体資源の開発なども扱います。

　ここでは、これらの中から、最近の問題である天体の土地の販売を考えてみましょう。近年、月その他の天体（火星、金星など）の土地を販売する民間企業が出現しています。1980年に設立された米国企業であるルナー・エンバシィ社などは、自社の天体の土地所有権の通告に対し、国連事務総長やロシア大統領などが抗議しなかったことを所有権の認定とみなしています。同社は日本にも支社を設けて、月その他の天体の土地の販売（約1224.17坪の土

地の価格が 3000 円）を行っています。これらの主張を単なる詐欺行為とみなすのは問題を解決することにはなりません。なぜなら，この主張は法律の盲点を突いているのです。

　宇宙条約や月協定は，基本的に国際法の一部分を構成します。国際法は国家間に適用される法律で，個人間の関係に直接適用される規則と基本的に異なります。宇宙条約第 2 条や月協定第 11 条 2 項は，それぞれ，宇宙空間も月も（特別な条約ができない限り太陽系の他の天体も），国の主権（他者を排除して自己に関する決定を行うことができるという意味で排他的でかつ自己に勝る権力がないという意味で至高の，国家のみが有する権利で，具体的には立法，行政，司法を行う権限をいう）の主張と共に，使用，もしくは占拠またはその他のいずれかの手段による取得が禁じられています。また月協定第 11 条 1 項は，月とその天然資源が人類の共同遺産であると定めています。しかし，これらは国の間で直接適用されるもので，個人の間には適用されないのです。ここに，前記の企業の主張を簡単に切り捨てることができない理由があります。個人に関する部分は空白なのです。従って，宇宙法曹は，これらの企業の主張を条約の解釈により論駁せねばならないのです。

　具体的な解釈は次のようなものです。確かに，宇宙条約も月協定も個人の活動を直接的に規律しません。しかし，宇宙条約第 6 条は，国家が，月その他の天体を含む宇宙空間での自国の活動について，それが政府機関により行われるか，非政府団体により行われるかを問わず，国際的責任を有し，自国の活動がこの条約に従って行われることを確保する国際責任を負い，また，非政府団体の宇宙活動は，関係国の許可及び継続的監督を有すると定めています。現在，アメリカや日本も含めた，ほとんどの国がこの宇宙条約に入っています。これらの国は，国の取得を禁止する前記の規定を遵守せねばならず，さもなければ，国際法違反として，国際責任を負うことになります。従って，月や他の天体の土地を販売する企業の主張を認めることはできないのです。また企業も国の許可と継続的監督に服しつつ宇宙関連活動をしなければなりません。

　アメリカは，1967 年に合衆国の国旗を掲揚することについての法律を改正して，アポロによる月着陸計画において国旗を掲揚する行為はミッション

達成に当たっての誇りを象徴する行為であって，主権の主張による国による月の取得の宣言と解釈されてはならないと定めました。このような国が月の土地の販売を認める訳がないのです。現に，近年，カリフォルニア州の裁判所が，小惑星に対する発見者の所有権が争われた際に，これを否認する判決を下しています。

　国が月の土地の所有権を認めない以上，国内的にも権利が生ぜず，まして，国際社会において，民間企業は自己の主張する権利を守ることができないのです。深海底の資源を探査する自国企業の権利を国際的に保護するために，先進海洋国は，新しい海洋法条約に先駆けて，相互の暫定的な権利保護の仕組みを作りましたが，このような仕組みが国際的に作られない限り，民間の権利は保護されないのが国際社会の現状です。

　ここまで話が来れば，民間企業による月その他の天体の土地の販売は自由に行い得ても，その土地の権利は現行宇宙法では国際的にも国内的にも認められることがないということがお分かりになったと思います。法律は，単に，人々の行動を規律するだけのものではなく，また彼らの権利を保護するものでもあるのです。月の土地の販売は，夢を売っていると理解するのが良いでしょう。

おわりに

　以上みてきたように，宇宙法は，写真的な法，つまり，現状を写し取るような法ではなく，先端科学技術の法に固有な，未来のあり方をも見据えた法という特性を持っています。大規模化し，グローバル化（ここでは，人間の活動が国境を超えて質的，量的に拡大し，それによって多様な価値体系の共存や新たな普遍的価値体系の創造を現出する過程と考えます。価値とは目的の中の目的あるいは情熱の至高の利益です。）しつつある科学技術に基づく未来社会をどのように国際的に管理し，運営していくか，どのように統治していくかというグローバル・ガバナンスの問題に密接に関わっており，その意味でグローバル化を体現する法律となりつつあるのです。ザンクト・ガレン大学のH.W.シュトゥルンツ教授は次のように言いました。「高度技術時代にいやおうなしに引きずり込

まれる我々全てにとって，最も危険な脅威は，ビジョンなしに技術を有することである。」将来的に我々に課された課題は，人類全体の利益という視点から，長期的ビジョンを有する国際的な管理・運用のガバナンス制度を確立することであり，これがまた宇宙を含めたビジョンを有するグローバル化の進展にも貢献するのです。その意味で将来的なビジョンに基づく宇宙法の発展は重要性をもっているのです。

◇この法分野を学びたい！◇

宇宙法に限らず，法律を学ぼうとするときに大事なことの1つは方法論です。自分のテーマをどのように料理すれば最もおいしく食べられるか，その料理法を定めることです。これには法哲学（法律の形而上学的な意義，法律が求めねばならない価値，人間と世界の全体的なビジョンを見出そうとする法律に関する哲学）や法社会学（法を社会的事象とみなして社会学的分析の対象とする），法政策学（法律を統治の有効性という観点から分析する）などという分野があり，これらの基礎的な法律学の知識は重要です。それと比較法です。比較法は法律を文化的価値体系とみなして，世界の主要な法体系（英米法，ローマ・ゲルマン法，社会主義法，イスラム・アフリカ法，極東法，など）の分類に基づいて，各法体系の法の生成と特徴，法源，法理論，裁判機構などについて研究する学問です。また隣接学問としての国際関係学あるいは国際政治学の知識も必要でしょう。これらは，なぜこのような法律が生じてくるのかという問いへの，角度と視点を変えた観察を行うことを可能にし，一味違った答えを用意してくれるでしょう。そして何よりも国際法，大本の国際法の知識は必要不可欠になります。

【参考文献】
- 青木節子『日本の宇宙戦略』（慶應義塾大学出版会，2006）
- 池田文雄『宇宙法論』（成文堂，1971）
- 城戸正彦『空域主権の研究』（風間書房，1981）
- 栗林忠男『解説宇宙法資料集』（慶応通信，1995）
  E.R.C. van Bogard 著／栗林忠男監訳『国際宇宙法』（信山社，1993）
- 五大冨文編『国家としての宇宙戦略論』（成文堂，2006）
- 国際法学会編『日本と国際法の100年（第二巻）』（三省堂，2001）
- 龍澤邦彦『宇宙法システム　宇宙開発の法制度』（興仁舎，2000）

　　　　　『宇宙法上の国際協力と商業化』（興仁舎，1993）
　　　　　『原典宇宙法』（興仁舎，1999）
・山本草二「宇宙開発」『未来社会と法（現代法学全集第54巻）』（筑摩書房，1976）
　　　　　『注解国際海事衛星機構条約　IMMARSAT』（第一法規，1991）
　　　　　『衛星放送をめぐる自由と規制』（玉川大学出版部，1979）
・この他に資料（原語を含む）として，
　　http://www.jaxa.jp/library/space-law 及び
　　http://stage.tksc.jaxa.jp/spacelaw/index.html

　　　　　　　　　　　　　　　　　　　龍澤　邦彦（たつざわ　くにひこ）

【執筆者紹介】―――――――――――――――――――――――――――(掲載順)

田　巻　帝　子	新潟大学法学部准教授
山　田　八千子	中央大学法科大学院教授
岡　部　雅　人	愛媛大学法文学部准教授
山　口　直　也	立命館大学大学院法務研究科教授
永　水　裕　子	桃山学院大学法学部准教授
中　村　　　恵	東洋大学法学部教授
玉　蟲　由　樹	福岡大学法学部教授
中　空　壽　雅	明治大学法学部教授
髙　木　英　行	東洋大学法学部准教授
平　川　英　子	金沢大学人間社会研究域法学系准教授
諏　訪　野　大	近畿大学法学部准教授
山　口　亮　子	京都産業大学法学部教授
深　川　裕　佳	東洋大学法学部准教授
宗　田　貴　行	獨協大学法学部准教授
衣　笠　葉　子	近畿大学法学部教授
伊　藤　　　渉	上智大学法学部教授
滝　沢　　　誠	専修大学大学院法務研究科准教授
武　藤　眞　朗	東洋大学法学部教授
府　川　繭　子	青山学院大学法学部准教授
千　葉　華　月	北海学園大学法学部教授
中　島　　　宏	鹿児島大学大学院司法政策研究科教授
今　井　雅　子	東洋大学法学部教授
宮　木　康　博	名古屋大学大学院法学研究科准教授
畑　　　宏　樹	明治学院大学法学部教授
荒　井　　　真	フェリス女学院大学国際交流学部教授
橋　爪　幸　代	東京経済大学現代法学部准教授
橋　本　陽　子	学習院大学法学部教授
長谷川　乃　理	名城大学法学部准教授
多　田　英　明	東洋大学法学部准教授
木　下　　　崇	神奈川大学大学院法務研究科准教授
杉　本　純　子	日本大学法学部准教授
田　中　　　誠	防衛大学校防衛学教育学群国防論教育室教授
梅　村　　　悠	日本大学法学部准教授
飯　野　　　文	日本大学商学部准教授
小　山　　　昇	摂南大学法学部教授
齋　藤　　　洋	東洋大学法学部教授
龍　澤　邦　彦	立命館大学大学院国際関係研究科教授

トピックからはじめる法学
2010年6月20日　初版第1刷発行
2015年3月20日　初版第2刷発行

|編　集|「トピックからはじめる法学」編集委員会|

発 行 者　　阿　部　耕　一

〒162-0041　東京都新宿区早稲田鶴巻町514番地
発 行 所　　株式会社　成　文　堂
電話 03(3203)9201(代)　FAX 03(3203)9206
http://www.seibundoh.co.jp

製版・印刷・製本　シナノ印刷　　　　　　　　　Printed in Japan
©2010「トピックからはじめる法学」編集委員会　　検印省略
☆乱丁・落丁本はおとりかえいたします☆

ISBN978-4-7923-0493-5 C3032

定価(本体2500+税)